법학을 위한 투쟁

DER KAMPF UM DIE RECHTSWISSENSCHAFT

법학을 위한 투쟁

DER KAMPF UM DIE RECHTSWISSENSCHAFT

헤르만 칸토로비츠 지음

·

윤철홍 옮김

책세상

일러두기

1. 이 책은 칸토로비츠Hermann Kantorowicz가 저술한 《법학을 위한 투쟁*Der Kampf um die Rechtswissenschaft*》(Heidelberg: Carl Winter's Universitätsbuchhandlung, 1906)을 온전히 옮긴 것이다.

2. 원서에는 장 구분 외에 소제목은 없으나, 이해를 돕기 위해 〈서설〉에서 저자가 밝히고 있는 법과 법학, 그리고 판결에 대한 새로운 견해에 따라 제3장을 옮긴이가 세 개의 절로 나누고 각 절에 소제목을 부기했다.

3. 주는 모두 옮긴이의 주이며 후주로 처리했다.

법학을 위한 투쟁 | 차례

    나는 지난 여름 수년 동안 끊임없이 육신의 고통을 안겨주던 고관절을 수술하기로 마음먹고 수술대에 올랐다. 육신이 흐느적흐느적거릴 때 정신이 은하처럼 맑다던 이상의 말처럼 나 또한 병상에 누워 있는 동안 정신은 은하처럼 맑았다. 수술 후 처음 며칠 동안 다른 어떤 작업도 허락되지 않는 상황에서 나는 침대에 누워 눈을 감은 채 한국 법학의 연구 풍토와 법학계의 동향에 대해, 이어서 내가 해온 법학 연구 활동에 대해 회고해보는 시간을 가질 수 있었다. 최근 관심을 갖고 살펴본 법원의 판례들과 나의 연구 활동을 반추해보면서 새로운 의지를 다지게 됐고, 허울 좋게 지금까지 해왔다고 생각한 '있는 법과 있어야 할 법에 대한 연구'에서 코페르니쿠스적 대전환을 꾀해야겠다고 다짐했다. 침대에서나마 책을 볼 수 있게 되자, 내 연구 방법론의 문제들을 검토해보자는 생각에서 대학원 진학 후 법학 연구 방법론을 본격적으로 공부하던 시절에 큰 자극을 주었던 칸토로비츠의《법학을 위한 투쟁》을 다시 읽어보았다. 이 저서가 아직도 우리나라에 번역·소개되지 않았다는 사실이 안타까웠다. 그래서 병상에서 이 책을 번역하기로 마음먹고 거의 한 달 동안 아무것도 생각하지 않고 오로지 칸토로비츠의 법학 방법론에만 집중했다. 자유법 운동을 독려하는, 가명으로 쓰인 선언적인 글이기 때문에 학문적인 완결성이나 체계의 균제미, 문장의 완성도 등에서는 문제가 없지 않으나, 글에는 자신감과 생명력이 넘쳐흘렀다. 이 글을 어찌 29세의 청년 법학도의 것이라 할 수 있을 것인가! 감탄하고 또 감탄하면서 칸토로비츠가 절규하듯 외친 당시 독일 법학의 상황과 우리 법학의 현실을 비교해보게 되었다.

한국의 근대 법학은 식민지 시대에 통치 수단으로 이식되기 시작한 것이 해방 후에도 그대로 유지되어, 현재도 한국 법학은 외국법을 그대로 수입하고 있는 계수법학, 식민지 유산을 그대로 답습하고 있는 관료법학, 고시 등 수험생들을 위한 수험법학으로 자리 잡고 있다. 따라서 진정으로 국민들의 편익과 보호를 위하기보다는 주로 국민을 지배하고 군림하는 수단으로 작용해왔다. 특히 이러한 법률을 실제로 적용하는 법원이나 검찰은 지배와 군림의 상징이 된 지 오래다. 원래 법조인들이 보수적이라고 하지만, 우리나라 판사들의 보수주의적 내지 관료주의적 사고는 정도가 지나치다고 생각한다. 최근 친일파 후손들의 부동산 환수 소송을 검토할 기회가 있었는데, 이 과정에서 나는 다시 한번 판사들의 사고를 확인할 수 있었다. 예컨대 친일파 후손들이 부동산을 찾아간 주된 논거가 그들의 재산권을 제한할 법이 없다는 것이다. 다시 말해 친일파 후손의 부동산 환수 소송은 정의롭지 못하고 국민의 정서에도 반하지만 그것을 제한할 법률이 없다는 것이다. 이러한 판결을 읽는 동안 나는 법원의 책임 회피적이고 수구적인 태도에 대해 때로는 모멸감을 느낄 정도였다. 법이 없는 것이 아니라 친일 청산에 대한 의지가 없었던 것이다. 칸토로비츠에 의하면 의지가 바로 존재임에도 불구하고, 판사들은 그러한 의지를 포기함으로써 스스로 존재의 의미까지 상실해가고 있는 것처럼 보였다. 법원은 법의 흠결欠缺을 내세우고 있으면서도, 역설적으로 법실증주의 내지 법치주의를 모토로 하고 있다. 이에 따라 법원은 현행 법체계에서도 충분히 해결할 수 있음에도 의지가 없어서 민족의 정체성을 혼미하게 만드는 판례들을 양산하고 있다. 이러한 점을 100여 년 전 칸토로비츠는 바로 이《법학을 위한 투쟁》이라는 책에서 통렬히 지적하고 있다. 따라서 이 책은 오늘의 한국 법조계에 경종을 울리는 글이 아닐 수 없다.

1918년 바이마르공화국이 성립된 이후 칸토로비츠는 한때 적극적으로 정치에 참여했는데, 정치 활동 중의 하나로 정치재판에 대한 개혁 운동을 주창했다. 당시 마르크스주의로 왜곡된 재판도 문제였지만 보수주의적 재판의 행태 역시 문제가 많다고 판단한 그는 정치재판의 퇴치를 위해 투쟁했다. 바이마르공화국처럼 해방 후 우리의 재판 역사도 정치재판으로 오염되었음은 주지의 사실이다. 2005년에 새로 취임한 이용훈 대법원장은 과거의 재판 행태에 대한 반성과 함께 정치적으로 오염된 판결에 대해서는 대법원 차원에서 재심 여부 등을 검토해보겠다는 견해를 표명한 바 있다. 또한 과거사진상위원회는 1970년대 사회를 떠들썩하게 했던 민청련 사건과 인혁당 사건의 재판에 대해 박정희 정권에 의해 왜곡된 판결이라는 조사 결과를 발표했다. 과거사진상위원회의 조사 결과는 민청련 사건과 인혁당 사건이 죄 없는 자들을 법의 이름으로 처형한 '사법 살인'임을 의미한다. 이에 대해 당시 재판을 담당한 판사는 물론이거니와 다른 법조인들 또한 어떠한 변명도 할 수 없을 것이다. 이 사건들 이외에도 묻힌 사건들이 얼마나 많을 것인가. 이러한 한국의 재판 현실은 칸토로비츠가 정치재판의 개혁을 위해 투쟁해야 한다고 목소리를 높였던 1920년대 독일의 상황보다 더욱 심각하다.

1906년 2월에 하이델베르크에서는 플라비우스Gnaeus Flavius라는 가명의 법학자가 쓴 《법학을 위한 투쟁》이 발간되었다. 발간되자마자 이 책은 독일 법학계에 큰 반향을 일으켰다. 당시 주류 법학을 이루고 있던 개념법학Begriffsjurisprudenz에 정면으로 도전하는 투쟁 선언이었기 때문이다. 개념법학은 독일민법전 편찬에서 보듯이 당시 유럽 법학의 전반을 지배하고 있던 지배적인 사상이었다. 따라서 29세의 젊은 법학도가 쓴 한 권의 저서에 의해 퇴조할 만큼 허술하지 않았으나, 결정적인 영향을 받은 것은 사실이었다. 물론 19세기 후반부터 이익법학이나 공리주의 등에 의해 개념법학이 비판을 받고 있었으며, 자유법 운동의 선구라 할 수 있는 연구도 이미 상당히 축적되어 있었다. 그럼에도 이 책의 영향은 가히 폭발적이었다. 이 책이 20세기에 법학 방법론과 관련하여 가장 많이 인용된 논문이라고 쓴 영국의 법학자 굿하트Arthur L. Goodhart의 지적에서 알 수 있듯이, 창의적이고 힘이 넘치는 이 책은 회칠한 무덤 속에 갇혀 있던 해석법학에 생명력을 불어넣었다.

19세기에 서구 유럽을 풍미했던 법실증주의, 특히 개념법학은 법의 무흠결성Rechtslückenlosigkeit과 법률 이론이 국가 제정법의 형식 논리적 조작에 의해 도출된다는 확신에 젖어 있었다. 이에 대해 반기를 든 사조 중의 하나가 바로 자유법 운동이고, 자유법 운동의 정점에 있는 것이 《법학을 위한 투쟁》이다. 이 책에서 칸토로비츠는 자유법을 20세기에 변형된 자연법의 부활이라고 명명하면서, 제정법의 흠결을 보충하는 대안으로 제시했다. 자유법은 국가 제정법의 속박에서 벗어나 '자유로운 법 발견freie Rechtsfindung'과 '법 창조 Rechtschöpfung'를 통해 이러한 흠결을 보충하고자 했다. 다시 말해 자유법 운동은 제정법에서 법관을 해방시키는 운동인 동시에 법의 완결성과 형식 논리에서 법학을 해방시키는 운동이다. 이러한 자유법 운동은 19세기 중반에 법률 실무가로 활동했던 키르히만Julis Heinrich von Kirchmann의 선구적인 이론과 이 책 이후에 나온 오스트리아의 법학자 에를리히Eugen Ehrlich나 독일의 판사 푹스Ernst Fuchs의 이론들과 결합되어 완성도가 높아졌으며, 후대의 법사회학을 통해 이론적으로 보완되었다.

이 책의 저자인 칸토로비츠는 막스 베버Max Weber에 비견될 정도로 법철학, 법사회학, 법사학 및 형법 등에 많은 공적을 남긴 법학 분야의 전능인Universalist이었다. 그는 1877년 당시에는 독일령이었던 현 폴란드의 포젠에서 유대계 상인의 장자로 태어나, 베를린대학교 등에서 법학과 철학, 경제학을 공부했다. 1900년 7월에 하이델베르크대학에서 박사 학위를 취득한 후 프라이부르크대학교로 가 1907년에 교수 자격을 취득했다. 그 후 1913년부터 프라이부르크대학교에서 객원교수로 활동하다, 1929년에야 비로소 킬대학교에 형법 정교수로 취임했다. 이렇게 교수 취임이 늦어진 것은 그동안 그가 정치 활동에 적극적으로 가담했기 때문으로 여겨진다. 그러나 어렵게 시작한 교수 생활은 히틀러의 집권에 의해 4년 만에 끝났다. 유대인이자 평화주의자였던 그는 1933년에 독일에서 추방되어 미국으로 망명해 뉴욕에서

1년간 머물면서 사회연구학교를 만들어 망명교수회를 구성하려고 노력하기도 했다. 1934년에는 영국으로 이주하여 케임브리지대학교와 옥스퍼드대학교에서 강의하면서 연구 생활을 계속했다. 1937년에는 케임브리지대학교 법학연구소의 부감독이 되었으나, 3년 후인 1940년 2월 12일 런던에서 사망했다.

그는 이 책을 필두로 하여《알베르투스 간딘누스와 스콜라형법*Albertus Gandinus und das Strafrecht der Scholastik*》(1권 1907, 2권 1926),《정당한 법의 이론에 대하여*Zur Lehre vom richtigen Recht*》(1909), 〈법학과 사회학Rechtswissenschaft und Soziologie〉(1911),《행위와 책임*Tat und Schuld*》(1933) 등 많은 저서와 논문을 남겼다.

우리나라에서도 그의 저작은 법철학과 법사회학의 저서나 논문 등에서 자주 인용되고 있으나, 그의 저서가 온전히 번역된 적은 없다. 그래서 법학 비전공자나 초학자들에게 칸토로비츠의《법학을 위한 투쟁》은 거의 알려져 있지 않다. 그러나 오늘날 우리 법학계, 특히 초학자들에게 이 책을 소개할 필요가 있다고 생각한다. 해석법학에 매몰되어 법학의 정체성을 확립하지 못한 우리 법학계에 100년 전에 제기되었던 살아 있는, 자유로운 법의 발견 내지 창조가 역설적으로 필요하다고 여겨지기 때문이다. 다시 말해 오늘날 한국의 해석법학이 상당한 수준에 도달해 있음에도 불구하고 부족함을 느낄 수밖에 없는 것은 법철학적 혹은 법사회학적인 방법론을 등한시하고 있는 점에 기인한 바가 크다. 특히 온라인상에서 발생되는 법률 문제에 대한 연구가 활성화되면서 법학의 본질적인 문제 등은 관심 밖으로 밀려나고, 법학은 생명력을 잃고 있다. 이러한 상황에서 나는 일차적으로 지금까지 내 연구 방법론상의 문제들을 점검해보는 계기를 갖고, 더불어 해석법학에 매몰되어 생명력을 잃어가는 한국 법학계에 조그마한 자극이라도 줄 수 있기를 희망하면서 감히 이 작은 책자를 번역했다.

이 책은 앞서 언급했던 것처럼 병상에서 옮겼다. 작업을 시작할 때 여러 가지 생각들이 많았으나 번역문에 다 담지 못한 듯해 염려가 되기도 한다. 또한 최선을 다했지만 법철학을 전공한 자의 번역이 아니라서 번역상의 오류가 있지나 않을까 하는 걱정이 된다. 번역은 될 수 있는 한 직역을 원칙으로 하고 예외적인 경우에 한해 의역을 했다. 원문에는 각주가 하나도 없는데 이는 선언적 성격의 글이기 때문이다. 그래서 독자들에게 필요하다고 생각되는 범위 내에서 상당히 많은 주를 부기했다.

이곳에서 감사해야 할 사람들이 있다. 먼저 칸토로비츠의 자유법과 상대주의에 관한 연구로 박사 학위를 취득하고, 칸토로비츠의 전기를 저술한 바 있는 독일 보훔대학교 법과대학 교수이자 나의 절친한 친구 무셸러Karlheinz Muscheler 박사에게 고마움을 전한다. 그는 번역의 필요성을 강조하면서 다양한 자료를 보내주고 번역상의 문제점을 해결해주었다. 또한 한국의 법학계에 연착륙하기 위해 논문을 쓰는 등 시간이 없었을 텐데도 초벌 번역문의 오류를 꼼꼼히 봐준 오창석 박사에게도 진심으로 감사한다. 그의 학문적인 발전이 이루어지길 기대한다. 또한 간병에다 번역하는 데까지 조력해준 아내에게도 고마움을 전한다. 특히 출판계의 불황으로 영업에 전혀 도움이 되지 않을 것으로 여겨지는 고전류의 번역서를 감히 출판해주는 책세상에도 심심한 감사를 표하며 무궁한 발전을 기원한다.

옮긴이 윤철홍

제1장

머리말

법학계에서 새로운 운동이 시작되었다. 이 운동은 자신들의 행동이 이상과 가장 잘 조화된다고 믿는 모든 법학자에게 자각을 촉구한다. 이 운동은 이러한 망상을 꿰뚫어보고, 〔이것을〕 깨뜨리는 것이다. 또한 새로운 이 운동은 겸손한 자세로 높은 이상 속에서 우리의 모든 항구적인 행동, 즉 법의 창조를 우리 스스로에게 정당화시키기에 이르렀다. 이렇게 뚜렷한 우리의 운동이 아주 다양한 영역에서 동시에 나타났음에도 불구하고, 이 운동에는 여전히 완결성과 파괴력에 대한 의식이 부족하다. 그러므로 이 책에서는 그들 모두의 최상의 능력을 하나로 결합시키려는 시도를 감히 해보고자 한다. 〔그러나〕 이 시도는 개개의 저술가들을 구별해주는 요소를 의식적으로 모두 무시하게 만든다. 또한 이 시도는 저술가들 중 일부가 자기 자신의 체계로서 승인하거나 혹은 그들 전부가 자신들의 계획으로 승인하도록 기대할 수 있는 성질의 것이 아니다. 따라서 나의 책임하에서 제안되는 것에 지나지 않는다.

  지금까지도 이 운동에 대한 개념이 명확하게 요구되지 않았다. 즉 최근의 어떠한 운동도 그들이 하고자 하는 것이 무엇이었는지, 그리고 무엇을 성취했는지에 대해 정확히 알지 못한다. 사람들 역시 아주 짧은 시간 내에 가장 광범한 영역을 언급해야만 하는 한 편의 논문에서 모든 근거가 신중하게 제시되고 또한 다각적으로 연구되었으리라고는 기대하지 않는다. 즉 우리는 동료들의 연구에서 이미 행해지거나 여전히 기대되는 것들을 참조하는 것에 만족해야만 한다. 다만 우리가 우리 자신의 고유한 것이나 새로운 것을 제공할 수 있었던 분야, 예컨대 자연법사상에서나 주의주의자主意主義者적 관점의 강조에서, 논리적이고 목적론적인 논의에서만 우리는 어느 정도 구체적일 수 있었다. 결국 가지각색의 사람들이 여기에 제시된 사상의 세계 속에서 창시자로서 획득하게 될 업적들을 개별적으로 제시하는 일은 다른 이들에게 위임되어 있다고 볼 수 있다.
  이 글이 법학의 해방 투쟁과 스콜라 철학의 마지막 보루에 덮쳐오는 폭풍을 위해, 새로운 투사들을 모으는 계기가 되기를 기원한다.

1906년 2월
독일에서

제2장

서설

법률가의 지배적이고 전형적인 모습이 여기 있다. 대학 교육을 받은 국가기관의 한 고위 관료는, 단지 사고하는 기계 Denk-maschine로, 그러나 가장 완벽하게 사고하는 기계로 무장한 채 직무실에 앉아 있다. 그의 유일한 가구는 그의 앞에 국가법전이 놓여 있는 녹색 책상이다. 사람들이 그에게 어떤 한 사건을 의뢰하는데 그것은 실제로 일어난 사건이거나 혹은 가상의 사건일 수도 있다. 하지만 그는 순전히 자신의 의무에 합당한 논리적 작업과 오직 자신만이 가지고 있는 비법을 가지고서 입법가가 법전 속에 미리 정해놓은 결정을 고도로 정확하게 증명해낼 수 있는 능력을 지니고 있다.[1]

전성시대의 로마인들에게는 생소했던 이러한 [법률가의 전형적인] 모습은 신神과 유사한 황제들의 지배하에서 그들이 정치적으로 철저하게 몰락하던 시기에 생겨났다. 중세와 르네상스 시대에는 이러한 법률가의 모습이 이론상으로는 수용되었지만, 실무상으로는, 그리고 부분적으로 입법 과정 상에서는 단호히 부정되었다. 법의 신장伸張과 개혁은 법관과 법학자들의 몫으로 남겨졌다. 근대 절대주의의 중앙집권적 관료 국가에 이르러 비잔틴 시대의 전형적인 모습에 의미가 다시 부여되었으며, 사법권과 입법권의 분리에 관한 몽테스키외Charles-Louis de Secondat Montesquieu의 이론[2]에서야 비로소 법률가의 전형에 대한 바람직한 기초가 형성되었다. 그러나 영국의 법률생활에서 이 이론과 적용 양상을 살펴보면, 고대로부터 법관에게 부여된 불가침의 지위와 앵글로색슨 문화권의 민족들이 오늘날에도 여전히 그 권위 앞에서 느끼고 있는 공포는 사람들이 얼마나 많은 오류를 범했는지 증명해준다. 이에 반해 유럽 대륙은 그것을 자신들에게 고유한 것으로 만들었을 뿐만 아니라 심지어 자신의 정치적인 신념의 핵심으로 옮겨놓았으며, 반半종교적 성스러움이라는 가장 강력한 보호막으로 에워쌌다. 하지만 반대자들도 끊임없이 나타났는데, 프랑스에서 특히 심했다.[3] 또한 독일에서도 몇 명의 반대자들을 거명할 수 있다. 즉 후기 자연법학자들 중에서, 특히 키르히만Julius Heinrich von Kirchmann[4]과, 그리고 완전히 다른 계기에서 비롯된 것이기는 하지만, 가톨릭의 법철학자들을 들 수 있다. 더 나아가 하늘을 가르는 유성처럼 강한 인상을 남겼지만, 이 분야에서는 어떠한 지속적인 영향도 미치지 못했던 인생 말기의 예링Rudolf von Jhering[5]

이 있다. 또한 이후에도 역시 광야에서 외치는 자들, 특히 콜러Josep Kohler,[6] 뷜로Oskar Bülow(법률과 법조 관료, 1885)[7]와 뤼멜린Max von Rümelin(가치판단과 의사결정 이론, 1891)[8]과 같은 사람들이 나타났다. 그러나 근본적인 변화는 수년이 지난 후에야 이루어졌다. 슈탐러Rudolf Stammler[9]가 법철학이라는 쪽배를 다시 항해할 수 있게 만들었으며, 에를리히가 그 법철학의 키를 새로운 목표를 향해 조준함으로 모든 영역에서, 예컨대 이론과 실무, 법철학과 법학Jurisprudenz, 공법과 사법의 영역에서, 항해할 수 있게 했다. 그리고 독일과 프랑스에서 날마다 그 수와 단호함이 증가하는 법학에 대해 회귀할 것을 호소하는 목소리가 터져 나왔다. 이러한 새로운 운동은, 더 이상 산발적인 목소리 형태가 아니라 최초로 하나의 운동으로서 나타났으며, 모든 진정한 운동의 특징, 예컨대 '잠재적으로 존재했던' 거의 모든 사상이 이중적으로 나타났다. 이 때문에 우리가 새롭게 명명할 수 있는 이 새로운 운동은, 지금까지의 모든 이상을 허물어뜨리는 것과 그리고 모든 관점에서 대립되는 하나의 이상을 세우는 것에 결코 뒤지지 않는 목표를 갖고 있다. 그래서 이 운동은 결국 아주 극단적인 것처럼 보이고, 역사적인 가치들에 대한 몰이해Verständnislosigkeit로 인해, 모든 극단주의가 그러하듯이, 그 자체로서 실패한 것으로 평가받는 것처럼 보인다. 그러나 그것은 단지 그렇게 보일 뿐이다. 왜냐하면 우리는, 이 투쟁이 본질을 규정하는 의미로서가 아닌 선언적인 의미를 지니고 있다는 확신과 무의식적으로——비록 그 때문에 불완전하더라도——항상 도처에서 행해지는 모든 것이 인정되어야 한다는 확신, 사실을 표현한 것만이 유효하다는 확신이 서로 일치한다고 보기 때문이다.

이 책의 부록에는 우리 운동의 동료들이 공공연하게 자신들의 견해를 피력해놓은 문헌들을 수록했다. 반면 우리 운동과의 어떤 관련성도 입증할 수 없는 낡은 문헌들과 무의미하거나 혹은 이 운동의 취지를 현저히 손상시킬 만한 문헌들, 더 나아가 가톨릭 법학의 전제들에서 기원하는 문헌, 종국적으로는 법철학적인 문헌 목록들과 유감스러운 흠결 때문에 우리에게 알려지지 않은 수많은 개개 법률 잡지들의 문헌들은 〔참고문헌을 소개하는〕 부록에서 제외했다.

그러나 다수의 법관과 변호사들이 새로운 견해로 기울고 있다는 사실은 법학자들의 동의보다 더 중요한 것으로 보인다. 또한 이러한 사실은 오직 개개의 법조 실무가들이 유감스럽게도 그들에게 오래전부터 당연한 것으로 받아들여진 이론 때문에 흥분하는 것에 대해, 노력할 가치가 없는 것으로 여기기 때문에 쉽게 파악할 수 있을 만큼 두드러지게 나타나지 않았던 것이다.

지금부터 우리는 법과 법학 그리고 판결에 관한 새로운 견해에 대해 세 단계로 나누어 고찰할 것이다——그러나 치텔만Ernst Zitelmann[10]과 콜러의 공헌에도 불구하고 그 이론의 기초가 이루어지지 않은 입법의 본질과 기술에 대한 새로운 사상은 제외되었다.

제3장

새로운 견해

1. 법에 관한 새로운 견해

법에 대한 새로운 견해는[11] 변형된 자연법의 부활Auferstehung des Naturrechts로 표현된다. 자연법을 극복하는 과정에서 직접적으로 발전해온 19세기의 법실증주의[12]는 국가에 의해 승인된 것 이외의 다른 법은 존재할 수 없다는 도그마에 대한 확신을 불러일으켰다. 그러나 자연법이 최후에 이르는 동안 자연법에 대한 모든 박해 과정에서 사람들은, 자연법 사상이 시공을 초월하여 효력을 발휘하고 국가에 의해 조건이 부여되지 않는, 즉 실재하지 않는 법을 동경했기 때문에, 자연법은 부정되어야 한다는 사상에 기초하였다.[13] 그러나 이러한 사상을 부정하는 과정에서 사람들이 인식하지 못한 점은, 아주 무의미한 묘사만이 제시된다는 것과, 자연법에 대해 '무엇이 자연법에 속하지 않는 것인지'를 특징지을 뿐이라는 사실이다. 자연법의 조건에 따르면, 자연법은 결코 법이 될 수 없다.

헛되이 꿈꾸었던 불변의 법이기 때문이다. 그러나 이러한 사상이 담긴 수많은 저서 속에서도 실제로 자연법이 무엇인가에 대한 질문이 제기되지 않았다. 그리고 그 답이 얼마나 단순한 것인가를 알기 위해, 즉 자연법은 국가권력에서 독립된 효력을 가질 필요가 있는 하나의 법이라는 일종의 개념상의 재정립만 요구될 뿐이다. 우리가 그러한 모든 법을 자유법 Freies Recht으로 표현할 때, 자연법 역시 곧바로 자유법의 특수한 한 형태로서 특징지을 수 있다. 그러나 일반적 효력을 가진 법으로서 자유법의 특성화는 자연법 자체에 포섭되는 것이 아니라, 자연법학자들의 동일한 견해로서 이해된다. 자연법학자들은 시대적 관점에서 볼 때 법률가가 아니라 철학자이기 때문에 이러한 법률의 가능성을 수용하는 과정에서 착각했던 것이다. 그러나 (기르케Otto Friedrich von Gierke[14]와 란트스베르크Ernst Landsberg[15]가 지적했던 것과 같이) 자연법론자들의 법 자체는 그 밖의 다른 법과 마찬가지로 역사적으로나 개인적으로 강하게 제한받았다. 이러한 사실은 자연법론자들의 철학적인 안목이 그들의 법학적 행위까지 소급해 변경시킬 수 있는 영향력을 지녀야만 한다는 또 다른 사실을 보여준다. 자연법은 여기에서 자세히 설명할 수 없는 것이지만, 오늘날 자유법의 또 다른 형태들과 근본적으로 구별된다.

만약 우리가 자연법을 그것의 고유한 이론에서 분리시켰다면, 우리가 앞에서 제기했던 테제는 정당한 것으로 보인다. 왜냐하면 우리가 바로 슈탐러의 '정당한 법正法, Richtiges Recht'과 에를리히의 '자유로운 법 발견Freie Rechtsfindung', 마이어Max Ernst Mayer[16]의 '문화 규범Kulturnormen', 부르첼Wurzel의 '투영법Projektion', 슈탐페Stampe의 '이익 형량 Interessenwägung', 뤼멜린의 '가치 평가Werturteile'에 주목하느냐에 따라, 국가법[17]을 평가하고 보충하고 발전시키거나 혹은 폐기시키는 명백한 원칙들이 〔자유법에〕 항상 적용되었기 때문이다.

이러한 원칙들은 바로 그 기능 때문에 국가법으로는 존재할 수 없다. 그러나 법으로서, 특히 자유법으로서 존재해야만 한다. 우리는 당연히 어느 누구에게서도 오직 국가법만을 '법'이라 부르는 순진한 만족감을 빼앗을 수는 없다. 그렇게 되면 사람들은 무엇보다 아직 효력이 발생하지 않은 법전을 기술하는 모든 문헌과, 법률 제정de lege ferenda 논의에 대한 법률적 작업의 성격을 마지못해 부인해야만 한다. 또한 자연법은 물론 거의 모든 법사法史는——법사에서 추출해야 하는——관습법의 문제가 어려워서 은근슬쩍 지나가야만 하고, 자유법에 대해서는 하나의 새로운 이름을 창안해야만 한다. 그리고 그것을 하나의 새로운 개념에 복속시켜야만 한다. 왜냐하면 자유법은 국가법과 마찬가지로 도덕과 관습과는 아주 명확히 (또는 그와 반대로) 구별되기 때문이다.

우리의 자유법이 이러한 핵심적인 사안에서 자연법과 본질적으로 유사하다면, 이를 다시 강조하기 위해 법에 관한 견해는 이미 우리의 운동을 항상 자연법 사상에서 분리시킨다. 왜냐하면, 우리는 17세기와 18세기의 사상가들의 형이상학적인 오류를 넘겨받지 않고도 법적으로 가치 있는 인식들을 그들에게서 배우고 익힐 수 있기 때문이다. 또한 19세기의 아들들인 우리에게 세계는 영구히 변화하고 발전하는 곳이며, 자유로운 우리의 권리는 하늘의 별처럼 너무나 쉽게 변할 수 있기 때문이다. 그리고 두 번째 관점에서도 법에 관한 우리의 견해는 자연법 사상과 대립된다. 역사학파는 모든 법, 심지어 자유법조차도 오직 '실정적positiv'일 때만 법으로 인정될 수 있다는 점을 우리에게 가르쳐주었다. 즉 그들은 우리에게 '자연적으로von Natur'는 법이 존재하지 않고, 법의 배후에 오직 권력, 의지, 승인이 존재할 때만 그 범위 내에 법이 존재한다는 사실을 가르쳐주었다. 따라서 우리의 자유법은 20세기의 자연법이라 할 수 있다. 우리의 법철학은 푸펜도르프Samuel Pufendorf[18]와 볼프Christian Wolff[19]의 법철학과는 크게 관련이 없다.[20]

지금부터 자유법과 국가법에 적용된 동일한 분류 원칙을

자유법에 적용하면서, 우리는 개인이 하나의 법 원칙을 자신의 확신을 근거로 해서 인정하는지 혹은 공동체의 확신을 근거로 해서 인정하는지에 따라 자유법의 두 가지 주요 형태로서 개인법Individuelles Recht과 공동체법Gemeinschaftrecht을 인식하게 된다. 여기에는 동일한 법 원칙이 두 가지 형태의 법으로 존재하며, 국가법으로 존재하고 있는 경우도 배제되지 않는다. 개인법과 공동체법의 지배 영역의 관계는 아주 거대한 미해결 문제이기 때문에, 우리 역시 자유법의 두 가지 형태 중 어느 것이 이 문제들과 관련되는가에 대해 자세하게 언급하지 않거나 또는 그렇게 하지 못할 수도 있다. 그러나 개인법은 법학에 대해, 공동체법은 판례에 대해 큰 의미를 가진다는 점을 아주 확실히 할 수 있다. (여기서 우리는 단지 공동체법이 관습법과 매우 밀접한 관계가 있음을 언급할 수 있다.) 또 다른 원칙에 따라 유효한 현행법과 무효인 법률로 구분되는데, 이러한 구분은 국가법은 물론 자유법에도 적용시킬 수 있는가 혹은 그렇지 못한가에 따른 것이다. 승인할 것인가, 그리고 복종할 것인가 혹은 할 수 있는가는 두 가지 형태다. 다음에서 우리는 지금까지 이름도 없이 행한 우리의 운동을, 자유주의적 신학 운동에 따라,[21] 자유법 운동freirechtliche Bewegung이라 명하고자 한다.

그리고 〔19세기 동안〕 실종되었다가 뜻밖에 법 이론으로 돌아온 이 자유법은 곧바로 실효성과 영향력에서 국가법과 어느 정도 동등함을 증명했다. 자유법은 사람들이 이 법을 알고 있다는 큰 장점 때문에 국가법보다도 우월하다. 그러나 사람들은 국가법을 전혀 알지 못하거나, 혹은 마이어의 지적처럼, 국가법이 자유법과 일치할 경우에만 국가법을 알 수 있는데, 아주 다행스럽게도 이러한 경우가 자주 발생한다. 여기서 우리는 지금까지 우리의 법적 견해의 체계적인 토대를 이룬 '더 나은 통찰력의 보유자'(메르켈Merkel)라는 의제擬制들을 만나게 된다. 즉 전체 국가법은 개개의 사람들에게 잘 알려져 있다고 의제된다. 이러한 의제는 사실들과 극단적으로 모순된다. 진실은 어느 누구도 광범한 영역의 모든 법률을 알 수 없다는 것과, 극히 소수만이 부분적으로 알고 있을 뿐이며, 대부분의 사람들은 전혀 모르고 있다는 것이다. 그래서 어느 한 개인이 국가법에 대한 전반적인 지식을 갖추고 있다면, 그가 괴이한 신사의 계층에 속하게 된다. 고리대금업자, 범죄학을 공부하는 학생, 선동적인 언론인, 유령회사의 사기꾼들은 그들에게 이익이 되는 (법률의) 규정들에 대해 정확하게 알고 있다. 대형 가게의 상인, 예술가, 장교, 정치가, 남편은 상법, 저작권법, 국가법, 국제법과 가족법상의 조문들에 대한 단편적인 지식만을 가지고 있지만, (법률에 대한) 그러한 무지 때문에 생활하는 데 방해받지는 않는다. 낯선 곳을 여행하는 자는 (그곳의) 언어, 역사, 문화, 민족의 전통에 익숙해지지만, 그 나라의 법전을 잠시라도 펼쳐보려는 생각은 꿈에도 하지 않는다. 그들은 모두가 자유법에 따라, 즉 그들이 속한 집단의 규약 혹은 그들의 개인적인 판단이 법이라고 여기는 ─ 자의적인 것도 아니요 공공의 이익으로서도 아닌 ─ 것에 따라 생활한다.

자유법은 그들의 강력한 세력 범위를 구축하며, 국가법으로부터 독립하여 존재한다. 그러나 자유법은 국가법으로부터 완전히 독립된 것이 아니다! 자유법은 국가법을 출현시키는 토대다. 거의 모든 입법가의 사상은 자유법의 원칙들보다 먼저 존재했다. 법의 발전을 촉진시킨 국가법에 대한 모든 비판은 개념상 당연히 자유법에서 기준을 도출해내야 한다(비판자들에게는 외국법도 국가법에 속한다).

결국 법률은 자유법으로부터 자기 완결적으로 제정되어야 하고, 그의 흠결을 보충해야만 한다. 여기서 우리는 실정법의 무흠결성Lückenlosigkeit에 관한 도그마와 부딪치게 된다. 이 도그마는 유명한 프랑스 민법 제4조에서 명확하게 표현되고 있다.

법의 흠결, 불명확, 불충분을 이유로 재판을 거부하는 법관은 재판 거부죄로 소추될 수 있다.

즉 흠결이 있을 수 있다는 주장이 자유법의 존재를 부정하는 것은 아니다. 이러한 관점에서 보면, 법이 어떠한 결정도 내리지 못하는 곳에서는 항상 소의 각하 혹은 무죄 판결이 내려질 수밖에 없다는 결론에 도달한다. 그곳에서는 [법의] 흠결과 그의 보충에 관해 논의될 수 없다(치텔만). 누군가 법의 흠결과 보충에 대해 말한다면, 이는 입법가가 무죄나 소의 각하 판결을 내리는 것을 고려하지 않고, 국가법에 따르면 허용되지 않는 결정도 자유법에 따라서는 결정될 수 있음을 의미한다. 그래서 결국 실정법에는 흠결이 존재한다는 것을 인정하면서 그 흠결을 해석학의 수단들을 통해 보충할 것을 요구하고 기대하는 이론이 이미 확산되어 있다. 이 이론은 우리의 주장을 인용認容해준다. 그러나 이러한 인용이 우리에게는 불만족스럽다. 법의 흠결이 간헐적으로 있는 것이 아니기 때문이다. 오히려 법률 안에는 법률 용어보다 결코 적지 않은 흠결이 있다고 자신 있게 주장할 수 있다. 어떠한 개념도 그 근원적 특징에 이르기까지 해체되지 않고, 오직 소수의 개념만이 정의되며, 이러한 소수의 개념은 스스로를 정의하지 못한 다른 개념에 의해 다시 정의된다. 그러므로 하나의 법률 문제에 적용될 전체 법 개념들이, 단순히 그 개념들의 애매한 윤곽이 아니라 아주 명백한 개념들의 핵심을 통해 법률 문제로 되돌아오는 경우란 아주 우연히 이루어지는 일일 뿐이다. 이러한 상황에서 법의 흠결을 법률 해석의 수단을 통해 보충하는 방법은, 이 수단이 실제로 곧바로 입증되는 것보다 적절하지 못한 경우에도 역시 통용될 수 없다. 오직 자유법만이 개개의 법률 사건에 직면하여 판결의 자발성과 내용의 감정적 명료성을 통해 보충될 수 있으며 실제로 끊임없이 보충되어왔다. 흠결을 보충하는 법률가가 법률을 명백하게 변경하는 행위를 불허된 행위로 간주하며, 그 흠결의 특성도 전혀 의식하지 못한다면 사실을 변화시킬 수 없다. 그리고 최근에 흠결 이론가인 치텔만이, 매우 다행스럽게도 법관의 이러한 변경 활동을 시인하면서, 하지만 여기서 그의 양심이 작용했기 때문에 '변경Abänderung'이라는 표현을 '개선Verbessern'으로 바꿔야만 한다고 믿는다면, 그의 〔표현의〕 제한은 법률 실무가에게는 매우 의미심장해질 것이다. 왜냐하면 '비록 알려져 있지 않지만 이미 존재하고 있는' 하나의 국가법 원칙이 흠결의 보충에 적용되는 대신에 이 흠결은 자유법에 의해 보충되고, 그에 따라 자유법은 추후에 놀랍게도, '비록 어쩌면 알려지지 않은' 법일지라도 국가법으로 인식되기 때문이다.

그러나 우리 역시 이 문제를 한 번 더 고려해야 할 필요가 있다. 그러지 않으면 우리는 법률의 무흠결성에 관한 도그마 대신에 자유법을 포함한 법의 무흠결성에 관한 도그마를 정착시키려고 할 것이다. 또한 이것이 자유법이라 할지라도 자유법의 도그마에 빠진 운동에 가담하는 우리 동료들의 과오를 되풀이하게 된다. 이러한 점에서 우리가 주장하는 바는, 어떤 경우에도 법적으로 해결할 수 없는 많은 사건들이 있다는 것이다. 우리는 우선 어렵고도, 무의미할 수도 있는 문제, 자유법이 해결책을 보유하고 있지만, 이 해결책을 인식할 수 있는 능력이 우리에게 있는지의 여부를 확실히 알 수가 없다. 더 나아가 가령 자유법이 항상 인식 가능한 해결책을 제공한다고 하더라도, 이 해결책이 하나의 보편적 효력을 지니고 있다고 결코 확신할 수는 없다. 반대로 어느 누구도 인간은 다양한 존재라는 사실을 부정하지 않듯이 우리의 차별성은, 특히 그것이 삶의 가치의 우열 평가에 관계되는 한, 일부 사건에 대해 다양한 해결 속에서 반영되어야만 한다는 결론에 이른다. 또한 실제로 대부분의 논쟁은 시간이 흐름에 따라 원래 모습으로부터 변하게 되고, 그 해결점에는 더 가까이 다가서지 못한다는 사실을 대부분의 논쟁 상황이 증명해주고 있다. 일상생활의 사례에서 알 수 있듯이, 개인적인 요소가 모든 관점에서 영향을 미치고 있기 때문에, 〔논쟁 상황이〕 달라질 리가 없다. 우리가 항상 되풀이하여 경험하는 것은, 어느 개인이 어떤 이론을 〔법의 해석에〕 적용하려고 하는 때에, 그는 전형적인 사건에 대한 적절한 해결책이 나오는 이론을 선호한다는 것이다. 반면에 다른 사람은 그러한 결과를 초래하는 이론을 거부한다. 왜냐하면 그는 정반대되는 결정을 원하기 때문이다. 사람들은 '무용한 시도'의 문제를 생각할지도 모른다. 정신적인 운동이 뒤처지고 늘 개인적인 요소를 강력히 주장하는 시대에는 법학과 같은 학문만이 이러한 요소를 완벽하게 무시할 수 있다. 그리고 만약 자신의 감정과는 다른 반응이 나타난다면, 누군가에게 어떤 행위를 선한 것으로, 어떤 예술 작품을 아름다운 것으로 인정하도록 강요할 수 있고 또 강요해도 되는 것처럼, 법률 문제에 관해서도 극히 드물게 일치된 하나의 판결을 모든 이에게 요구하고, 기대할 수 있다는 견해 또한 관철되어야만 한다.

그러나 모든 법률 문제의 주관적인 해결이 원칙적으로는 포기할 수 있는 것일 때는, 그에 대한 희망조차도 통상 포기해야만 한다. 여기서도 우리는 법학의 불쾌한 습성과 '법률상의 과대망상'을 접하게 된다. 어떤 이론적인 학문이나 실용 학문이 각각의 영역에서 상상할 수 있는 문제를 모두 해결할 수 있게 될 거라든가 또는 심지어 현재에도 해결할 수 있는 능력이 있을 거라는 견해는 어떠한 학문 분야에도 존재하지 않는다. 생물학자, 언어학자, 역사 연구가, 예술사학자, 천문학자, 미학자는 그들에게 제기될 수 있는 질문들 중에 극히 미미하고, 그 질문 전체와 비교해볼 때 거의 보이지 않는 부분만을 그들이 대답할 수 있다는 것을 한순간도 부정하지 않는다. 이는 세세한 부분에 관한 것뿐만 아니라 가장 중요한 본질적인 문제와 이론에 관해서도 마찬가지다. 그들은 국가시험에서 이미 상상할 수 있는 모든 생물학적, 역사적, 물리학적 등등의 문제에 관하여 답변해야만 하는 것에 격분하면서 이를 거부하게 될 것이다. (예를 들면, 백조자리 알파별의 온도가 얼마나 높은가? 람세스 대왕이 아메리카 대륙을 발견했더라면 무슨 일이 일어났을까? 가장 추앙받는 화가로 알려진 아펠레스Apelles[22]의 그림들이 어떻게, 언제 그리고 어디에서 사라질 것인가? 어떻게 시각적인 인상이 시신경으로 전해지며, 그 인상은 어떻게 인지되는가? 베토벤Ludwig van Beethoven의 기악 편곡법이 스코파스Scopas[23]의 의상 제작 행위보다도 더 미의 법칙에 부합하는가? 왜 카나리아는 푸르지 않은가 등이다.)

자존심이 강한 수학 역시, 이미 첫 단계인 고차방정식 풀이에서 중단된다는 것을 시인하고 있다. 그리고 논리학조차도 수학의 궤도로 진입한 이후부터는 해결될 수 없는 문제 사슬의 문턱에 놓여 있음을 인식하고 있다. 오직 법학만이 홀로 이른바 체계적인 완전성의 결과로 스스로가 실제적인 모든 문제와 생각할 수 있는 모든 문제를 해결할 수 있다는 확신을 가지고 있으며, 이러한 능력을 자신의 마지막 제자에게까지 요구하고 있다. 그들에게만이 아니다. (병명이 무엇인지 모르는) 극히 암담한 환자에게 진단을 내리고 절망적인 진단의 경우에도 치료법을 제시하는 돌팔이 의사, 고해자에게 그들의 과오 하나하나에 대해 하느님이 원했던 회개를 끈질기게 종용하는 사제, 이들은 숙명적인 동료 집단인데,

해석학적인 법률가도 이에 속한다. 사람들은 개개의 문제와 관련하여 우선 자신의 사건이 도대체 해결 가능한 것인가라는 선결문제를 제기하는 것 대신에 승리를 확신하며 맹목적으로 소송에 뛰어든다. 자연과학의 대가들은 세 가지 입체물의 문제를 해결할 수 없으며——그들 각각의 조수들이 날마다 수백 가지 문제를 해결했다. 더욱이 도무지 간과할 수 없는 사회적 관계의 복잡성과 경제적 이해의 대립성 그리고 법조문의 무흠결성과 관련하여, 수천 가지 사건의 선결문제에 대해 이미 결정된 '아니요'라는 답이 주어져 있음이 먼저 설명되어야 할 필요는 없다. 또한 우리의 회의론은 자유법 문제에도 해당된다. 자유법에 내재되어 있는 규범들은 국가법의 규범들과 마찬가지로 체제를 강하게 형성하지 않기 때문이다. 가장 다양한 문화기文化期와 생활권이라는 결과들은 유기적으로 이루어진 것이지 결코 확고한 계획에 의해 고안된 것은 아니다. 더욱이 이들은 그 활용을 위하여 검증되지도 않은 채로 무질서하게 의식과 잠재의식 속에 보존돼 있다. 매우 복잡한 사건이 나에게 의뢰되고, 그 문제를 하나의 규범 속으로 복속시키려 한다면——충분히 숙고하면 할수록 사건은 더욱 복잡하게 된다——, 사건의 다양한 측면들은 때로는 하나의 규범을, 때로는 다른 규범을 전면에 내세워야 하고, 결정의 순간에 고려되는 가치들 중에서 한편으로는 위반될 수 있는 가치가, 다른 한편으로는 강조될 수 있는 우월한 가치로서 더 나타난다. 그 결과는 책임 있는 노력에도 불구하고 대부분의 경우에 법 감정이 중단된다. 다른 형태의 규범들이나 자의는 결정을 내리고—— 결정되어야 하기 때문에—— 당연히 유익한 암시는 바로 그 결정을 옳은 것으로, 그에 부합하는 법 규범을 처음부터 적절한 권력으로 보이게 한다. 한 사건에 대한 법적인 해결은 여기서 결코 논의될 수 없는데, 이는 흔히 볼 수 있는 것처럼, 문제가 양적인 것에 묻혀 있고, 그 규범에 의해 적용된 개념들이 양적으로 정의될 수 없거나(중과실, 배은망덕, 중대한 사유 등) 또는 그 개념들을 적용하는 것이 심리적 크기의 측량 불가능성과 '이익 형량'을 위한 공동 표준의 흠결 때문이다.[24]

2. 법학에 관한 새로운 견해

우리는 이러한 고찰을 통해서 이미 법과 법학을 분리하는, 즉 학문의 내용을 이루고 있는 대상을 그 학문에서 분리하는 불확실한 경계에 대해 파악하고 있다. 법학에 관한 새로운 견해는 어디에 존재하는가?

우선 앞에서 말한 대로 법률과 법학의 관계가 완전히 달라져야 하는 결과가 생긴다. 법률이 본연의 모습으로 드러나면, 법학은 단순한 대변자 역할, 즉 자기부정 속에서 스스로를 소진하는 입법가의 하수인 역할에 더 이상 만족할 수 없게 된다. 법률생활의 욕구 역시, 법률이 그 욕구를 충족시켜줄 수 없기 때문에, 다른 권력이, 특히 법학이 자유롭고 창조적으로 그들 편에 서줄 것을 요구한다. 마침내 법원法源으로서의 학문이라는 개념을, 초기의 역사학파는 쉽게 자주 다뤘지만 이제는 진지하게 생각해야 한다. 학문은 모든 개념을 정의해주어야 한다——그러나 '구조Konstruktion'를 통해서가 아니라, 자유로운 법 원칙들이 시사해주는 특징에 의해서다. 학문은 법의 흠결을 보충해주어야 한다——그러나 법률이 이러한 주장들을 수용하지 못하는 모든 사건에서, 이 주장들을 부정함으로써가 아니라 오히려 자유법이 제시하는 방향에서 이것을 긍정함으로써 보충해주어야 한다. 법학이 법률의 마비된 요소들을 제거해야 하며, 새로운 요소들을 발전시켜야만 한다. 하지만 법학은 이 모든 것과 함께 단순히 '인식된 것을 다시 인식하는 것'을 완전히 중지했다. 지금 법학에 주어진 과제는 더 커졌고, 오만한 것이 되어버렸다. 법학은 스스로 공동체법을 발견하고 이를 적용하는 곳에서 '자유로운 법의 발견'을 실천하고 있다. 법학은 스스로 개인법을 창출해내고, 그 효력을 부여한 곳에서 자유로운 법 창조가 활발하게 이루어진다. 법학이 스스로 법의 연원이라면, 그 연원은 다른 모든 연원과 동일한 성질을 지녀야 하며, 또한 법 그 자체처럼 법학도 의지여야만 한다. 이러한 인식과 함께 법학은 19세기 정신과학의 대열에 가담하고 그것의 주의주의적 국면 voluntaristische Phase으로 접어들었다.[25]

하지만 심리학, 역사학과 다른 학문 분과에서처럼 의지를 이성의 자리에 두는 것은 그렇게 중요하지 않으며——아직까지 간과되어왔던 역할을 실제에서는 결정적인 역할로 인식하는 것만이 중요하다. 그러나 법학은 주의주의적 견해에 의해 강한 영향력이 행사되는 영역이다. 간단한 경험적, 심리학적 관찰도 의지의 우월성을 교시해줄 수밖에 없는 것처럼, 그리고 우리 자신들처럼, 쇼펜하우어Schopenhauer의 의지의 형이상학Willensmetaphysik을 전적으로 거부하는 의지의 우월성이 법학의 영역보다 확실한 곳은 어디에도 없다. 어떤 결론에 도달하려는 의지가 조금이라도 있다면, 그 의지는 결론의 근거가 되는 법률들을 선택하도록 유도한다. 가장 유명한 법률가 중 하나인 바르톨로Bartolo da Sassoferrato[26]가 바로 역사가 말해주는 가장 전형적인 예다. 그는 먼저 결정을 내린 후 친구 티그리니우스Franciscus de Tigrinius에게 그 결정에 적합한 유스티니아누스 법전 구절들을 제시하도록 했다. "왜냐하면 그는 기억력이 아주 나빴기 때문이었다." 그러나 도처에서 볼 수 있는 의지와 이성과의 관계는 추후에 이성이 진실한 사실 관계를 아주 지나칠 정도로 속속들이 숙지하고 있다는 것을 통해 은폐되었다. 또한 아주 특별히 법적인 영역에서는 법적 의지가——다행스럽게도 매우 자주——〔법의〕 해석을 담당하는 이성이 그의 어떠한 지도 없이도 도달하게 될 결과를 요구하는 것에 의해 은폐된다. 그러나 둘 중에 어느 것의 추진력이 지속적으로 유지될 것인지는, 이론가혹은 실무가가 그의 법조문에 근거하여, 중대한 문제를 자유로운 법적 확신으로 일격을 가하는 '원하지 않은 결과'를 추론할 의무가 있다고 느끼는 순간 명확하게 드러난다. 특히여기에서는 때때로 문제를 일으키는 유명한 독일 제국법원의 판결들을 들 수 있다. 그럴 때마다 〔법원에서는〕 똑같은 일이 일어난다. 의지는 수 많은 법률 문헌들을 움직이게 하는데, 이 문헌들을 논리적으로 복종시킬 수 있는 방법은 모든법률 규정에서, 그리고——그것을 원한다면——오래되고 존귀한 해석 규칙들을 이용하는 것이다. 이렇게 하면 그들은'원하던' 결과를 달성할 수 있다. 그러나 제국법원은 다소 유보적인 태도를 취한 다음 다른 이론에 동조하거나 자신의 입장을 고수하게 되는데, 대부분의 경우에는 후자로 나타난다.왜냐하면 자유법에는 7명의 제국법원 판사들이 적용하려고하는 법조문과 동일한 원칙을 포함하고 있으며, 또한 그들은 경험상, 완고한 성격 때문에 신중한 작업을 통해 제정한법률이라고 하더라도, 개정할 수 있다는 기대감을 갖고 있기 때문이다. 일찍이 초기 로마 제국에서처럼 법치국가의 운영 체계를 해체해야 한다면, 제국법원을 필두로 전체 〔법조〕

실무는, 모든 경우에 조만간 새로운 자유법의 의미에서 방향을 전환하게 될 것이다. 모든 법사를 통해 입증된 발전 과정에 대한 가장 중요한 사례는 계몽주의 시대에 나타난 보통법상의 실무를 통한 형사소송법의 폐지이다. 이를 통하여 법률상 구조Konstruktion의 유명한 문제에 서광이 비쳤다. 이를테면 그것은 오직 특정한 법률 개념의 적용만이 의도된 법률 효과를 보장하고, 그래서 구조가 그 법 개념의 고유한 이론적 귀결들 중 하나의 결론이라는 점에 대한 증거로 존재하지 않는다. 반대로 적대적 구조에 대해 자주 이용되는 불합리한 논증ad absurdum-Führen은, 이런저런 결과가 입법가로 하여금 '불가능한 것'으로 의도된 것이라고 비난한 데 있지 않다. 이 경우 가정의 모든 근거는 입법가가 원했던 바로 발언자들의 아주 우매하고, 전혀 의식하지 못했던 가정에 있는 것이다. 어쨌든 원하지 않았던 결과들을 노골적으로 혹평할 필요는 전혀 없다. 사람들은 대부분 그 결과들을 단순히 전개시키기만 하고, 그런 다음에 그러한 결과 자체 또는 그 결과로 인도되는 구조를 부정하는 것과 그에 따라 반대의 결과로 결정하는 것을 독자에게 떠넘기는 것으로 만족한다. 그러나 사람들이 그러한 것에 책임을 질 때, 전혀 예측하지 못하고 원하지도 않았던 결론을 도출하게 될 것이다. 하늘이 무너져도 정의를 세우라Fiat justitia, Peret mundus. 법률가는 스스로를 기둥에 단단히 매고 자랑스럽게 외칠 것이다. 여기에 내가 서 있다. 나는 이것 말고 달리 할 수 있는 게 없다. 만약 사람들이 이러한 결론을 모두 생각했다면, 사람들은 또다시 특별한ad hoc 구조를 생각해냈을 것이다. 이성을 조종하는 것은 항상 의지이다.

주의주의적 동향과 함께 우리에게도 비합리주의적 사상이 자연스럽게 나타났다. 만약 이성의 역할이 결정적인 역할이 아님을 인식했다면, 자신의 이름, 즉 논리의 이름으로 행해진 잘못에 대한 시선 역시 날카로워질 것이다. 새로운 운동이 예컨대 역사학파 중에서 과격파들이 자주 행했던 것처럼 논리를 전혀 가치 없는 것으로 치부했다면, 확실히 이 운동은 맨 처음부터 웃음거리가 되었을 것이다. 논리는 무조건적으로 옳다. 그렇다면 법률가의 논리는 무엇이며, 법률가의 논리가 최근에 슈테른베르크Theodor Sternberg가 공개적으로 적절히 비판했던 전통적인 해석학에 도대체 어떻게 '지식 중의 지식Scientia Scientiarum'[27]으로서 아직도 일반적으로 제공되고 있는가! 어떤 형태들이 여기에서 논리적Frau Logica이라고 표현되는가! 여기에 바로 그 유명한, 그리고 우리의 방법론이 진지하게 해석학적 방법으로 아주 자세하게 취급했던 법률상의 유추 해석Analogie이 있다. 이것은 논리적인 방법으로 해석 절차들에 대한 법 원칙들의 적용을 종속시키는 사건들을 밝히는 것이 아니라, 종속된 사건에 유사한 사건들을 가르쳐주는 절차다. 이것은 마치 어디에선가는 반드시 임의의 사건들과 어떤 공통점도 가지지 않는, 즉 그들과 조금도 유사하지 않은 어떤 사건이 존재하는 것처럼 보이게 만드는 것이다! 거의 모든 법 원칙을 거의 모든 사건에 적용할 수 있을 것이며, 모든 양적인 것과 물질적인 것에 대해 아주 동등하게 대립하는 논리학을 통해 허가된 것의 한계가 설정될 가능성 없이 계속적으로 반복될 것이다. 그리고 지금은 확장 해석이 사건들의 유사성 이외의 다른 어떤 동기와 매체를 가리지 않기 때문에 확장 해석이 유추 해석과 동일한 취급을 받게 되는데, 사람들은 바로 유추 해석의 적용이 금지되는 경우(독일 형법 제2조)[28]에 종종 확장 해석으로 하여금 유추 해석의 역할을 담당하게 했다. 확장 해석은 그 역할을 잘 담당했다. 사람들은 용어의 최후 한계까지, 그 이후에도 조금 더 나아간다. 우리 판례집의 골동품 진열실은, 사람들이 모든 것을 '위험한 물건'이라는 표시하에 압수할 수 있음을 설명해줄 수 있다. 반대로 어느 누구도, 독일 민법 제950조[29]의 '제조자Hersteller'라는 개념에 따라 새로운 물건에 대한 소유권이 가공加工의 법리를 근거로 공장 노동자 혹은 수공업 기능공에게 귀속된다고 생각하지는 않는다. 그렇지 않은 경우에는 그곳에 하나의 사회주의적 경제 질서가 있을 수 있기 때문이다. 하나의 사건에서는 확장하거나 유추하고, 다른 사건에서는 문리적으로 혹은 극히 제한적으로 해석하는 것이라고 우리가 부르는 것은, 법률과 논리가 아니라 바로 자유법과 의지다. 한편으로는 원하는 결과에 도달하려는 의지, 다른 한편으로는 원하지 않는 결과를 피하려는 의지다. 따라서 우리는 하나의 구조가 가장 강제성이 없고, 가장 논리적이고 자연스러우며, 가장 우수하기 때문에, 그것을 모든 구조의 결과와 함께 수용하는 것이 아니다. 오히려 반대로 그 구조의 결과가 우리가 원할 수 있는 형태의 것일 때, 그 구조는 우리에게 수용된다.

오늘날에는 유추와 같은 방식으로 유추 해석의 변종에 불과한 법률상의 의제Fiktion 역시 경시되었다. 보수적 성향을 띤 한 민족이, 로마인들이 그랬던 것처럼, 법률상의 의제를 한 제도의 역사적 발전을 위해 적용하는 곳에서만 이 법률상의 의제는 용인될 수 있다. 반대로 특수한 법 원칙을 그것이 적용되지 않는 사건들에까지 체계적으로 확장시키기 위해 법률적인 의제가 이용되는 곳에서는 용인될 수 없다. 왜냐하면 사람들이 공통적인 일반 원칙을 고안해내는 것을 귀찮아하거나 또는 자신의 입장이, 그 결과들이 의제라는 장막 속에 숨겨져 있음을 눈치채지 못한 사람들에 의해 야기될 반대를 두려워하기 때문이다. 의제가 잘못된 방법 혹은 현실적인 이익에 예속된 거짓을 철저히 은폐하는 것에 지나지 않는 역할을 할 때, 그 의제는 전적으로 학문적 가치가 없다. 그러나 어떤 경우에도 법률상의 의제는, 가끔은 위험하기는 하지만 대체로 검증되고 그 역시 가끔은 의제라고 불리기도 하는 다른 학문으로부터 유리된 개념들(진공 공간, 경제적인 의미의 독점 지배)과 비교될 수 없다. 왜냐하면 그러한 방법론적인 '의제들'은 그들의 결과들을 아주 제한된 범위 내에서만 정확한 것으로 인정하는 어떤 연구의 보조 수단에 불과하기 때문이다. 반면 법학의 실질적인 의제들은 인식의 장애다. 왜냐하면 그러한 의제들은 사람들이 이론적으로 특별히 자부심을 갖고 있을지도 모르는 불변의 구성 요건으로 생각되기 때문이다.

또 한 가지 선호되는 법률의 존재 이유ratio legis에 대한 분석에서도 유추 해석과 의제가 동일한 논리적 가치를 지니고 있다. 이 분석은 실증적인 해석 방법을 위해, 오로지 논리의 일반적인 수단만을 가지고 행하는 방법으로 제공되는 절차다. 그리고 이것은 이미 주어진 법 원칙들에서 그들의 근거를 이루고, 똑같이 실정법으로 존재하는 보편적인 원칙들을 끌어내며, 또한 이러한 새로운 원칙들에서 또다시 나타나 이미 존재하고 있는 원칙들뿐만 아니라 모든 생각해낼 수 있는 다른 원칙들을 연역해내는 것이다(퇼Thöl, 웅거Unger). 이러한 개찬改竄 방법은, 덧붙여 말하면 이 방법은 '총론'을 기술할 때 항상 이용되는 것이다. 그러나 (이것은) 치유할 수 없는 결함을 지니고 있다. 왜냐하면 주지하는 바와 같이 전제와 결론 사이에 확고한 관계가 존재하기 때문이다. 하지만 결론과 전제 사이에서는 그렇지 않다. a=b라는 공식에 대해서는 a=c, c=b뿐만 아니라, a=non c, non c=b라는 것도 전제된다. 더 나아가 a=d, d=b; a=e, e=b 등과 어쨌든 각각의 임의의 원칙(옳든 그르든)들의 묶음(짝)도, 오직 논리의 요소들을 통해 알려지고 형식화된 특성들만을 보유하고 있는 범위 내에서 전제되는 것이다. 따라서 논리적으로 각각의 임의의 원칙은 법 원칙의 전제로서, 스콜라 철학의 '법률 중의 법률lex legum'로서, 후기 스콜라 철학의 '법의 존재 이유'로 기능할 수 있다. 이에 따라 개개의 임의의 법 원칙이 결론으로 채택될 수 있다. 여기서도 역시 임의의 전제 중에서 오직 원했던 결론을 제공해 주는 전제만을 가려낼 수 있는 힘, 즉 이미 언급한 바에 따르면 사고가 아니라 의지여야 하는 힘이 등장해야 한다. 오해는 요구된 일정한 행위에 전적으로 불일치하는 전제들이 법의식의 한계를 결코 극복하지 못한 것에 대한 심리학적인 표현이다. 체계와 총론은 법률의 '그' 전제들에서 나타나게 될 것 같은 방식으로 편성되는 것이 아니라, 체계를 요청된 방식으로 개조시키는 그 원칙들이 전제가 된다.

이미 살펴본 바와 같이 다른 모든 해석 기술은, 엄격히 논리적인 방법으로 많지 않은 법률 요소들을 결함 없는, 생활 전반의 모든 경우에 적합한 법률 체계에 결합시키기에는 적합하지 않다. 그럼에도 법학은 항상 자신감을 갖고 자신의 불가능한 과제를 떠맡아왔으며, 항상 열쇠 몇 개로 모든 성의 자물쇠를 열려고 시도해왔다. (그것이 불가능해지면) 곁쇠를 잡거나, 성을 파괴할 수밖에 없었다. 즉 법조문과의 불일치는 장님에게조차 보일 정도로 강압적인 구조를 구축하려는 한편, 반대로 법률에 의지하여 '일상의 필요들'과 심각한 반대에 부딪치게 될 (즉 상인, 부인, 노동자 들의 자유법과 대체로 전혀 다르지 않은) 결과들을 성취하려고 했다. 해석학의 무의미한 시도의 전제 조건은, 그러한 시도가 단지 법률 개념들이라는 커다란 모자이크 속 여기저기에 부족한 몇 개의 조각들을 맞추어 넣은 것이라는 이상적인 가정에서 출발한다. 실제로 그 과제는 정반대로 놓여 있다. 왜냐하면 처음부터 조사받아야 할 불특정한 요소들은 대부분 동일하게 적용되는 다른 요소들에 의해 규정되거나 더 심각하게 맨 처음 찾아낸 요소들에 의해 또다시 규정될 필요가 있기 때문이다. 그래서 우리는 많은 오류의 쳇바퀴 속에서 영원히 돌아야만 하거나 끝없이 표류하게 된다. 그러나 반대되는 법률로 인해 몇 안 되는 확정된 요소들은 법규상의 도움이 있다고 하더라도, 무수히 많은 가능한 조합에서 유일하게 허용되는 조합을 찾아내는 데 결코 충분하지 않다. 그것은 ── 퀴비에Georges Cuvier[30]가 있다고 주장하더라도 ── 한 개의 뼈에서 한 마리의 완전한 동물을 만들어낼 수 있는 것만큼이나 희박한 것이다. 실제로 해석학적인 법학은 현명하게도 필요한 작업의 아주 적은 부분에 대한 현실적인 시도마저 결국 포기하고, 대신 곧바로 유명한 '법률의 정신Geist des Gesetzes'으로 방향을 바꾸었다. 그러나 우리가 살펴보았던 것처럼 그러한 정신들을 아주 다양하게 조사하는 것이 차라리 쉬웠을 것인데, 전적으로 배제되는 것은 하나의 유일한 정신을 확정하는 것이다. 그 정신은 결국 '고유한 정신의 주인'이라고 정확하게 지칭되었는데, 사람들의 개인적인 취향에 따라 법 속에서 운용되는 것을 보기 원하는 그 정신과 다르지 않다.

결국은 거대한, 교과서에서 확립된 독자적인 법의 체계들이 생겨나게 된다. 이러한 체계들은 각각 자신들을 만들어낸 저작자들의 개성의 한도 내에서 완벽하고 모순 없이 존재할 수 있으며, 또한 저작자들의 개성이 서로 모순되는 만큼 체계도 어느 정도는 서로 모순될 수밖에 없다. 이 체계들은 저작자들의 개성이 다른 법률가들의 개성과 일치하는 수준에서 학설을 형성하고 실무에 영향을 미치게 된다. 또한 그들의 개별적인 법률관과 일치하는 수준에서 여러 개의 국가법들을 포함하고 있으며, 입법이 변경될 수 있다는 것에 대한 희망이 존재하는 경우에만 더 많은 국가법을 포함하게 된다. 법률이 아직 오래되지 않은 곳에서만 그것을 가능한 한 순수하게 표현하려는 의지가 강하고 효과적이나, 이에 반해 교과서의 해석학적인 가치는 새로운 민법에 관한 수많은 교과서가 증명한 바와 같이 아주 협소하다. 그러나 이론과 실무가법만으로는 결코 바르게 결정될 수 없는 회의적인 새 사건들을 해결하려고 하는 것만큼이나 교과서들은 법률로부터 상당한 거리를 두고 있다. 데른부르크Heinrich Dernburg[31]의 〔교과서의〕 체계 속에서는 유스티니아누스Justinianus[32]가 신중하게 고려될 수 없었을 것이고, 정반대의 체계론을 주장한 두 형법학자인 리스트Franz von Liszt[33]와 빈딩Karl Binding[34]의 형법 체계들이 그들의 형법총론 교과서에서는 '무에서 나타난 것처럼 가늘고 가볍게' 우리 눈에 비친다. 그러나 이러한 모든 교과서와 형법 체계에서 공통된 점은, 리스트와 빈딩이 그것들을 만들어낸 저작자들의 인격을 그들의 모든 관습적, 정치적, 법적 감정 속에서 날카롭게 표현하고 있다는 것이다. 이것은 그것들의 제목에서 드러나듯 실제로 국가법을 의미하는 것이라면 불가능했을 것이다. 이러한 대가만을 치른 형법 체계들은 인상적이고 체계적인 완결성에 도달했다. 그러나 여러 원칙들 중에서 일반적인 효력을 지닌 체계를 추구하는 것은, 그것이 국가법의 원칙이든 자유법의 원칙이든 마찬가지로, 특히 점증하는 개인주의의 시대에는 서투른 논리학의 이상향과 다를 바 없다.

실정성과 보편타당성을 체념적으로 포기하는 연역적인 체

계학 자체는 논리학의 판단에 앞서서 존재할 수 없다. 다시 말해 법학의 연역법은 개념상 적합한 이러한 원칙들에 따라, 삼단논법[35]에서 밀John Stuart Mill의 이름하에 행해진 순환논법petitio principi의 항변에 흔들림이 없는 것처럼 보이지만, 실제로는 완전히 정반대 상황에 놓여 있다. 왜냐하면 자연과학 이론이 자포자기에 대해 용기 있게 제안한 해결책, 즉 삼단논법상 특수한 것에서 특수한 것에 이르는 추리를 이해할 수 있는 해결책을 거부하면서 모든 인식의 가설적인 성격에 만족하기 때문이다. 이를 위해서는 필수불가결한 상관 개념으로 가설을 실험 혹은 직접적인 확인을 통해 접합하는 동안에, 법 원칙의 규범적인 성질은 경험을 통해 실증과 유사하게 보이는 모든 것을 금지시켰다. 그 때문에 자연과학을 영구히, 적어도 자연철학이 소진된 이후로는 정확하게 연역된 사실의 오류에서 이론의 오류를 추론했으며, 이것을 적절하게 수정하게 될 것이다. 이에 반해 경험적 지식을 통한 교훈을 포기하면서 연역적으로 생각하는 법률가는, 생명력 있는 예술 작품에 모순되는 이론을 수정하기보다는 차라리 그들이 받은 인상을 숨기는 미학자들의 웃지 못할 행동으로 어쩔 수 없이 떠밀릴 수밖에 없다.

만약 법적 연역이 한쪽에서 그렇게 미해결 상태로 있다면, 다른 쪽 다리의 기둥은 모래 위에 세워진 것과 같다. 왜냐하면 자연과학에서 그들의 원칙을 결과 원칙들로서 언제나 고차원적인 것에서 추론하고, 부분적인 내용들로서 그들의 개념을 언제나 더 광범한 것에서 발전시키려는 노력은 아주 정당한 것이기 때문이다. 이에 반해 법학에서는 원칙들이 추상화되면 될수록——최소한 곧바로 도달되는 수준에서부터——더 가치가 없어지고 쓸모없게 된다. 왜냐하면 법 원칙의 창시자가 그에게 종속된 모든 사건을 소개하는 점과 만약 소개되었다면, 그 원칙의 의미에서 결정되었을 것이라는 점이 점점 더 불확실해지고, 결국에는 배제되기 때문이다. 결국은——그들의 보편성과 함께 증가하는——많은 사건에서 법률 용어의 공허한 울림과 인쇄된 종이의 검정 글씨 외에는 어떠한 것도, 입법가도, 권력도, 의지도, 저 신비스러운 '법률의 의지'도, 어떤 현실도 이제 더 이상 일반 원칙의 배후에 있지 않을 것이다. 따라서 무분별하게 성립된 관습법적인 명령을 위해 개별적인 사안을 새롭게 보고 독자적으로 심사하기를 게을리하는 개인은 추하다고 할 수 있고, 문서화된 권위에 지나지 않는 것을 명하는 것을 '왕의 이름'으로 법이라고 공포해야만 한다고 믿고 있는 법관은 한심하다.

우리의 운동은 이러한 서식화된 법학을 배척함으로써, 운동 자체가 독단론Dogmatismus을 맹목적으로 부정하는 역사적인 견해의 기초 위에 있음을 공표했다. 왜냐하면 '본래부터'

효력을 지니는 법이 존재한다고 믿었던 이전의 법철학과는 반대로, 이미 언급한 바와 같이 역사학파의 첫 번째 주요 원칙에 따르면, 모든 법은 실정적이며, 어떤 현실(권력, 의지, 승인)이 법 원칙의 배후에 있는 경우에 한해서만 법으로 존재하게 되기 때문이다. 따라서 실정법은 '개념법학'[36]으로는 결코 도출될 수 없다. 이미 이 점은 수많은 비법률가들과 함께 법학이 역사적 신조의 고전적인 양성소라고 믿는 것이 얼마나 큰 착각인지를 보여준다. 역사법학파[37]는, 정확히 말하자면, 적어도 그들의 로마법학의 지류는 그들의 과제를 수행하지 못했으며, 그들의 성과는 미학, 철학 그리고 경제학의 성과와는 결코 비교될 수 없다. 법의 역사적 성질에 관한 확실한 법철학적 견해는 영원히 번복될 수 없다. 그러나 오직 법 이론 중에서 이 이론만이 역사적으로 귀중하게 되었는데, 스스로 그렇게 된 것은 아니다. 외적인 표시는 외부에 거의 알려지지 않은 사실이다. 그 순수함은 다른 어떤 학문에서도 찾아볼 수 없다. 기초 지식을 서술하고 있는 많은 양의 저작들이 있지만, 아주 협소한 소영역만이 자세한 법사의 전반을 서술하고 있으며, 그것은 어쨌든 법사의 서술이다. 더 나아가 사람들이 얼마만큼 역사학파의 두 번째 주요 원칙, 즉 하나의 법 원칙은 오로지 그 법 원칙의 전체 발전 과정을 알고 있는 사람들에게만 완전하게 이해될 수 있다는 원칙을 진지하게 수용하지 않았는지는 유스티니아누스와 사비니Friedrich Karl von Savigny[38] 사이의 전체 교의사Dogmengeschichte가 철저하게 경시되어왔다는 점이 증명해주고 있다. 그러나《중세 로마법의 역사Geschichte des r mischen Rechts im Mittelalter》라는 사비니의 7권짜리 저서를 경외심 때문에 펼쳐보지도 않은 많은 법률가들은, 법사의 과제에 관한 어떤 것들도 그 책에서 언급되지 않았지만, 이 책으로 법사의 과제가 영구히 해결되었다고 확신하고 있다. 유명한 로마법학자인 사비니의 후계자들은 도대체 그들 생애에서 얼마나 많은 시간들을 주석법학파와 계수기법학자들의 연구에 투자했는가? 그들의 작업들은, 하기아 소피아Hagia Sophia[39]에서, 중세와 르네상스 그리고 바로크의 예술에 관한 몇 개의 판에 박힌 성구들을 언급한 다음, 카노바Antonio Canova[40]로 넘어가는 한 예술사학자의 작업들과 전적으로 비슷할 것이다. 우리 제국법의 이론가들은 최근에야 비로소 실무계 출신의 저술가들을 언급하면서도 실무를 위해서는 결코 이야기하려 하지 않았다! 제국법의 이론가들은 예의상 그들의 저서 머리말에서 설명하고——본문에서는 결코 그것을 다시 언급하지 않으려 한다——추측건대 그 밖의 모든 것들을 완전하게 고려한 후에야 비로소 작성하는 역사적인 전개 과정에 관한 머리말을 보면, 전문가들은 제국법의 이론가들인 저자들이 역사적인 사료들을 독창적인 방법으로는 거의 취급하지 않았다는 것을 증명했다. 다행스럽게도 오직 소수의 사람들만이 역사적인 사료의 전체를 생략할 수 있는 용기를 갖고 있다. 다행스러운 것은, 아직 어느 누구도 중요한 해석학적인 오류가 역사적 무지에 기인한다는 것을 증명하지 못했다는 것이다. 독일어를 말하는 데 산스크리트를 이해할 필요가 없듯이, 우리의 일상생활에서 쓰이고, 살아 있는 것으로 여겨지는 법이 다시 한번 역사의 증류기 속에서 우리에게 마술처럼 보일 필요는 없다. 여기서 한 번쯤은 역사법학파를 통해 이뤄졌던 법과 언어에 관한 유명한 비교를 진지하게 생각해볼 필요가 있다. 아마도 책임 있는 상세한 연구(결코 젊은 학도들이 곧바로 피곤해지고 혼란에 빠지며 비참해지는 조급한 개관을 말하는 것이 아니다)는 때때로 오늘날의 법을 형상화하는 데 한 획이라도 더 보탤 수 있게 된다. 그러나 해석학에 관한 역사적 관점은 더욱 중요한 목적을 위해 사용되어야 했는데, 그 목적이란 결국 자신의 무덤을 파헤치는 것이다. "법은 자연의 산물로서 유기적으로 발전해왔다." 좋은 말이다. 그렇다면 그것 역시 모든 자연의 산물처럼 비합리적이다. 우리는 모든 영역에서 압도적으로 밀어닥치는 역사적인 견해 앞에서 합리주의가 붕괴되는 것을 보았다. 오직 역사법학파만이 합리주의를 복속시키지 않았을 뿐만 아니라, 오히려 그것을 주인으로 존경하고 누구보다도 더 열심히 봉사했다. 개념법학은 역사법학파의 창조물이다. 개념법학은 자연법의 형이상학을 확실히 극복했으나, 자연법의 방법론 앞에서는 무조건 바로 포기해버렸다. 여기서 우리의 운동은 역사학파의 화려한 출발에서부터 버림받았던 유산들에 접근해간다.

그러나 오직 살아 있는 법만이 역사적인 논의를 포기할 수 있다. 즉 어떤 경우에도 과거는, 합리주의자들이 그랬던 것처럼, 현재를 척도로 삼아 다뤄질 수 없고, 오히려 소멸된다. 따라서 우리 감정에 친숙하지 않은 모든 법 체계가 오직 그 발전 과정의 초기 단계에서만 심리학적이고 논리적으로 친숙해질 수 있다는 인식은 더 이상 우리에게서 사라질 수 없다. 왜냐하면 무의식적으로 되어버리거나 복잡하게 쌓여 있는 모든 요소는 오직 그것들이 의식적이고 명확한 표현을 발견했던 시대와의 비교를 통해서만 파악될 수 있거나 그때 비로소 발견될 수 있기 때문이다. 그러나 이러한 방향에서도 역사학파는 대부분 과오를 범했다. 우리는 그들의 해석학적 과제들이 역사적인 정신 속에서 형성된 것을 거의 보지 못했다. 역사학파들은 그들의 역사적인 과제를 해석학적으로 망가뜨리려는 불손한 시도를 단행했다. 사람들이 자신이 원하는 대로 해석학 그 자체만을 생각한다면, 옐리네크Georg Jellinek[41]가 최근에 강조한 바와 같이, 더 이상 효력을 유지할 수 없는 법을 법 기술 수단들을 동원해 개정하는 것은 전혀 의미가 없다는 점을 해석학의 신봉자들 역시 인정해야만 한다. 그리고 이것은, 라드브루흐Gutav Radbruch[42]가 지적한 바와 같이, 비교법에 관해서도 마찬가지다. 그러한 엄청난 정신력의 소모는, 모두 오로지 법관에게 현행법에 따라 언급한 법조문을 불명확한 것으로, 한 사건을 해결 불가능한 것으로 명명해야 할 필요성을 면해주려는 것만을 목적으로 한다. 그러나 한 법률이 법관에게 의미가 없게 되는 순간, 그러한 필요성은 완전히 사라지며, 이 세상의 어떤 것도 이러한 법률을 이해할 수 없으며 불합리한 것으로 명명하고 표현하는 것을 막지 못한다. 어떤 것도 진실에——역사적 연구의 유일한 성과에——부합되는 것을 행하는 것을 더 이상 막지 못할 뿐만 아니라, 모든 것이 그렇게 할 것을 요구한다. 왜냐하면 역사는 어떤 실용적인 목적을 가지고 있는 것도 아니며, 더 이상 어느 누구의 목적에도 공헌하지 않기 때문이다. 따라서 우리는 12표법Zwölftafelrecht,[43] 작센슈피겔Sachsenspie-gel,[44] 카롤리나 법전Constitutio Criminalis Carolina[45]의 제도들도 해석학의 모델로 하여 개정하는 것이나 현행법과 관계된 엄청난 문헌들을 연금술사와 점성술사의 작업과 같이 완전히 가치 없는 것으로 선언해야만 한다. 그러한 문헌은 당연히 그 모델을 포기한 운동이 성공을 거두는 순간, 흔적도 없이 사라져야만 한다.

　모든 문화학의 공동 신앙고백에 법학을 가장 나중에 배치시킴으로써 사람들이 그것들과 그 밖의 것 사이에 설치하고

자 했던 분단의 장벽은 스스로 무너진다. '법이원주의'를 주장하는 사람들은 사회학이 설명하는 법학은 무엇이며, 무엇이어야 하는가라는 점에 너무 많은 비중을 두고 있다고 말한다. 왜냐하면 해야만 하는〔당위〕모든 것 역시 하나의 존재하는〔존재〕것이라는 사실을 간과해서는 안 되기 때문이다. 당위는 비록 그것이 독특하게 채색된 의지의 한 형태일지라도 의지이며, 승인된 당위가 존재하는 경우에는 고유한 의지이며, 승인되지 않은 당위가 존재하는 경우에만 타인의 의지다. 의지와 당위 사이의 충돌은 모순된 의지의 충돌이다. 당위는 한 인격의 의지로 생각되지 않고, 하나의 개인적 혹은 총체적인 인격의 의지, 자신의 고유한 혹은 타인의 의지로 생각된다. '객관적' 규범이란 하나의 공허하고 실행할 수 없는 관념이다. 따라서 법학 역시 하나의 존재에 대한 실증적 자료, 즉 다른 많은 학문에서와 마찬가지로 심리적인 자료를 다뤄야 한다. 법학은 결코 의지의 범주에서 벗어날 수 없으며, 그 안에서만 존재의 평가가 가능한 척도를 발견할 수 있고, 목표에 대한 언급을 발견할 수 있다. 존재는 언제나 존재에 의해서만 평가받을 수 있다. 객관주의[46] 법철학에서 '내게 내가 서 있을 곳을 달라dos moi pou sto'[47]는 말은 영원히 허용되지 않는다. 따라서 학문 이론상의 차이점은 이러한 관점에 따라 법학을 위해 정당화되지 않는다. 그러므로 자유법 운동의 주된 지지자들에 의해 법학과 인접한 학문들, 예컨대 심리학이나 사회

학과 협력이 정당한 근거로 추구될 수 있었다.[48]

이러한 이유로 법학은 지금까지 정신적인 친척이라 할 수 있는 신학과의 접촉을 포기해야 한다고 말해왔다. 하지만 법학의 신학으로부터의 실질적인 해방은, 17세기가 법철학에서 신적인 자연법jus naturale disinum을, 18세기가 교회법에서 법원法源으로서의 성서를, 그리고 19세기가 형법에서 보복에 관한 도그마를 추방하고 난 후에야 완성된 것이나 다름없었다. 그러나 20세기 초에 들어서도 새로워진 법학에서 신학의 정신을 몰아내는 것은 매우 어려운 과제였다.

오늘날 법해석학과 정통주의 신학——이 책에서는 정통주의 신학만 다룬다——사이에 존재하는 유사성이 눈에 띈다. 신학에서는 하느님, 법학에서는 '입법가', 이 둘은 경험할 수 없는 존재다. 그들의 의도는 세속적인 군중에게는 보이지 않거나 불명확하게만 알려져 있다. 오직 특권화된 신학자들과 법률가들만이 그들의 계시를 중개한다. 그들은 각각 하느님과 입법가의 의지를 표현하고 있다고 주장하지만, 실제로는 그것이 종교와 법으로 승인되기를 원하는 그들의 의지가 억지 주장된다. 이것은 필연적인 것이다. 왜냐하면 이러한 의지의 구성을 위해서는 오직 성스러운 문서[성경]와 단편적인 법률만이 주어지기 때문이다. 그럼에도 그것들을 통해서 모든 문제를 명확하고 분명하게 대답해야 한다. 법률가는 개개의 행위를 합법 혹은 불법으로서, 신학자는 이를 하느님의 뜻에 합당한 것 혹은 하느님이 싫어하는 것으로 입증할 수 있어야 한다.

따라서 주된 틀(순환Cyklen)과 부수적인 틀(주전원Epicy-klen)에 관한 인위적인 가상의 체계를 들먹거린다.[49] 우리는 법률가들이 어떻게 그것을 수행하는지 보았으며, 신학자들이 어떻게 그것을 하는지를 교리 문답서에 실린 십계명에 대한 설명들을 보면 알 수 있다. 법률가가 그의 모든 결정을 법률에 근거하여 설명하는 것처럼, 교회는 예배 의식의 가장 소소한 것들을 포함한 모든 제도가 성경의 어느 한 구절에 근거해야 한다고 믿는다. 그러나 우리가 이러한 목적을 위해 법률가들에게 제공했다고 생각하는 해석 기술들은 사실 신학이 허용했던 왜곡과, 그전부터 모든 진리를 애호하는 자들과 신학자들의 항거들은 —— 다른 종파가 행했던 왜곡에는 훨씬 미치지 못했다. 더 나아가 법률과 성서에도 흠결이 있는 것처럼, 이 해석 기술들은 그 자체에 모순이 가득하며, 그들이 적용하는 현실과 완전히 모순된다. 그럼에도 법률과 성서는 그들 속에 내포되어 있는 천 년 동안의 발전들과 다양한 문화 체계들의 수천 개의 교차점들 중에서 어떤 것도 드러나지 않는 모순 없는 완벽한 체계들로 설명되어왔다. 모세Moses와 토마스 아퀴나스Thomas Aquinas, 아우구스투스Caesar

Augustus와 비스마르크Otto von Bismarck[50]는 하나로 융합되었다. 법률가는 시기상으로 사실 멀리 떨어져 있는 법률들에서 '법률의 정신Geist des Gesetzes'을 발견한다. 신학자는 땀을 뻘뻘 흘리며, 오직 역사가들의 즐거움을 자극할 수 있을 뿐인 용어 '색인'에 의해 구약과 신약을 샅샅이 뒤진다. 이를 위해서는 적합한 도구가 필요하다. 법률가는 '법률의 규정들regulae jurus'에 공헌했으며, 신학자는 삼위-일체, 하느님-인간, 동정녀-성모 마리아와 같이 때로는 한쪽 측면이, 때로는 다른 측면이 임의로 사용되는 모순 가득한 개념들에 열중한다. 그래서 신학자는 아주 능숙하게 선한 자들의 행복을 하느님의 은총에서, 선한 자들의 불행을 하느님의 시험에서, 악한 자들의 불행을 하느님의 공의에서, 악한 자들의 행복을 하느님의 신비로운 뜻에서 그 근거를 찾았다. 마찬가지로 법률가는 그에게 요구되는 엄격한 법 적용을 법의 성스러운 결과로 돌리고 완화된 법 적용을 형평의 결과로 돌린다. 만약 그가 어떤 차별도 없이 법을 적용하고자 한다면 '법이 차별하지 않는 것을 우리가 차별할 수 없다lege non distinguente nec nobis est distinguere'라고 말한다. 반대의 경우에는 '누군가 바르게 구별했다면, 바르게 말할 수 있다qui bene distinguit, bene docet'거나 '법의 의미가 사라지면 그 법도 사라진다cessante ratione legis cessat lex ipsa'고 말할 수 있다. 그의 '법에 대한 의지'가 어떻게 요구하는가에 따라서 때로는 엄격한 해석이, 때로는 확장 해석이 활용되는데, 이 경우——여기서 우리는 부르첼의 근본적인 비판을 되풀이하게 된다——수많은 해석 과정 중에서 어떤 특정한 과정이 요구되는 기준들을 제시하려는 시도조차 행해지지 않는다. 해석을 하는 이성은 종교적 또는 법적 감정과 첨예하게 수도 없이 대립하는 결과에 이른다. 그러나 의지는 양자의 일치를 요구한다. 결국——법학에서 이성이 감정에 순응하거나——신학에서 자주 발생하는 것과 같이 감정이 이성에 순응한다. 신학자는 고도로 완벽한 기교로, 진정한 확신을 갖고서, 대부분의 경우 오로지 출생이라는 순전한 우연을 통해 소속된 종교 단체의 신앙적 교리를 입증한다. 이 때문에 우리는 모든 종교 지지론을 경멸의 대상으로 만드는 저 오래되었지만, 더 이상 낡지 않은 주장을 되풀이한다. (옛 공회의 동일한 저자가 이를 도그마로 끌어올렸더라면 삼위일체 대신에 사위일체도 역시 증명했을 것이라는 확신에 사로잡히지 않고서는 사람들은 그러한 변명서들 중 하나도 거의 읽을 수 없다.) 그러나 특별히 개인적이고 강력하게 형성된 감정이 예외적으로 그러한 주장에 저항하는 경우에는, 이성이 물러서야 한다. '종교개혁자'는 광포한 논리를 가지고 구약에서 새로운 관점을 증명했다. 이것은, 우리가 이미 살펴본 바와 같이, 법학에서는 통상적인 경우이다. 그러나 반대의 양상이 전혀 없는 것은 아니다. 법률가가 그의 가장 중요한 제도들을 정당화시키는 경우에는 현재 법질서의 규정들을 정당한 것으로 볼 것이다. 또한 외국 법률이 그를 강하게 매료시키는 경우에는 후일에 다시 그 반대의 것을 정당화시키게 될 것이다. 이러한 모든 경우에 진정한 주인공은 바로 의지이다. 공허한 가정은 논리적 추론이다. 그것은 진리가 아닌 이익에 공헌한다.

우리는 이러한 비교를 더 이상 상세히 설명할 필요가 없다. 정통주의 신학의 본질을 법해석학의 본질에서 재발견하기 위해서는 이미 언급한 것으로 충분하며, 거기에 이 글의 초점을 두고 있다. 법학이 그들의 스승인 신학에서 수없이 많은 폐단들을 배웠지만, 지금은 이러한 신학에 의해 다시 바른길로 인도될 수 있는 기회를 갖게 되었다. 왜냐하면 서로 정신적 친척이라 할 수 있는 사비니의 개혁과 유사한 슐라이어마허Friedrich Schleiermacher[51]의 개혁이 그 후에 학문을 합리주의의 속박으로부터 지속적으로 해방시키지 못했고, 그 결과에 오늘날 누구나 알고 있듯이 우리는 하나의 새로운 변화를 경험하고 있다. 그 최후 징표가 플라이더러Otto Pfleiderer[52]의 '기독교의 성립Entstehung des Christentums'과 같은 신학의 지류다. 그 지류는 기독교 교리 내용 중에서 '신화'들을 역사적 가치를 지니지 못하는 꾸며낸 이야기로 인식하기 때문에 신학적 기술을 필요로 하지 않는다. 대신 그들은 '다른 학문과 동일한 원칙과 방법에 따라' 연구하는 것을 감행한다. 그들은 신학의 가장 오래되고 존귀한 '허구들'을 가차 없이 비판한다. 그들은 사람들이 확연히 드러난 모순들을 숨기기 위해 지금껏 시도해온 바로 '그 의심스러운 해석 기법들'을 숨김없이 인정한다.

이러한 자유주의 신학 운동과 우리의 자유법 운동의 본질적인 동일성은 설명을 요하지 않는다. 그러나 양자 사이에는 한 가지 차이가 존재한다. 신학에서는 종교개혁의 정신이 이미 완성된 반면에, 잠에 취해 개혁을 잊어버린 법학의 경우에는 아직도 이행해야 할 부분이 많이 남아 있다. 독일의 종교개혁 정신은 대체로 법률의 자구에 얽매이지 않았고, 개인을 해방시켰으며, 감정에 법을 이입시키기 시작했고, 양심의 내적 소리에 귀를 기울이도록 가르쳤다. 이 점은 우리 운동의 이상들에서도 분명하게 나타난다. 그러나 지금까지 법학의 루터Martin Luther가 되었다고 느끼는 사람의 법학은 헛된 기대에 그치고 있다.

3. 재판에 관한 새로운 견해

이것이 바로 우리가 추구하는 법학이다. 우리의 정치·문화적 존재의 최고 업적들을 인정하는, 재판의 모든 공준公準들과 우리에게 이미 익숙하게 된 재판의 이상들이 이러한 〔우리의〕 노력에 강력하게 저항하는 것으로 보이는 것은 아닐까? 만약 법학이 자유법을 인정한다면, 판결은 더 이상 전적으로 국가법에 근거하지 않을 수도 있다! 만약 판결이 독창적인 것이라면, 법학은 더 이상 단순히 법의 시녀가 될 수 없다! 만약 법학이 흠결들을 계속적으로 고려해야만 한다면, 실무는 개개의 법률 사건을 법적으로 재판할 수 없다! 만약 법률 이론이 감정적 가치들을 허용해도 된다면, 반드시 근거를 제시하는 판결이 더 이상 요구될 수 없다. 만약 이 법률 이론에 대한 개별적인 요소가 인정된다면, 실무는 예견 가능성과 항상성이라는 특성을 상실하게 된다! 만약 이 법률 이론 자체가 반反해석학적으로 된다면, 판결은 더 이상 학문적인 것이 될 수 없다! 만약 판결에서 이 의지가 지배한다면, 그것은 더 이상 감정 없는 것으로 남아 있지 않는다. 간단히 말하면 합법성, 수동성, 정당성, 학문성, 법적 안정성, 객관성이라는 이상들은 새로운 운동과는 합치될 수 없는 것처럼 보인다. 그러나 다행스럽게도 이러한 가정들은 부분적으로 지금까지 실현되지 않았으며, 앞으로도 실현될 가능성이 없음을 보여주고 있다.

"모든 판결의 근거는 법률에 있다!" 그러나 오늘날에도 명시적으로 국가법을 배척해야 하는 중재재판소에 복종하는 일이 점점 증가하고 있다. 국가 법원들 자체도 점점 더 많이 신의성실의 원칙, 선량한 풍속, 거래 관념, 합리적 평가와 같은 다른 법률의 대용물들Gesetzessurrogate을 인용하고 있다. 물론 가장 선호하는 항변은 "명시적인, 국가의 명령에 따라서"라고 말할 것이다──따라서 이 항변은 국가의 의지를 자신의 자기부정 속에서 인식할 수 있다. 아니면 우리의 법률이 오직 하나의 법조문, 즉 법관은 형평과 재량에 따라 재판해야 한다는 단 한 가지 법조문만을 규정하고 있다 하더라도 사람들은 여전히 법관은 오로지 법률에 따라서만 재판한다고 말하지 않을까?

"법관은 법률의 시녀여야 한다!" 우리는 오래되고 성스러운 제도에 대해 우월한 법이 승리할 수 있도록 해준 로마법 계수의 실행과, 100년 동안의 재판 실무에서 프랑스 민법전을 생명력 있는 것으로 유지해오고 있는 프랑스 법원의 실무 태도를 지지하며, 훗날 독일 법원 또한 독일 민법전이 늘 새로운 요구들에 부응해야 한다는 것을 이해하길 바란다.

"모든 가능한 개별 사건들은, 오직 법률에 의해서만 재판되어야 한다!"라고 프랑스 민법전은 그 유명한 제4조에서 강조한다. 그런데 또 다른 측면에서 우리에게는 전문가들이 현대 법학의 가장 중요한 연구 성과로 칭송해온 1900년의 스위스 민법전(SZGB)의 예비 초안이라는 입법 작품이 있다.[53] 이 초안 제1조에서는, 만약 다른 모든 법원法源이 적용될 수 없을 때는, 법관 스스로가 입법가로서 제정하기를 원하는 규정에 따라 재판해야 한다고 규정한다.[54] 이 두 개의 조문에는 우리가 피해야 할 것과 우리가 노력해야 할 것이 모두 암시되어 있다. 물론 '법으로부터 법관의 해방'이 얼마나 어느 정도까지 행해질 수 있는지는, 질적인 학문들 속에서 끊임없이 제기되는 양적인 문제들과 마찬가지로 정확하게 해결될 수 있는 문제가 아니다. 그래서 우리는 이러한 견해들이 개별성과 특수성의 가치를 국가와 대중의 가치와의 관계에서 다소 높게 평가하는 것에 따라 각양각색으로 나누어지는 것을 볼 수 있다. 생소한 느낌도 주목받을 수 있다는 관점에 서 있는 우리에게는 어떤 특정한(즉 우리의 감정에 부합하는) 해결책을 정확한 해결책이라고 평가하고, 그것을 모든 다른 사람을 구속하는 해결책으로 주장하는 것은 생각할 수 없는 일이다. 우리는 우리의 해결책을, 다른 사람들 역시 자신의 해결책을 발견하게 되기를 바라는 희망에서 제시할 뿐이다. 따라서 우리의 입장에서 사법은 본질적으로 국가 활동인 것이며, 또한 국가 활동으로 남아 있어야 한다. 그러므로 선서를 통해 의무를 부여받는 법관은 확실한 조문 내용에 따라 재판하기를 우리는 요구한다. 법관이 이러한 것을 고려하지 않아도 되거나 고려하지 말아야 하는 경우는, 첫째 법률이 법관에게 하나의 확실한 판결을 제공할 수 없는 것처럼 보이는 때다. 둘째, 법관의 자유로운 양심에 부합하는 확신에 의하면, 현재 결정해야 할 국가권력이 법률이 요구하는 것과 같은 판결을 하게 될 것이라는 전망이 확실하지 않을 때다. 이 두 가지 사례에서 법관은 자기 확신에 따라 현재 국가권력이 만약 개별적인 사건이 그 앞에 제기되었더라면 했을 바로 그러한 판결을 해야 한다. 법관이 스스로 그러한 확신을 갖지 못하면, 그는 자유법에 따라 판결해야 한다. 결국 법관은 완전히 복잡하게 얽혀 있는 사건들 혹은 무형적인 손해에 대한 손해배상과 같이 양적으로만 문제되는 사건들을 자의로 판단할 수밖에 없으며, 그렇게 해야 한다. 그러나 〔당사자주의를 취하는〕 민사소송의 당사자들에게는, 그들의 합의에 의한 신청에 따라 국가의 법 규범을 준수해야 하는 의무로부터 법관을 해방시키는 것이 항상 허용되어야 한다.

사람들은, 법관의 신념이 통제될 수 없으며 우리의 제안이 법관들의 판단에 재량권을 부여한다고 이의를 제기하지 않는다. 가령 우리가 진지한 신념을 요구하는 법관의 선서를 더 이상 신뢰할 수 없다면, 모든 것이 중단되어야 하기 때문이다. 오늘날에도 우리는 법관이 해석을 통해 현행법이라고 선언하고 조사를 통해서 진실이라고 선언하는 것을 자유롭고 통제 불가능한 법관의 신념에 맡기고 있다. 과도한 주관성에 대해서는 재판부 구성 인원과 심급에서의 균형적인 다수성을 통해 충분히 대비하고 있다.

우리는, 지금까지 이미 법관 스스로—필연적으로—취했던 것보다 더 많은 주관성을 법관에게 부여하지 않았다. 그리고 지난 시대에 독일인들과, 오늘날에도 여전히 영국인들이—로마 법무관에 관해 침묵하기 위해—허용하고 있는 것보다 훨씬 더 적은 주관성을 부여하고 있다고 믿는다. 왜냐하면 우리는 모든 법률 기술이 의지에 의해 지배되고, 그에 기초하는 모든 판결은 '특별법lex specialis'이라는 사실을 확인했기 때문이다.

그렇다면 이러한 소동은 대체 무엇 때문에 발생하는가? 이는 그 실무에 전적으로 모순되고 반대되는 이론 대신에 실무를 정당화시키는 이론을 보유하는 것이 올바른 실무를 위해서는 낫기 때문이다. 또한 구부러지고, 힘들고, 위험하고 평탄치 못한 샛길들보다는 곧은 길을 통해 올바른 목적에 접근하는 것이 더 낫기 때문이다. 결국 영국인들이 재판 과정에서 그 어느 섬나라 민족에게도 뒤지지 않는 훌륭한 재판관의 자질을 보여주는 것처럼, 오직 자기 고유의 책임 있는 행동에 대한 자부심만이 우리에게도 훌륭한 재판관의 자질을 창조해줄 수 있다.

"모든 판결은 이유를 제시해야만 한다!" 우리는 이러한 요구의 위대한 가치를 결코 오해하지 않는다. 그러나 이것은 한편으로는 신뢰가 부족함을 상징하며, 다른 한편으로는 권위가 부족함을 상징한다. 이러한 요구를 판결이 알지 못했던 오랜 시기를 우리는 경험했다. 권리자는 최종 재판에서 이유가 제시된 판결을 요구하지 않는다! 그리고 우리는 우리의 최고 자산(양질의 재판)을, 그들의 판결에 근거를 제시할 필요가 없는 바로 그러한 법원의 유형, 즉 배심 재판에 위탁하고 있다. 도대체 그것은 우리의 오늘날의 판결의 이유와 어떤 관계가 있는가? 문제에 대한 명확한 법ius clarum in thesi의 경우에는 누구도 판결의 이유를 요구하지 않으며, 불명확한 법의 경우 판결의 이유들은—— 우리가 이미 살펴본 바와 같이—— 객관적인 근거를 갖는 것이 아니라 오로지 왜곡되고, 주관적이며, 다분히 심리적인 것일 뿐이다. 그러한 재판의 판결들은 기껏해야 승소한 당사자를 위한 것이겠지만, 이 승소 당사자는 어차피 그러한 근거가 없더라도 만족할 것이다. 그러나 패소한 당사자는 모든 것에서, 오직 패소의 결과만을 듣는다—— 이것은 아니다. 그리고 심급 구조에서 다수를 형성할 수 있는 승리를 차지한 법관들이 판결의 정당성을 어떻게 생각하고 있는지 굳이 언급할 필요가 없다.

"판결은 예견할 수 있어야 한다!" 이것은 훌륭한 이상임에는 틀림없다——그러나 영원히 이루어질 수 없는 것이다. 만약 판결이 예견 가능한 것이라면, 소송도 없고, 따라서 판결도 없게 된다. 왜냐하면 어느 누구도 자신이 패소할 것이라고 예견되는 소송을 제기하려 하지 않을 것이기 때문이다. 아니면 패소한 소송 당사자의 변호사들이 실력이 없는 자거나 사기꾼이었다고 주장하고 싶은 것일까? (만약 우수한 변호사 중 몇 사람이 그들의 예상과 완전히 어긋나는 판결이 내려지는 사건이 과연 몇 퍼센트나 되는지를 산출해낸다면, 그것은 매우 가치 있는 사법 통계가 될 것이다.)

"판결은 객관적이어야 하고, 개인적이어서는 안 된다!" 그러나 인간은 자신이 행하는 모든 것에 인격의 낙인을 찍을 수밖에 없다——그리고 오늘날에도 법관의 인격이 판결의 결과에 어떤 결정적인 영향을 미치는지는 테미스Themis[55]의 신전에 있는 아주 어리석은 이방인이 아니라면 누구나 알고 있다. 또한 법원 판결의 변화가 어떻게 그 법원 수장의 인격 변화와 동일한 보조를 유지하는지를 관찰하는 사람이라면 쉽게 알 수 있다.

"판결은 하나의 엄격한 학문적 결과물이어야 한다!" 그러나 이론가들과 실무가들 사이의 부정할 수 없는 차이를, 즉 우리가 무엇보다도 사법적 기법을 가장 높게 평가하고 판결의 기술을 찬미하고 있다는 사실, 우리가 판결의 대부분을, 특히 중요 부분을 문외한들에게 위탁하고 있다는 사실을 어떻게 설명할 수 있는가?

"판결은 감정이 없어야만 한다!" 이것은 앞으로 그래야만 하고, 또 그렇게 될 것이다. 왜냐하면 오늘날 법관이 능력 있고 공평성을 지니고 있는 경우에는 나타나지 않으며, 장애와 충돌되는 때에만, 의지가 맹목적인 것이 되기 때문이다. 감정들이 존재하고 어쩌면 격해지는 곳에서는, 감정과 관련된 사건에서는 그 문제를 피해 갈 수 없다는 사실을 제외하면, 감정들을 염려하지 않아도 된다. 왜냐하면 다행스럽게도 인간의 본성은——위대한 염세주의자 역시 긍정할 수밖에 없는 것처럼——어떤 분쟁과 무관한 제3자가 의도적으로 나쁜 결과에 찬성하는 판결을 내리는 일이 없도록 창조되었기 때문이다.

여기서 설명한 것 중 어느 한 부분에서 이상이란 그것이 현실과 모순된다고 증명된다 해서 반박되는 것이 결코 아니다. 그러나 자신들이 유지하고자 하는 오늘의 상황조차도 너무나 절망적일 만큼 멀리 떨어져 있는 이상들의 이름으로 우리의 운동에 맞서 싸우는 반대자들을 비판하는 때에, 위의 주장들은 더 이상 존재할 필요가 없다. 우리는 이제 부분적으로 추구할 수 없는 이상들과 부분적으로는 도달할 수 없는 이상들, 그리고 전혀 침해되지 않은 이상들에서부터 그 이상과 반대되는 다른 고차원의 이상들로 계속해서 시선을 돌려야 할 것이다. 이러한 이상들은 그동안 이미 실현되기도 했다. 특히, 자유법 운동이 관철되는 경우에는 더욱더 쉽게 실현될 수 있을 것이다.

우선 대중성Volkstümlchkeit이라는 이상이 있는데, 이것은 과거 로마와 독일에서 오래전에 실현되었고, 영국에서는 아직도 진행 중이다. 그러나 우리는 오늘날 이 이상에서 한없이 멀리 떨어져 있다. 이러한 상황에 대한 이유가 자주 명확하게 설명되는데, 그것은 전적으로 우리가 맞서 싸우는 법학과 판결의 성격에서 나타난다. 참을 수 없는 상황에서 오는 손해들은 충분히 알려져 있다. 하지만 이 손해들은 국민 속에 존재하면서 자유법을 알리고, 문외한이 이해하기에는 어렵고 혐오스러우며 비밀스러운 방법을 강력하게 부인하는 판결을 우리가 얻어내는 즉시 스스로 사라져야만 한다.

이러한 목적을 위해서 계속해서 증가하는 전문성Fachlichkeit 시대에 판결을 문외한들, 비전문가들Dile-tanten의 수중에 두는 치욕적인 방식을 취할 필요는 없다. 하지만 배심 재판소에 마지막 결단의 순간이 다가왔다. (비록 사람들이 새로운 제도들에 옛 이름을 붙일지라도) 배심 재판소는 마치 좋은 시절의 다른 환영들처럼 가라앉게 될 것이다. 배심원들과 상사 법원 및 다른 혼합 법원들 역시 그들이 갖고 있는 애매한 요소들 때문에 쓸모없게 되고, 법관이——다른 모든 노동자와 마찬가지로——전문가로서 해야 하는 당연한 요구들이 곧바로 실현될 것이다. 국민들은 확고한 법률관Rechtsanschauung뿐만 아니라 일상생활과 인접 학문에도 정통한 법관을 필요로 한다. 가장 기초적인 경제학 교육과 상업 교육을 겸비한 사람은 은행을 이용하는 동안 더 이상 망연자실하게 서 있지 않는다. 현대의 직업적 범죄자의 모든 책략은 인위적으로 직업 관계에 익숙한 것처럼 무장한 채 나타난다. 당연히 법관직에서도 이러한 전문성을 가진 사람이, 다른 모든 직업에서처럼, 그 자리를 차지해야만 한다. 하지만 이러한 전문성이 이미 대학에서 혹은 대학을 마친 후에 시작되어야 할 것인지는 여전히 해결되지 않은 문제다. 여기서 우리는 우리에게 유익한 시대적 징표들을 많이 만나게 된다. 법학부와 국가학부의 통합, 법률가들을 위한 경제학 강의에 대한 점증적인 강조, 법-심리학의 연습과 단체의 성립, 진술의 심리학에 관한 연구들(측량하기 어려운 범위에 관한 문제), 강력하게 성장하는 철학 교육, 형법학자들의 사회학적이며 현실적인 연구들이 그것이다. 해결책은 오직 법 원칙만을 설명하는 수천의 기술자들이 아닌, 구성 요건을 잘 아는 전문가들이어야 한다——오늘날과 같이 이론과 실무의 관계를 한 사람은 염소의 젖을 짜고 다른 사람은 그 밑에 여과기를 받치고 있는 우화 속의 두 남자로 묘사하는 대신, 장래에는──법률 정보의 운영 이외에도──생활 형편과 구체적인 법률관계가 "어떤 것이어야 한다(당위)"는 것 이외에도 "어떤 것이다(존재)"라는 것을 정리한 문헌을 보유해야만 한다(에를리히). 그러한 문헌과 나름의 고유한 경험을 바탕으로 개개 법 원칙의 사회적 기능과 사회적 작용을 완전히 인식하고서 판결을 내릴 수 있는 법관을 우리는 원한다. 모든 것을 이해한다는 것은 모든 것을 정당하게 평가한다는 것을 의미한다.

그러고 나서 비로소 공평Unparteilichkeit이라는 이상이, 즉 오늘날 광범위한 국민 계층이 더 이상 믿지 않고, 또 더 이상 믿을 수 없는 성스러운 법관의 자질이라는 이상이 실현될 것이다. 왜냐하면 불공평은──이것은 부정할 수 없는 것이다──아주 많은 특수한 형법상의 판결에서 언급되고 있는 것으로, 악한 의지에서가 아니라, 사회적 사실과 관념들에 대한 적나라한 무지에서 연유한 것이다. 또한 (불공평은) 그러한 무지에서 불공평성의 뿌리와 변명을 찾는 단순한 계급 간의 불공평에서 연유한다. 공평은 확실히 더 많은 것을 전제 조건으로 하는데, 독립성이 바로 그것이다. 독립성은 재판을 하는 개인의 시민 생활이 정치권력자에게 구속되어 있는 한은 전혀 말이 되지 않는 조건이다. 여기서도 역시 국가 의지와 법관 간의 관계 완화는 아직은 간과할 수 없는 방법으로, 어쩌면 스위스의 모델에 따라 법관에 대한 국민투표를 통해서 변화를 이룰 수 있다.

그래서 이 〔자유법〕 운동은 모든 역량을 다해서 이미 언급했던 모든 것을 포함하는 목표, 즉 모든 법적 과정의 최고 목표인 정의Gerechtigkeit를 향해 매진하고 있다. 오로지 소수의 조문들로 구성된 엄격한 규칙이 깨져서 자유법이 모든 개별적인 사건에 합당한 규칙을 제공할 수 있는 가능성을 보장하는 곳, 즉 자유Freiheit가 있는 곳에서만 정의가 존재한다. 오로지 비생산적인 사소함 대신에 창조적 의지가 새로운 사상을 탄생시키는 곳, 즉 인격Persönlichkeit이 있는 곳에서만 정의가 존재한다. 한 권의 책을 읽는 것에서 생활을 살피는 것으로 방향을 돌린 관점이 가장 먼 미래의 결과와 조건들을 평가하는 곳, 즉 지혜Weisheit가 있는 곳에서만 정의는 존재한다.

제4장

결론

이것이 바로 우리의 운동이며, 우리가 확신과 단호함을 가지고 오늘날의 상황에 맞서 내세우는 우리의 이상이다.

우리는 수백 년에 걸친 법의 시행 속에서 법의 남용 외에는 어떤 것도 인식하지 않으려 하는 최후의 사람들이다. 더욱이 가장 위대한 두 민족, 즉 로마 민족과 영국인에 대한 관망은 잘 알려지지 않은 법에 대한 해석과 거기에 수반되는 현상들의 상대적 정당성을 인식하게 한다. 비록 조야하더라도, 그 정당성은 판결을 숙고할 때 경솔한 개혁 욕구에 제어 장치를 달아주는 수단이 되기 때문이다. 심사숙고하는 경우에 보수적인 동기를 결코 불리하게 하지 않기 위해, 오직 법관의 정치적인 소양이 충분히 높았던 곳에서만, 그러한 도구를 필요로 하지 않았다. 그러나 우리의 법관 신분 역시 지금은 낡은 고리를 제거할 수 있을 만큼 충분히 성숙해 있으며, 어쨌든 입법가로서 직무를 수행하고 있는 대다수 정당 대리인들보다 훨씬 더 성숙해 있다.

법 발전의 모든 진보는 최종적으로 법관의 소양에 달려 있다. 그리고 우리는 이 논쟁적인 글을 마무리하면서, 여기서 한 가지를 역사적인 관점에서 비교해보고자 한다. 우리는, 한때 합리주의적 역사관이 그랬던 것처럼, 이전의 형식적 입증 이론의 지배가 완전히 오류였다는 것을 더 이상 믿지 않는다. 또한 우리는 법관의 소양이 논리학적, 심리학적, 사회학적인 구성 요건을 독자적으로 파악하는 것을 허용하지 않을 때, 사람들이 책임성의 문제를 해결하기 위해 오랫동안 자백과 2인의 증언에 의한 증거와 같은 외적 요건들에 기댈 수밖에 없었음을 알고 있다. 그러나 수학적이고 정확한 자연과학의 탄생과 함께 인류에 대한 지적인 도취가 17세기에 시작되어 18세기 계몽주의를 통해 세계사적인 현상으로 자리 잡았을 때, 판결에서도 결정적인 순간이 다가왔다. 왜냐하면 판결 또한 자유롭게 연구하는 조건 없는 학문적 활동을 전개할 수 있었기 때문이다. 법관은 일반 성인의 이성이 독자적으로 확인할 수 있는 [범죄의] 구성 요건에 대한 자백을 피고들에게서 받아내기 위해 더 이상 밧줄과 집게, 그리고 불덩이들을 가지고 그들을 상대할 필요가 없다. 이와 같이 법률가는 개인적인 삶에 눈을 뜨게 된 그의 의지가 스스로 발견하게 될 규칙을 법률에서 억지로 찾아내기 위해 더 이상 의제와 해석,

구조적 틀들을 가지고 법률을 대할 필요가 없다.

불충분함과 타협의 시대인 19세기가 지나간 이후에 모든 징표가 틀리지 않았다면, 우리는 예술과 학문과 종교에서 감정과 의지의 한 세기가 될 20세기를 향해 가고 있다. 용기 없는 모든 자를 구원하기 위해, 오늘날의 자부심인 자유심증주의Freie Beweiswürdigung가 고문의 잔재에서 개가를 올리며 일어나고 있다. 모든 불명확한 것을 대체하기 위해 미래의 자부심인 자유로운 법의 창조Freie Rechtsschöpfung가 해석학의 잔재에서 떠오르게 될 것이다.

부록

Ehrlich, 《자유로운 법 발견과 자유법학*Freie Rechtsfindung und freie Rechtswissenschft*》, 1903.

_____, 〈사회학과 법학Soziologie und Jurisprudenz〉, 《미래 *Zukunft*》 14(1906), 231.

Gény, 《해석방법론*Méthode d'interprétation*》.

Heck, 〈이익법학과 신뢰의 원칙Interessenjurisprudenz und Gesetzestreue〉, 《독일 법률가 신문*Deutsche Juristenzeitung*》 10 (1905), 1140.

Jung, 《법의 논리적 완결성*Die logische Geschlossenheit des Rechts*》 (1900).

Lambert, 《비교사법의 기능*La fonction du droit civil comparé*》 (1903).

Mayer, M. E., 《법률 규범과 문화 규범*Rechtsnormen und Kulturnormen*》(1903).

Müller-Erzbach, 《이익의 근거에서 기원한 간접대리의

기본 원칙들*Die Grundsätze der mittelbaren Stellvertretung aus der Interessenlage entwickelt*》(1905).

Radbruch, 〈비교법적 방법론에 관하여Über die Methode der Rechtsvergleichung〉,《범죄심리학에 관한 월간 잡지*Monatschrift für Kriminalpsychologie*》2(1905), 422.

Rumpf, 〈상당인과관계론의 현재 상황에 대하여Zum jetzigen Stande der Lehre von der adäquaten Verursachung〉,《예링 연보*Jherings Jahrbücher*》49(1905), 394.

Schlossmann,《본질적 성질에 관한 착오. 법률해석론을 위한 하나의 기고문*Der Irrtum über wesentliche Eigenschaften. Zugleich ein Beitrag zur Theorie der Gesetzesauslegung*》(1903).

Schmidt, Bruno,《관습법*Das Gewohnheitsrecht*》(1899)

Stammler,《정당한 법 이론*Die Lehre von dem richtigen Rechte*》(1902).

Stampe, 〈구조에 의한 법 발견Rechtsfindung durch Konstruktion〉,《독일 법률가 신문》10(1905), 417.

_____, 〈이익형량에 의한 법 발견Rechtsfindung durch Interessenwägung〉,《독일 법률가 신문》, 713.

_____, 〈법률과 법관의 힘Gesetz und Richtermacht〉,《독일 법률가 신문》, 1018

Sternberg,《일반법론*Allgemeine Rechtslehre*》, I(1904).

Wurzel,《법률사상*Das juristische Denken*》(1904).

Zitelmann, 《법률에서의 흠결*Lücken im Recht*》(1903).

이 논제에 대해서는 많은 문헌들이 나오고 있다. 특히 옐리네크의 경우이다(《일반국가론*Allgemeine Staatslehre*》 2. Aufl. (1905) 50·51·347~351); Kohler, 《독일민법교과서*Lehrbuch des BGB*》 1(1904), 82~85·111~113·126~133; 이 밖에도 멩거A. Menger, 후버E. Huber, 도나Dohna, 데른부르크Dernburg, 베커E. J. Bekker, 외르트만Oertmann, 쿨렌베크Kuhlenbeck와 여러 법률가들, 더 나아가 브렌타노Brentano와 분트Wundt와 같은 철학자들의 문헌을 참고하라.

법학의 전능인 칸토로비츠의
생애와 자유법 운동

1. 칸토로비츠의 생애

(1) 출생과 집안 분위기 그리고 개종

1906년 독일 법학계에 혜성처럼 나타난 헤르만 칸토로비츠Hermann Kantorowicz는 1877년 11월 18일 당시에는 독일령이었으나, 현재는 폴란드 영토인 포젠에서 유대계 상인인 빌헬름 칸토로비츠Wilhelm Kantorowicz와 그의 아내 로자 길드진스키Rosa Gieldzinski 사이의 4남매 중 장자로 태어났다. 그의 아버지는 포젠에서 주류 도매상을 경영했는데, 1884년에 베를린에 회사를 설립하면서 가족 모두 베를린으로 이주했다. 칸토로비츠는 엄격하면서도 철저한, 그리고 전통적인 분위기 속에서 자랐다. 그러한 집안 분위기에 비해 그의 아버지는 무척 개방적인 세계관을 지닌 자유분방한 사람이었다.[56] 1899년부터 1900년까지 빌헬름 칸토로비츠는 베를린 상인 단체의 좌장으로 활동했다. 그는 공적인 활동, 특히 경제 정책에 많은 관심을 가졌는데 무엇보다 그는 당시 형성되고 있던 카르텔에 반대하는 확실한 자유주의자였다. 칸토로비츠는 자신의 부모, 특히 아버지와 친밀한 관계를 유지했다. 상인이며 기업을 경영하는 아버지를 통해 그가 접하는 인간들의 다양한 성격에 대한 모델들을 알게 되었고 이는 후에 칸토로비츠의 인격 형성에 큰 영향을 미쳤다.

19세기 말부터 20세기 초반에 독일에서는 민족주의 입장에서[57] 유대인들에 대해 두 가지 문제가 대두되었다. 첫째는 19세기 중반과 비교해볼 때 유대인들에 의한 문화적, 법적, 경제적 집중이 이미 광범위하게 이루어졌고, 이러한 집중이 유대교의 강력한 동화 욕구Assimilationsbedürfnis에서 자연스럽게 행해지고 있었다는 점이다. 둘째로는 반유대주의Antisemitismus가 비스마르크 제국의 심각한 사회 위기에 의해 사회 전반에 큰 영향을 미치고 있었다는 것이다. 궁전 소속의 목사 슈퇴커Adolf Stöcker의 반유대적인 선동과 "유대인들은 우리의 불행이다Die Juden sind unser Unglück"라고 주장한 역사학자 트라이치케Heinrich von Treitschke의 숙명의 문제, 그리고 반유대주의를 선거 운동의 도구로 이용한 점 등을 그 예로 들 수 있다.[58]

칸토로비츠는 독일에서 확산되고 있던 반유대주의가 유대인이라는 출신 성분이 아니라, 특수한 유대적인 성격 때문에 발생한 것이라고 보았다. 반유대주의와 관련한 그의 첫 번째 행동은 유대교에서 스스로 물러나는 것이었다. 그는 비록 자신의 선조가 유대인이었다고 하더라도, 자신이 유대인이 아니라고 생각했다. 따라서 그는 오직 외적인 환경에 의해 자신의 행위가 영향을 받고 있다고 생각했다. 결국 그는 로마를 여행하는 동안 개신교에 관심을 가지게 되었다. 독일 사람들은 개종을 위한 신앙고백 없이도 개신교의 믿음 생활을 시작할 수 있었는지 의문을 제기했다. 그러나 실제로는 신앙고백 없이 신앙인이라고 하는 사람들이 많이 있었다. 마침내 칸토로비츠는 유대교와의 결별을 선언하고, 1905년에 개신교로 개종했다. 그는 자신이 개신교로 개종한 것은 형이상학적 확신이나 기회주의적인 동화에서 기인한 것이 아니라, 독일 민족성에 대한, 그리고 독일의 문화, 최종적으로는 독일의 학문적인 이상을 위한 상징적이고 실제적인 고백의 표현이라고 밝혔다. 그의 개종은 자신에 대한 객관적인 인식에서 시작하여 개신교에 종교적으로 뿌리를 내리는 것이었다.[59]

이러한 전환기에 그는 자신의 정체성과 법사상과의 적극적이고 실질적인 관계를 정립하기 위해 자유법 관련 단행본을 새로이 집필하고자 했다. 그러나 자유법 운동의 제창자이자 대변인인 그는 유대인으로서 한계를 느낄 수밖에 없었다. 당시 독일에 거주하던 유대인들의 사회적 지위는 점점 크게 위협을 받고 있었다. 특히 예언적-종말론적인 관점이 유대교에 내재되어 있다는 점이 제2제국 정부에게 자극적인 요소가 되었다.[60] 이러한 상황들은 왜 대부분 유대인인 자유법론자들이 실증주의적-관료주의적 사상들, 특히 독일이나 오스트리아의 사상들과 조화되지 못했는가를 설명해주고 있다. 그래서 그들은 법실증주의 내지 실정법으로 그들을 구속하고 있는 상황을 극복하기 위해 새로운 자유법 운동을 개시했다. 이와 반대로 국가 이익을 옹호하던 이익법학의 튀빙겐 학파들이[61] 유대인이 아니었다는 점도 특징적이다.

(2) 고등학교와 대학 교육

칸토로비츠는 1884년부터 1896년까지 베를린에 있는 루이젠Louisen 김나지움에 다녔다. 김나지움을 졸업한 후 1896~1897년 겨울 학기부터 1902~1903년 겨울 학기까지 베를린대학교와 제네바대학교(1897년 여름 학기), 뮌헨대학교(1901~1902년 겨울 학기부터 1902년 여름 학기까지) 등에서 법학과 철학, 경제학을 공부했다. 1900년 여름 학기에는 박사학위 시험을 치르기 위해 하이델베르크대학교에 체류했고, 1900년 7월 19일 박사 학위 시험에 합격했다. 1901년 10월 1일부터 1902년 9월 30일까지는 뮌헨에서 1년간 군복무를 했다. 따라서 뮌헨에서의 대학 생활은 야간 세미나에 참석하는 것으로 제한될 수밖에 없었다.[62]

1898년, 젊은 학도 칸토로비츠는 러시아 출신으로서 히브리 철학과 논리학 교수인 이텔손Gregorius Itelson을 만나게 되었다. 이텔손은 러시아의 상트페테르부르크대학교 물리-수학부에서 공부했으며, 그곳에서 큰 명성을 얻었다. 그는 1884년에 베를린으로 이주하여 베를린대학교에서 '논리학의 개혁에 대하여'와 '논리학과 수학'이라는 강좌를 개설하여 강의했다. 이텔손과의 만남은 칸토로비츠가 종교적·정신적으로 성숙할 수 있는 계기가 되었다. 칸토로비츠가 그를 통해 논리학 등 학문적인 성숙뿐만 아니라 새로운 인생의 단면ein neuer Lebensabschnitt을 경험했다고 고백할 정도였다.[63]

대학 생활의[64] 대부분을 보낸 베를린 법과대학에서 그의 법이론의 사상적 체계가 형성되었다. 이 시기 그는 19세기 전반기 독일을 대표하는 로마법학자 사비니와 게르만법학자 아이히호른Johann Gottfried Eichhorn이 이끌어 세계적인 영향력을 창출해냈던 법학의 새로운 부흥을 만끽했다. 칸토로비츠 재학 당시 베를린 법과대학에는 기르케Otto von Gierke, 콜러Josef Kohler, 리스트Franz von Liszt, 카를Wilhelm Kahl, 휘블러Berhard Hübler, 마리티츠Ferdinand von Marititz, 숄마이어 Friedrich Schollmeyer, 키프Theodor Kipp, 브루 Heinrich Brunner, 에크Ernst Eck, 제켈Emil Seckel 등 당대 최고의 교수들이 재직하고 있었다.[65] 이들 중에서도 특히 형법학자인 리스트와 서지학자인 제켈은 칸토로비츠에게 가장 강력하고 지속적인 영향을 미쳤다.

뮌헨대학교에서 1년간 수학하는 동안 칸토로비츠는 주

로 경제학 공부에 몰두했다. 칸토로비츠는 우선 마르크
스주의에 반대하는 뒤링Karl Eugen Dühring[66]의 저서들, 특
히 《경제학과 자유주의의 비판적 역사Kritische Geschichte der
Nationalökonomie und des Liberalismus》를 심취해 읽었으며, 이를
통해 '현실적이고 자유로운 사회'의 이상은 모든 강제 관계
와 종속 관계에서 자유로워야 한다는 점과 이를 위해 어떻게
저항해야 하는지를 알게 되었다. 또한 칸토로비츠는 브렌타
노Lujo Brentano[67]의 세미나에도 참석했다. 강단사회주의자로
서 브렌타노의 세미나는 방법론상으로는 매우 엄격했지만,
내용상으로는 자유주의를 지향했다. 강력하고 잘 조직된 노
동조합과 자유로운 상인들을 위한 세미나에 참여하면서 받
은 자극들은 나중에 경제정책과 관련한 그의 기본적인 사상
을 형성하는 데 유용하게 작용했다.

칸토로비츠는 고향인 베를린에 돌아와 변호사 시보 시험
을 마친 후(1903) 리스트의 세미나와 슈몰러Gustav Schmoller
와 바그너Adolf Wagner를 위한 '국가학 협회Staatswissenschaft-
licher Verein'의 모임에 참여했다. 특히 그는 '자유주의적 사
회주의'의 신봉자인 오펜하이머Franz Oppenheimer[68]와 교제
하기 시작했다. 오펜하이머는 사회주의의 비극이 토지에 대
한 독점에 기초한다고 보았으며, 대토지 소유제 폐지와 거
주 공동체 건립을 주장했다. 이에 대한 칸토로비츠의 비판
은 그의 논문 〈사회 자유주의의 이론에 대하여Zur Theorie des

Sozialliberalismus〉와 〈오펜하이머에 대한 답변Erwiderung auf Oppenheimer〉에 자세히 기술되었다. 이것은 정당 정책뿐만 아니라 경제 정책적 측면에서 사회주의 사상에 대한 점증하고 있던 회의적인 시각을 대변해주는 것이었다. 1902년까지 칸토로비츠는 베를린의 《사회주의 월간 잡지Sozialistische Monatsheft》 편집에 적극적으로 참여했으나, 점차 사회주의 사상에 회의를 가지기 시작했다. 그럼에도 이 시기에 그는 정치 활동에 많은 관심을 가졌다. 평생 동안 그는 진보적 자유주의자였다. 비록 사회주의에 대한 순수한 사랑과 열정을 가졌다고 하더라도, 독일사회민주당(SPD)에서의 논의들이 그에게는 매우 편협한 것으로 여겨졌고 그래서 그는 1903년 독일사회민주당에서 탈당했다. 그 후에는 민주적인 문화를 통해 자본주의의 구조를 시정하는 데 관심을 가졌다.

1903~1904년 겨울 학기에는 베를린대학교의 심리학과 철학교수였던 슈툼프Carl Stumpf의 철학 세미나에 참석했다. 그는 이 세미나에 심취하여 슈툼프의 지도 아래 철학 박사 학위논문을 쓰려는 계획을 세우기도 했다. 그러나 그의 머릿속에 늘 자리하고 있던 법사학에 대한 흥미 때문에 그 계획은 실천에 옮기지 못하고 그는 법사학 연구에 더욱 몰두하게 되었다. 법사학에 대한 그의 체계적인 연구는 먼저 베를린대학교에서 시작되었으나, 1904년 초부터 1906년 여름까지 이탈리아에 머무는 동안 구체화되었다. 이 시기에 그는

중세 이탈리아의 실무가이자 형법학자였던 간딘누스Albertus
Gandinus에 관한 연구 준비와 함께 깊이 있고 광범위한 연구
를 진행했다. 신혼여행 기간 동안에도 이탈리아의 도서관을
찾을 정도로 그는 연구에 열중했다.[69]

1903년 리스트의 형사법 세미나에서 칸토로비츠는 일 년
아래인 라드브루흐Gustav Radbruch를 사귀게 되었다.[70] 운명
적인 만남으로 이어진 두 사람의 우정은 그 후 비록 공간적
으로는 멀리 떨어져 있더라도 평생 동안 서신을 통해 유지되
었다. 예컨대 칸토로비츠가 간딘누스에 관한 연구를 위해 이
탈리아에 머무는 동안 라드브루흐가 두 번이나 그곳까지 찾
아갈 정도였다. 이는 가치 철학으로서 상대주의 혹은 방법론
상으로서는 자유법적인 확신 때문이나 연구 영역의 공통성,
더 나아가 성격의 유사성에 기초한 것이 아니라, 두 사람의
인간적인 매력에 기인하는 것이었다. 이 두 사람은 평생 동
안 연구 활동뿐만 아니라 인간적인 삶에서도 상호 보완적 관
계를 유지했다.

(3) 《법학을 위한 투쟁》의 출간과 자유법 운동의 태동

1903년은 칸토로비츠와 라드브루흐 사이에 우정이 싹
튼 해일 뿐만 아니라, 자유법 운동의 원년이기도 하다. 리스
트 세미나가 모체가 된 '법학 이론을 위한 단체Gesellschaft für
Rechtswissenschaftslehre'는 칸토로비츠를 매료시켰으며, 그가

학문적으로 성숙하는 계기가 되었다.[71] 강제성 없는 이 모임에는 훗날 독일 법학계와 법조 실무에서 큰 역할을 한 여섯명의 젊은 법조인이 참여했다. 구체적으로 살펴보면 후에 로스토크대학교의 공법교수가 된 겐츠머Felix Genzmer, 황실 법원의 고문이 된 볼프Ernst Wolff, 로잔대학교의 교수와 일본 법무성의 고문이 된 슈테른베르크, 베를린과 프랑크푸르트대학교의 형법교수가 된 델라퀴비스Ernst Delaquis, 그리고 라드브루흐와 칸토로비츠가 구성원이었다. 그러나 1904년에 라드브루흐가 하이델베르크로 떠나고, 칸토로비츠 역시 연구를 위해 1904년 초부터 이탈리아에 체류하면서, 슈테른베르크도 스위스 로잔으로 이사하면서 이 단체는 1905년에 결국 해산되었다. 이 단체에서 논의된 사상들은 훗날 논쟁적인 저서로 유명해진《법학을 위한 투쟁》에서 드러났고, 20세기에 발표된 다른 법학 논문들에서도 자주 인용되었다.

칸토로비츠는 1904년 초부터 1906년 여름까지 주로 이탈리아 피렌체에 체류했다. 그는 알베르투스 간딘누스와 스콜라 형법에 관한 책을 완성하기 위한 법사학적 관점에서의 사료학 연구를 위해 문서보관소에서 많은 노력을 기울여 힘겨운 작업을 수행했다. 이외에도 그는 이탈리아의 문화, 특히 르네상스 예술에 대해서도 많은 관심을 갖고 연구했으며, 이를 통해 이탈리아어 능력 또한 크게 향상되었다. 이러한 이탈리아의 분위기 속에서《법학을 위한 투쟁》의 원고가 완성되었다. 이 원고를 작성하는 동안 칸토로비츠는 여러 번 라드브루흐에게 편지로 중요한 자료들을 요청했다.

1906년에 발간된 일종의 선언문과도 같은 이 《법학을 위한 투쟁》은 기존의 많은 문헌도 참고하지 않은 상태에서,[72] 법사학 사료들을 연구하는 동안 여가 시간을 활용해 집필한 자투리 시간의 소산Produkt der Mussesstunden이다. 따라서 칸토로비츠는 이 책의 저술이 자신이 심혈을 기울이고 있는 교수 자격 논문 준비에 방해가 되지는 않을까 하는 염려 속에서 작업했다. 라드브루흐와 슈테른베르크가 부분적으로 교정 작업에 참여하기로 했으며, 특히 라드브루흐는 이 책의 출판을 위해 직접 하이델베르크의 출판업자와 교섭했다. 이 책은 플라비우스Gnaeus Flavius라는 가명으로 출간되었는데, 오히려 가명을 씀으로써 책이 더 확산되고 법률 서적을 출간하는 경우에 당연히 봉착하게 되는 저서의 학술적 가치에 대한 논쟁이 촉진되었다.[73] 저자의 신분에 대한 다양한 추측이 난무했는데 하이델베르크대학교의 저명한 로마법학자인 베커Ernst Immanuel Bekker가 거명되기도 했다. 또한 유명한 법학자인 뷜로Oskar Bülow, 웅거Josef Unger, 에를리히[74] 등이 이 책에 대한 서평을 쓸 정도로 큰 반향을 불러일으켰다. 칸토로비츠와 라드브루흐는 그 반향에 놀라는 한편 이 책이 법학계에 미친 영향 등에 대해 자부심을 느꼈다. 라드브루흐가 《내적인 길Der innere Weg》에서 이러한 "무모한 시도는 당연히

하나의 큰 승리였다"라고 쓸[75] 정도로 이 책의 출간은 원래
의 저술 목적을 성공적으로 달성했다.《법학을 위한 투쟁》은
1908년에 이탈리아어로 번역 출간되었다. 칸토로비츠는 확
실한 원고의 보완 등을 번역 조건으로 약정했기 때문에 이탈
리아어 번역판[76]은 개정 증보판이라고 할 수 있을 정도였다
고 한다.

이 저서의 출간으로 말미암아 칸토로비츠는 명실상부한
자유법 운동의 주창자로 표현되었다. 이러한 표현들은 투쟁
의 선언에서뿐만 아니라 후에 운동을 어떤 형태로든 제도화
하기 위한 시도들에서도 잘 나타났다. 그리고 무엇보다도 자
유법 운동을 제창한《법학을 위한 투쟁》출간 이후에 이 운
동의 탁월한 업적이 나타났는데, 한 예로 푹스의 연구는 법
발견론을 통한 자유법 운동의 제도화에 큰 성과를 거두었
다.[77]

이러한 자유법 운동은 점차 확산되어갔는데,[78] 1910년
7월 24일에 하이델베르크에 있는 라드브루흐의 집에서 공동
의 관심사를 교환하기 위해 에를리히, 푹스, 진츠하이머Hugo
Sinzheimer, 그리고 칸토로비츠가 모였다.[79] 하이델베르크에
모인 이 자유법 지지자들은 '법학과 사법 개혁을 위한 학술
잡지Abhandlungen zur Rechts und Justizreform' 출간을 결의했다.
이 학술지 출간을 위해 공식적인 발행자로서 정교수를 구하
기로 했고 사전 작업을 칸토로비츠가 담당했다. 그러나 여러

가지 사정 때문에 계획은 수포로 돌아가고 학술지도 발간할 수 없었으며, 계획했던 단체 결성에 따른 선언도 이뤄지지 못했다. 1911년에는《법과 경제*Recht und Wirtschaft*》라는 잡지와 같은 이름의 단체를 결성하게 되었는데, 이는 제1차 세계대전 후《사법*Justiz*》이라는 잡지 발행의 기초가 되었다. 이러한 두 가지 시도는 자유법의 제도화를 위한 노력을 통해 나타난 합법적인 결과들이었다. 그러나 칸토로비츠는 이 두 가지 일에 공동 참여자로 활동했지만, 큰 영향을 미치지는 못했다.[80]

(4) 프라이부르크대학교에서의 교수 자격 취득과 학술 활동

1906년 여름 칸토로비츠는 이탈리아에서 베를린으로 돌아왔다. 1907년 1월부터 프라이부르크대학교에서 교수 자격을 취득하기 전까지 그는 당시 형사 변호사로서 가장 유명했던 젤로Erich Sello의 사무실에서 변호사로 일했다.

그는 이미 이탈리아에서 체류하는 동안 법사적인 사료 연구에서 큰 성과를 얻었다. 그의 연구는 중세 이탈리아의 형사 소송, 특히 단테의 친구이자 형사 소송에 관한 최초 이론가인 동시에 판사였던 알베르투스 간딘누스의 활동과 저술 작업에 관련된 것이었다. 1907년에 칸토로비츠는 이탈리아에서 연구한 결과를《알베르투스 간딘누스와 스콜라 형법, 제1권: 실무*Albertus Gandinus und Strafrecht der Scholastik, Erster*

Band: Die Praxis》로 출간했다. 교수 자격 논문을 제출하기 위해 먼저 하이델베르크 법과대학과 접촉했으나, 라드브루흐의 지원이 있었음에도 불구하고 아무런 성과 없이 끝나자, 그는 프라이부르크 법과대학에 논문을 제출했다. 프라이부르크 법과대학에는 리스트의 반대자와 그의 제자들, 그리고 칸토로비츠를 강력하게 반대하는 법학자들이 있었지만, 객관적이고 공정한 평가서를 근거로 그의 교수 자격 취득 신청은 받아들여졌다. 분야는 형법과 법학사와 관련된 것이었다. 1908년 2월 17일에 교수 자격 취득을 위한 마지막 요건인 강연회를 성공적으로 마치고, 그는 마침내 교수 자격을 취득했다. 강연은 슈탐러의 이론을 비판적으로 검토한 것이었다. 칸토로비츠는 교수 자격을 취득한 후에도 20여 년간 프라이부르크에서 연구 활동을 계속했다. 프라이부르크는 그의 일생에서 한곳에 가장 오래 머문 곳이었다.[81]

그러나 막스 베버와 비견될 정도로 전능인이었다고 평가받는[82] 칸토로비츠는, 그럼에도 불구하고 프라이부르크에 머물면서 학문적 이력에 큰 만족을 줄 만한 발전을 이루지는 못했다. 다른 대학들에서 초빙하지 않았기 때문에 그는 오랫동안 강사 자리에 머물러 있었다. 1913년 3월에 교수 칭호를 얻었지만 정규직이 아니었다. 1923년 4월 1일에야 비로소 교수직을 얻었는데 그것 역시 정교수가 아닌 법률보조학juristische Hilfswissenschaft의 촉탁교수직에 불과했다. 이에 따라 그는 법철학, 법학사뿐만 아니라 사회학과 국가시민학Staatsbürgerkunde을 강의해야만 했다. 그 후 1929년 프라이부르크를 떠나기 3개월 전에 '법학 입문'이라는 강좌를 부여받았지만 킬대학교 정교수로 임명되어 강의는 이뤄지지 못했다.

칸토로비츠는 프라이부르크에서 생활하는 동안 중요한 저서 중 몇 편을 저술했다. 가장 대표적인 것이 바로 오늘날까지도 법사학의 원칙을 확립한 중요한 논문으로 평가받는 〈법학과 사회학〉이다. 특히 1910년 10월 19일부터 22일까지 프랑크푸르트에서 개최된 제1회 독일 사회학자의 날에 발표된 이 논문을 통해 법사회학자로서 명성을 날리게 되는 동시에, 이 발표의 토론자였던 막스 베버의 전폭적인 지지를 받았다. 또한 1925년 6월 18일에 자신의 교수 취임 강연회에서 발표한 〈자유법의 전사前史로부터Aus der Vorgeschichte der Freirechtslehre〉에서 칸토로비츠는 현대화되고 다양해진 경험들을 통해 아주 면밀하게 구성된 방법론을 제시했다. 이러한 방법론은 그의 광범위한 법사학 연구를 가능케 했다. 1909년에 발표되어 오늘날에도 주목받고 있는 〈불가타 학설집의 성립에 관하여Über die Entstehung der Digestenvulgata〉와 1919년에 정교하게 씌어진 디플로바타티우스Thomas Diplovatatius[83]의 전기 등이 이러한 연구 방법론의 결과들이다. 이를 통해 그는 법률 문헌사의 기초자인 동시에 최초 법학의 역사 편찬자 중 한 사람이 되었다. 더 나아가 1921년에는 자주 논쟁이 되었던 사비니 비평에 대한 자신의 견해를 피력한《원문 비평의 입문*Einführung in die Textkritik*》을, 1926년에는 간딘누스에 대한 연구의 완결편인《알베르투스 간딘누스와 스콜라 형법》제2권을 저술했다. 이외에도 칸토로비츠가 스스로 인생 말기에 가장 좋은 논문이라고 생각했던 〈법학의 기원들Die Epochen der Rechtswissenschaft〉도 프라이부르크 체류 기간인 1914년에 발표했다. 이상에서 언급한 것은 칸토로비츠의 저서 중에서 비교적 대작들에 속하는 것이다. 그는 비록 정교수는 아니었지만 강의를 해야 하는 교수였으므로, 다양한 강의와 세미나를 담당했다. 그의 강의는 그가 담당한 과목의 다양성 덕분에 과목의 경계를 초월했는데, 실무에 적용력이 뛰어난 강의인 동시에 교육학적으로 깊은 통찰을 엿볼 수 있는 강의였다. 따라서 그의 강의는 수강생들에게 크게 자극을 주었다고 전해지고 있다. 그는 모든 영역에서 자신의 흥미를 극대화했으며, 뛰어난 잠재적 연구 능력과 함께 참여 정신이 강한 자로 평가받았다. 이러한 능력과 활동성을 지녔음에도 기대한 만큼의 연구 실적을 드러내지 못한 것은, 즉 수년에 걸친 학문적인 답보는 무엇보다도 정치적인 활동 때문이었을 것으로 여겨진다.[84]

(5) 칸토로비츠의 정치 활동

칸토로비츠는 정치 활동에 참여하는 동안에는 정치적인 투사의 면모를 보였다. 라드브루흐가 사회민주주의에로 점점 더 가까이 접근해가기 시작하면서 1913년 취리히에서 거행된 사회민주노동당의 창시자이며 독일 사민당의 발전에 크게 공헌한 베벨August Bebel[85]의 장례에 참석한 이후에 사민당에 크게 부조했던 반면에, 칸토로비츠는 1903년에 이미 사민당을 탈당했다. 1904년에 친구 라드브루흐에게 보낸 편지에서 칸토로비츠는 "한 정상적인 사람은 오늘날 광신적이고 나약함만이 지배하고 있는 정당에 더 이상 머물러 있을 수가 없다. 사람들은 문화적 이상들을 방치해두고 있다……그리고 편협한 산업 노동자들의 이익 정당 안에서 나는 더 이상 그것을 추구할 수 없다. 그럼에도 사람들은 사회주의에 대해 순수한 사랑을 당연하게 보내고 있다. 나는 지금 어디로 가야 할 것인지에 대해, 나 자신도 모른다. 나는 내년에도 또다시 수동적으로 관망하고자 한다"고 자신이 몸담았던 사민당과 자신의 진로에 대해 고백하고 있다.[86] 사민당의 탈당과 수동적인 관망 자세는 1914년까지 계속되었다.[87]

1914년에 제1차 세계대전이 발발하자[88] 이미 37세나 된 칸토로비츠는 그해 8월 2일에 전시 지원병으로 자원입대했다. 2년간 야전병원에 근무한 후 1916년 5월에 보병 근무를 할 수 없는 자로 종국적인 판정을 받았으며, 같은 해 6월에 알자스의 성 루트비히 우편 감독소에 배치되었다. 그는 짧은 기간 동안 강의 하사관으로 근무하다가, 프라이부르크에서 전쟁 포로들을 위한 통역관으로 일했다. 우편 감독소 생활에서 그는 군인들의 실제 생활과 장교와 사병 간의 불평등한 지위로 인해 발생하고 있는 증오감에 강한 인상을 받았다. 비록 전쟁을 치르는 동안 애국적 환상은 깨졌다고 하더라도, 그는 '관습적인 의미에서의 애국적 충성심'을 확실히 갖게 되었다. 전쟁에 참여했던 칸토로비츠에게 1917년 8월 3일과 8월 31일에 체결된 두 개의 협정 조인서[89]는 매우 의미 있는 것이었다. 특히 이 협정서는 그에게 두 가지 큰 변화를 초래했다.[90] 첫째는 그것이 1918년 이후 칸토로비츠의 정치적인 입장을 급진적으로 변모시켰다는 것이고, 둘째는 정치 활동의 다양성을 추구하는 계기가 되었다는 점이다.[91]

1918년 혁명 후에 칸토로비츠는 곧바로 큰 결단을 통해 새로운 정부에 적극적으로 참여했다. 그는 외적인 변혁은 하나의 '내적 혁명innere Revolution'에 의해 보충되며, 정치적인 신념과 세계 속에서 새로운 정부와 정부의 역할에 대한 관념은 변화되어야만 한다고 생각했다. 이러한 생각에서 그는 공화국의 교육자연맹과 법관연맹에 적극적으로 참여했으며, 학생들과 동료들에게 새로운 의식의 변화를 요구했고, 독일민주당(DDP)에 가입했다. 또한 이 때문에 평화주의 운동에서 위험에 노출된 활동도 마다하지 않고, 법적으로 부담을 갖고 있는 정치적인 재판에 반대하는 운동에도 적극적으로 참여하면서, 비스마르크를 숭배하는 제도를 폐지할 것을 주장했다. 더 나아가 흑-적-금색 국기[92]에 대한 지지와 흑-백-적색 국기[93]에 대한 반대 투쟁을 했다. 결국 유럽의 장래 보장을 위하여, 그는 모든 유럽 국가들, 그중에서 가장 많게는 독일의 과거 채무를 계측하는 전쟁 채무에 관한 논문을 쓰게 되었다. 이러한 모든 일들로 인해 그는 교수직을 구할 때 냉대를 받았을 뿐만 아니라 많은 동료 집단에게서 소외당했다. 그의 정치 활동은 크게 전쟁 채무에 대한 연구와 정치 재판에 대한 투쟁, 교육개혁 운동, 평화주의 운동으로 요약할 수 있다.[94]

먼저 제1차 세계대전 후 발생한 전쟁 채무문제 해결을 위한 연구는 역사적 정의Gerechtigkeit와 관련되었다.[95] 그리고 그러한 범위 내에서 이 연구는 학문적 성격을 지니기도 했다. 동시에 바이마르공화국의 시대 정책에서 이 문제의 논의는 중요한 역할을 했다. 칸토로비츠가 작성한 전쟁 채무에 대한 의견서의 가장 독창적이고 핵심적인 특징은 제1차 세계대전의 전사前史와 관련한 문제들을 순수한 형법적인 범주에서 분석하여 형법 이론에 적용하고자 했던 점이었다. 칸토로비츠는 구성 요건들(평화의 위험과 평화의 파괴, 순수한 희망과 공포들, 전쟁의 목적 등), 전쟁 행위들, 정당성의 인정 근거들(침략전쟁과 방어전쟁, 예방전쟁, 권력투쟁 등), 책임성(직접적

고의와 조건부 고의, 인식 있는 과실과 무의식적 과실, 책임 능력, 위법성 조각 사유)과 비난성 등을 구별했다. 그는 이러한 체계적인 고려 방법들에 의해 한편으로는 하나의 순수한 전쟁 진행의 연대순에 의한 책임의 분할 원칙을 포기했으며, 다른 한편으로는 원래 자신이 위탁받은 일과는 반대되는 전쟁의 전체 역사를 자신의 관점으로 재정리했다. 이러한 관점에서 그는 다음과 같은 결론을 내렸다. 전쟁에 참여한 모든 나라들은 '평화의 위협Friedensgefährdung'에 대해서는 책임이 있다. 그러나 오스트리아, 헝가리 그리고 독일은 다른 나라들보다 많은 책임이 있으며, 모든 나라 중에서 영국의 책임이 가장 적다. 영국과 벨기에, 세르비아는 '평화 파괴Friedensbruch'를 시작하지 않았다. 특히 세르비아는 사라예보에서의 공격에 대해 결코 책임을 져야 할 일을 하지 않았다. 프랑스와 러시아는 평화 파괴에 대한 시도에 책임이 있다. 왜냐하면 오스트리아와 세르비아의 전쟁에 그들이 연루되었기 때문이다. 오스트리아와 독일은, 최종 국가보다 최초 국가로서, 고의로 세르비아와의 전쟁을 야기했으므로, 이 전쟁을 통해 가장 완벽하게 평화를 파괴했다고 평가했다. 그러나 칸토로비츠는 러시아와 프랑스의 전쟁과 관련하여 중부 유럽의 국가들에게는 조건부 고의를 인정했으며, 영국에 대한 독일의 지위와 관련하여 단순한 과실을 인정했다. 독일과 오스트리아의 정부, 특히 오스트리아는 러시아와 영국의 긴장 완화 노력을 좌절시켰다. 칸토로비츠는 독일의 관점에서는 빌헬름 2세에게 가장 큰 책임이 있다고 평가했다. 결론적으로 그의 의견서는 전쟁을 하나의 형사사건으로 취급한 것이다.

칸토로비츠의 정치 활동의 두 번째 영역은 정치적으로 오염된 정치재판에 대한 개혁 투쟁이었다.[96] 이 투쟁에서 칸토로비츠는 두 가지 측면을 강조했다. 첫 번째로는 마르크스 이론에 의한 왜곡이었다. 마르크스주의에 의해 좌우되는 재판은 바이마르공화국의 입법 정책인 사회적 성향들을 저지하려는 것으로, 오히려 이데올로기를 통해 시민계급에 장벽을 쌓는 것이었다. 이러한 마르크스주의가 지배하는 곳은 사회적·정치적인 관계하에서 프롤레타리아트가 재판을 통한 법 해석에 의존하는 것보다 의회의 법률 제정에 영향을 받게 되는 것을 의미한다. 이것은 결국 자유법의 방법론을 부정해야 하는 것으로, 엄격한 형식주의적 방법론의 선호를 의미하기도 했다. 두 번째로는 심각한 보수주의로 무장한 법조 실무와 바이마르 시대 보수적인 자연법 대변자들과 관련된 것이다. 이에 대해 칸토로비츠는 특정한 정치적 목적하에 행해지는 재판의 정치화를 비판했다. 따라서 자신의 초기 자유법적인 테제들 중 상당수를 철회했다. 그는 바이마르공화국에서 가장 유명한 정치적인 형사재판이었던 페헨바흐Felix Fechenbach 사건에 감정 평가자로 참여했다. 여기서 그는 구체적인 사건에 대한 자신의 위치를 예증할 수 있는 기회를 갖게 되었다.

살해된 바이에른 주의 전 수상 아이스 Kurt Eisner의 비서인 페헨바흐는 1919년에 스위스의 한 언론인에게 두 가지 비밀 서류를 제공해주었다. 비록 두 가지 서류의 내용이 이미 국민들에게 공개되었다 하더라도, 국가 기밀을 제공했다는 혐의로 페헨바흐는 뮌헨의 인민법원에서 11년 징역형을 선고받았다. 칸토로비츠는 다른 의견서들을 참고하지 않고 이 판결에 대한 감정 의견서를 작성했다. 언론인들과 법률가들이 형성하고 있는 광범위한 전선은 이 판결에 대항해 투쟁했다. 칸토로비츠는 전쟁 발발에 대한 독일의 책임을 솔직히 폭로하여, 전승국들의 신뢰를 얻고 이를 통해 바이마르공화국의 안정화를 꾀해야 한다는 페헨바흐의 생각에 동의했다. 하지만 그는 페헨바흐의 재판에 대한 감정 의견서에서 정치적인 관점과 법적인 관점을 엄격하게 구별했다. 이러한 최초의 엄격한 분리는 바이마르공화국 내에서 행해졌던 정치재판에 대한 자신의 공격을 정당화시켜주었다.

칸토로비츠의 정치 활동의 세 번째 영역은 모든 학교와 대학, 그리고 법원에서의 교육과 관련된 것이다. 특히 법원에서 행해진 시민교육을 통해 새로운 공화국과 1919년의 헌법이 함유하고 있는 시민의식을 창조해내는 것이었다.[97] 그래서 그는 1921년에 '바이마르공화국의 초등, 중등, 대학의 교육자연맹' 결성을 위한 공동 기초자가 되었고 한때는 프라이부르크 지부의 임시 의장이 되어 교육개혁 운동에 적극 참여했다.

칸토로비츠의 정치 활동 중 네 번째 영역은 평화주의 운동과 시민연맹 활동이다. 1918년 이후 그는 평화운동의 확실한 추종자가 되었다.[98] 수많은 평화주의자들의 집회에 참석하여 다양한 발언을 하면서, 그는 평화주의의 다양한 형태를 구별함으로써 본질적으로 평화운동의 이론적 기초 확립에 크게 기여했다. 그는 각각의 권력 형태에 따라 평화주의를 저항권으로서 무정부적인 평화주의(소극주의), 평화를 사랑하고 전쟁을 증오하는 것으로서 적극적인 평화 개념을 추구하지 않는 부정적인 평화주의, 자본주의의 해체를 위해 필요악으로 요구되는 전쟁을 통한 마르크스주의적 평화주의, 군비 축소에 대한 희망을 표현하는 기술적 평화주의로 구별했다. 더 나아가 그는 스스로 '조직적 혹은 온건한 평화주의'를 대변했다. 이러한 경향은 오직 국가권력과 국가권력의 직무 수행 과정에서 드러나는 폭력을 거부하는 것이다. 그러나 이 폭력은 외견상 전쟁의 형태 속에서 법 집행을 위해 불가피한 것으로 생각되었다. 따라서 칸토로비츠는 평화를 파괴하는 자들과의 전쟁을 수행하기 위해 법에 의한 하나의 초국가적 기구를 요구했다. 즉 그는 평화 파괴자들에 대한 국제법적 형벌화를 위해, 강력한 초국가적 기구의 창설과 전쟁 선동의 형법적 고려, 특수한 구성 요건의 창안을 통해 국가 법의 범주 내에서 전쟁의 책임을 다루자고 주장했다. 따라서 그에 의해 대변된 평화주의는 정적이지 않고 투쟁적이었으며, 추상적이지 않고 구체적이었으며, 중립적이지 않고 가치관계적이었다. 또한 순수한 관념적 평화주의가 아닌 조직과 법적으로 구조화된 평화주의를 지향했다.

바이마르공화국의 확신에 찬 민주주의자와 평화주의자들이 전개한 모든 중요한 사항에 대해 이를 지배적인 다수결의 원리에 따라 수행해야만 한다는 투쟁은 결국 매우 절망적인 것으로 인식되었다. 그래서 칸토로비츠는 정치적으로 진퇴양난에 빠졌다.[99] 그러나 어찌됐건 정치적인 문제를 법적으로 세분화하고 인격화하고자 하는 그의 경향은 무시될 수 없는 것이었다. 그는 개개의 반대자들과 자주 구두로 격론을 벌이기도 했다. 그러나 그는 타인의 공허함이나 상처받기 쉬운 감정에 대해 아주 섬세하게 고려해주는 성품의 소유자였다. 그럼에도 그는 자신의 정치적인 성향과 활동으로 말미암아 대학 사회로부터 외면을 당했고, 외로운 학문 활동을 계속할 수밖에 없었다.

(6) 킬대학교의 정교수 임용과 학술 활동

칸토로비츠는 오랫동안 고대하던 정교수직을 51세가 되던 해인 1929년에야 얻게 되었다.[100] 라드브루흐가 하이델베르크로 옮기고 난 이후 킬대학교에서는 공석이 된 형법 교수를 채용해야만 했는데, 킬대학교의 법과대학 추천위원회는 라드브루흐와 옐리네크 등 기존의 법과대학 교수들의 적극적인 추천을 받아, 비록 학문적 업적은 인정받았으면서도 20년 넘게 정교수직을 얻지 못하고 있던 칸토로비츠를 일순위로 추천했다. 그러나 법과대학은 먼저 칸토로비츠의 정치적 활동 때문만이 아니라 그가 정교수로 채용될 경우에 학생들의 소요와 분쟁이 일어날 여지가 있으며, 이에 따라 평온한 연구 분위기를 해치게 될지도 모른다고 염려한 내부의 반대 세력을 극복해야만 했다. 킬대학교의 형법 교수 채용은 칸토로비츠가 쓴, 앞서 언급한 전쟁 채무에 관한 논문 때문에 1927년부터 시작하여 거의 2년 동안 계속된 정치적 다툼을 겪어야 했다. 결국 칸토로비츠의 정치 활동은 그를 학문적 성과 면에서 후퇴시켰을 뿐만 아니라 하마터면 정교수직에 취임할 수도 없게 만들 뻔했다. 어쨌든 킬대학교 법과대학의 입장은 칸토로비츠의 탁월한 학문적 업적으로 인하여 그에 대한 부정적인 다른 모든 관점들은 상쇄될 수 있다는 것이었다. 칸토로비츠 자신도 이미 몇 해 전부터 전쟁 채무에 관한 자신의 논문 발표 건에 대해서는 더 이상의 신념을 가지지 않았으며, 그 이후로는 다시 학문적인 작업에만 몰두했다.

킬대학교 교수들의 인적 구성이나 사상적 경향은 칸토로비츠에게 특별히 평온을 가져다주었다.[101] 비단 가치 분야뿐만 아니라 법 현실 분야까지도 폭넓게 고찰하는 그의 연구 경향은 일상적인 동시에 근본적인 생각을 품고 있었다. 이러한 경향은 킬대학교에서 더욱 분명하게 나타났는데, 특히 여기에 라드브루흐, 옐리네크, 베데마이어Werner Wedemeyer, 쉬킹Walter Schücking, 홀슈타인Günther Holstein, 칸토로비츠 그리고 볼프 등이 전적으로 동참했다. 킬대학교에서는 이미 오래전부터 교정학, 교화심리학, 범죄심리학, 범죄수사학과 법원 정신의학 등에 대한 강의가 개설되어 있었다. 칸토로비츠는 이미 프라이부르크의 법학 교육에서 이러한 분야들을 다루었던 최초의 사람들 중 한 사람이었다. 칸토로비츠는 1929~1930년 겨울 학기에 로마법대전의 주석에 대한 연습을 강의하고 1931~1932년 겨울 학기에는 중세 형사 소송에 대한 연습을 강의했다. 1930년 여름 학기와 1930~1931년 겨울 학기에는 사회학적인 테마에 대해 강의했는데, 그는 법사회학을 교과목으로 개설한 사람 중의 하나로서 이러한 강의를 통해 자신의 연구 성과를 학생들에게 전수할 수 있었다. 킬대학교의 동료 교수들에게 큰 영향을 미쳤고, 사람들은 법학 분야 도처에서 그의 사상적인 창안성 내지 추진력을 감지할 수 있었다. 1931~1932년에 그는 법과대학 학장을 역임했다. 킬대학교에서 교수로 생활하는 동안 칸토로비츠는 방대한 형법 저서인《행위와 책임》의 대부분을 저술했다. 그러나 시대적 상황 때문에 이 책은 독일에서는 대중적인 반향을 불러일으키지 못했다. 이 책은 그의 엄격한 개념성 속에서 자유법 사상을 다시 한번 구체적으로 설명하고 있다.

내용적으로는 그 당시 유행하던 주제인 '정범법Täterstrafrecht'에 크게 기여했다. 또한 칸토로비츠는 자신의 전문 분야인 법제사 분야에서도 여러 편의 논문을 발표했다. 따라서 킬 대학교에서 재직하는 동안에는 비교적 풍부한 학문적 결실을 거두었다. 그의 생애 전체적으로 보았을 때 킬대학교에서의 시간은 '위대한 강의 업적, 높은 소득, 많은 작업과 사교' 등으로 표현할 수 있으며, 이러한 것들은 정치활동에서 거의 완전히 은퇴한 이후에 온 또 한번의 학문적 결실이었다. 킬 대학교 정교수 취임을 통해 마침내 대외적인 학문적 성과를 이룩한 후에 칸토로비츠는 다시 한번 정치적인 활동 속에서 오랫동안 주저하던 계획을 완성시킬 힘을 얻은 듯 보였다. 그는 킬대학교에서 재직하는 동안 오직 한 번 정치적으로 모습을 드러냈다. 1930년 8월에 그는 국가 정당이었던 독일민주당의 분열에 대한 반응으로 새롭게 조직된 독립민주연맹에 가입했다.[102] 얼마 후 독립민주연맹에서 급진 민주당이 탄생했지만, 이는 당시 정치 세력에 전혀 영향을 끼치지 못했다. 승승장구하는 국가사회주의 운동과 국가 정당의 분열 등 자신의 기력을 쇠진시키는 정치적 논쟁을 통해 크게 실망한 칸토로비츠는 1930년부터 이미 정치적 의욕을 잃고 있었다. 새로운 독립민주연맹 사무총장에게 보낸 1930년 8월 2일 자 편지에서 그는 "이제는 잃어버린 시간을 학문을 위해 되찾아야 하기 때문에 더 이상 적극적인 정치에 참여할 수

없을 것"이라고 쓰고 있다.[103]

(7) 미국과 영국에서의 망명 생활, 그리고 사망

1933년 초 피렌체에서 연구년을 보내고 있는 동안에 칸토로비츠는 자신의 신상과 관련해 중대한 결단을 내려야만 했다. 왜냐하면 그는 히틀러가 정권을 장악한 이후에 가장 먼저 교수직에서 축출되어야 할 25인의 독일 교수들 중 한 사람이었기 때문이다. 지난날의 정치 활동과 유대인이라는 것이 이유였다. 1933년 4월 25일에 그는 잠정적으로 정직에 처해졌고,[104] 그해 9월 26일 결국 해고되었다.[105] 그럼에도 그는 1935년까지는 연금법에 의해 예외적으로 단축된 연금을 받을 수 있었다. 그러나 1933년 11월 4일에 이러한 모든 예외 조항이 폐지되면서 연금 청구권도 소멸되었다. 이러한 상황에서 그는 망명을 생각할 수밖에 없었다. 그러나 미국과 영국에서의 그의 위치는 불안정했고, 보수도 그다지 높게 책정되어 있지 않았기 때문에 망명은 여전히 그를 불안하게 만드는 요소였다. 결국 칸토로비츠가 사전 답사를 하기 위해 혼자 영국을 방문하고 되고, 그곳에 체류하는 동안 뒤따라 그의 가족들이 케임브리지로 이주했다. 대다수의 학자들에게 영국은 단지 미국으로 망명하는 중간 기착지일 수밖에 없었다. 영국 대학들은 외국인 교수들을 수용할 수 있는 능력이 제한돼 있었을 뿐만 아니라 미국의 대학 제도는 영국 제도보다 독일인들에게 가깝고 친숙했기 때문이었다. 그러나 칸토로비츠에게는 영국이 오히려 편안한 안식처가 되었다. 여기에는 여러 가지 이유가 있는데, 제1차 세계대전 동안 영국 정치를 처음 접하고 난 이후부터 영국의 대중 생활의 특별한 형태에 대해 깊이 매료되었기 때문이다. 특히 1924년, 1926년 그리고 1931년 세 차례에 걸쳐 영국에 강연 여행을 오면서 영국에서의 생활에 더욱더 매료되었으며, 그 자신도 학문적으로는 물론 정치적으로도 대중에게 알려져 있었기 때문이다. 그렇기 때문에 1933년에 그가 우선 영국으로 향한 것은 당연한 일이었고, 그곳에 도착하자마자 그는 즉시 런던경제대학에서 강의를 제안받기도 했다. 그러나 그는 미국으로 가게 되었는데, 이는 욕심 없고 헌신적이었던 그가 자신의 권위와 영어권에서의 경험들을 뉴욕의 새로운 사회연구학교New School for social Research의 망명교수회Faculty in Exil 구성을 위해 쓰기로 결심하고 이 학교에서 1년간 강의해 달라는 제안을 받아들이면서였다. 또한 그는 망명 기간 동안 학문적 작업에 쫓기면서도 언제나 자신과 같은 처지에서 망명을 갈망하는 동료들을 위해 도움이 필요한 곳이면 어디든 그들을 위해 뛰어들었다.

개인 출연가와 기금들이 뉴욕의 새로운 사회연구학교에 망명자들로만 구성된 학과를 설립하기 위해 동원되었다. 이 학교는 1919년에 직장인들을 위해 설립된 사립 야간학교로서 1933년에는 미국으로의 독일인 망명에 대한 사안에서는 선구자라고 할 수 있는 존슨Alvin Johnson이 총장으로 있었다. 존슨 총장의 목표는 미국 사회에 동화된 개개의 독일 교수들을 취합하려는 것이 아니라 독일의 학문적 전통을 유지하고 있는 독일 교수 집단을 영입하려는 것이었다. 이 학교에서 칸토로비츠는 1934년 중순까지 1년 동안 강의와 세미나를 담당했으며, 1934년 초부터는 뉴욕 시립 대학교에서도 강의했다. 칸토로비츠는 뉴욕에서의 1년 계약 기간이 만료되자 1934년 6월에 영국으로 돌아왔다. 1935년까지 런던경제대학에서 '법과 사회 요청'이라는 강좌와 '현대적 독재'라는 세미나를 맡아 강의했다. 여기에서 바로 독재자의 출현 형태에 대한 그의 흥미로운 형식-사회학적인 연구가 나타났다. 1935년에는 오슬로 노벨연구소에서 4개의 강연을 했는데, 여기에서 그는 한편으로는 평화 정책과 민주주의의 관계 그리고 다른 한편으로는 전쟁 정책과 독재정치의 관계에 대해 다루었다.

런던경제대학에서 1년간의 활동을 마친 후 1935년부터 1937년까지 케임브리지대학교의 법학과와 역사학과에서 여러 개의 세미나를 담당했다. 1937년에는 케임브리지대학교 법률연구소 부소장으로 임명되었다. 그 밖에도 1936년부터는 옥스퍼드대학교에서 강의를 담당했고, 글래스고에서도 강사로 활동했다. 그가 이들 대학에서 담당한 강좌들의 주제는 초기에는 전적으로 중세의 교의법과 세속법 분야에 속한 것이었다. 나중에야 비로소 칸토로비츠는 일반법학 분야에 관심을 기울였는데, 옥스퍼드대학교에서 발표한 〈사비니와 역사법학파Savigny and the Historical School of Law〉 또한 자신의 전문 분야인 중세학에 전념했던 그의 마지막 생애 중에서 어느 정도는 예외였던 것이다. 이 시기의 가장 의미 있는 수확은 바로 1938년에 출간된 《로마법상 주석학자들에 관한 연구Studies in the Glossators of the Roman Law》라고 할 수 있는데, 이 작품은 법사학자로서의 그의 명성을 확고히 해준 것으로, 주석학파의 38개의 작품을 자세히 소개하고 또 비판하여 거의 완벽하게 분석하고 있다. 칸토로비츠가 그의 섬세한 문체를 중세학에 대한 해박한 지식과 연결한 이 작품은 사비니의 《중세 로마법의 역사》 이후에 현대적인 법률 중세학에서 가장 정평이 난 작품으로 평가받고 있다.[106] 1938년 3월 옥스퍼드대학교 신문에는 칸토로비츠가 줄루에타Francis de Zulueta 와 함께 출판하고자 했던 작품인 《옥스퍼드 법학 역사Oxford History of Legal Science》가 소개되었다. 이 작품은 총 3권으로 구성될 예정이었다. 제1권은 고대 법학과 동양 법학, 즉 가장 중요한 민족인 그리스·로마의 법과 비잔틴 법을 다룰 예정이었다. 중세 법학에 대한 제2권은 로마법, 교의법, 유대인법, 게르만법 그리고 프랑스법을 중심으로 중세 초기에 대한 논문들을 포함할 예정이었다. 현대 법학에 대한 제3권은 유럽의 주요 국가들에서의 법학과 미국의 법학에 대한 논문들로 구성될 예정이었다. 여기에서는 특히 법철학의 발전과 국제법, 교회법, 비교법의 발전에 중요한 비중을 두려고 했다. 1938년 10월에는 제1권과 제2권이 동료에게 넘겨졌고, 제3권도 역시 상당한 진척을 보았다. 칸토로비츠와 줄루에타는 제3권 중 '근세 독일법제사'에 대한 부분을 라드브루흐에게 써줄 것을 요청했고, 라드브루흐는 이를 거절했다가 자연법과 20세기의 개혁 운동을 제외한 1914년까지의 19세기 법철학에 대해 논문을 써주기로 했다. 그러나 베를린이 1939년에 독일 학자들에게 이러한 협력을 정식으로 금지시킴으로써 《옥스퍼드 법학 역사》에 대한 계획이 심각한 차질을 빚던 와중에 제2차 세계대전이 발발하자 그 작업은 영원히 중단돼버렸다. 특히 칸토로비츠가 사망함에 따라 이 작업은 종말을 맞게 되었다. 그가 이 작업에서 남긴 유일한 작품은 제1권의 서론 중 '법과 법학에 관하여'라는 부분이다. 이것은 후에 '법의 개념 The Definition of Law'이라는 제목으로 출간되었다.[107] 연구가로서 칸토로비츠는 수십 년 동안의 법사학적인 노력의 중요한 결실을 영국에서 보았다. 그러나 너무 늦게 영국으로 이주했기 때문에 교수로서의 명성은 그다지 많이 얻지 못했다. 이렇게 법사회학과 법사학자로서 명성을 확고히 해가던 중 1940년 2월 12일 유행성 감기로 인해 63세를 일기로 케임브리지에서 사망했다.

2. 자유법 운동의 출현 배경과 발전

19세기의 유럽 법학계는 다양한 법사상들이 나타난 격동의 시기였다. 자유와 평등, 박애의 기치 아래 발발한 프랑스혁명은 자연법 사상을 기초로 한 프랑스 인권선언뿐만 아니라 민법전 등 다양한 법전을 편찬하게 했다. 이러한 법전 편찬의 영향으로 라인강 유역을 중심으로 한 독일 내 여러 분방국들에서도 민법전이 편찬되고 헌법이 제정되었다. 특히 민법전에는 법률 행위의 자유의 원칙과 소유권 절대 원칙, 그리고 과실 책임의 원칙 등 자유주의 및 개인주의적 성격을 지닌 여러 원칙들이 포함되었다. 특히 프랑스 민법전 편찬의 영향으로 1814년에는 독일 통일 민법의 편찬과 관련한 법전 편찬 논쟁이 발생되었고, 그 결과로 역사법학파가 성립되었다. 역사법학의 발전과 함께 보통법으로서 로마법을 연구하던 일군의 학자들이 자신들의 연구 방법론을 구체화하여 판덱텐법학Pandektenwissenschaft을 성립시켰다. 후술하는 바와 같이 판덱텐법학은 추상적인 이론과 개념들을 체계화시키는 방법론을 창안하여 발달시켰는데, 그것이 바로 개념법학으로 전환되었다. 또한 기존의 철학 사조로서 형성되어 있던 실증주의, 특히 프랑스의 콩트Auguste Comte나 뒤기Leon Duguit에 의해 구체화되기 시작한 사회학적 실증주의가 개념법학 등과 접목되어 법실증주의로 발전되게 되었다. 성문법의 체계화 과정과 관련된 법실증주의는 19세기 후반 독일의 입법 활동과 법학 발전에 지대한 영향을 미쳤는데, 이러한 법실증주의와 법실증주의의 연구 방법론이 된 개념법학에 대한 비판 등을 통해 법학 방법론은 크게 발전할 수 있었다. 특히 개념법학을 비판하는 과정에 나온 독일의 목적법학이나 영국의 공리주의 법학은 20세기 초에 시작된 자유법 운동의 선구적인 역할을 담당했으며 자유법 운동은 1906년에 출간된 칸토로비츠의《법학을 위한 투쟁》으로 본격화되었다. 19세기 주류 법학을 형성하고 있던 법실증주의, 특히 개념법학의 질곡으로부터의 해방 운동인 자유법 운동을 바로 이해하기 위해서는 출현 배경이 된 19세기 법사상, 특히 법실증주의와 개념법학 등에 대한 바른 이해가 전제되어야 한다. 그러므로 여기에서는 먼저 역사법학파와 판덱텐법학, 그리고 법실증주의에 대해 간략하게 살펴보고, 이어서 자유법 운동의 의의와 발전 과정에 대해 살펴보고자 한다.

(1) 역사법학파

ㄱ. 역사법학파의 성립과 발전

19세기 초의 독일은 절대주의적 제후들에 의해 지배되는 여러 개의 분방국으로 나누어져 민족이나 국가의 통일을 달성하지 못했으며, 유럽의 다른 국가들보다 자본주의의 발전도 뒤떨어진 후진국이었다.[108] 따라서 독일 경제는 봉건적

농업과 중세적 길드의 지배하에 있는 원시적인 농업이 주종을 이루고 있었다. 프랑스 혁명은 이러한 상황에 있는 독일에 지대한 영향을 미쳤다. 특히 자유와 평등의 혁명 사상은 봉건적인 질곡 속에 있던 농민과 일반 시민계급을 자극하기에 충분했다. 그러나 이러한 혁명 이념에 공감했던 지식층의 일부는, 혁명의 결과로 오히려 새로운 군주제가 정착하게 되자 이에 실망하여 새로운 대안을 찾았는데 그것이 바로 독일 낭만주의다. 역사의 조류에 역행하는 독일 낭만주의는 시대를 초월하여 현실에서 유리된 미화된 중세를 지향하고 있었다. 이러한 독일의 낭만주의와 역사주의가 당시 독일의 정신 세계를 지배하고 있었기 때문에 법학 역시 당연히 이러한 사조의 영향하에 있었다.

역사법학파의 성립에 결정적인 계기가 된 것은 1814년부터 행해진 티보Anton F. J. Thibaut와 사비니의 민법전 편찬에 대한 논쟁이다. 티보는 1804년에 편찬된 프랑스 민법을 격찬하면서 독일 통일과 민법학의 발전을 위해서는 통일 민법전 편찬이 시급하다고 생각했다. 그래서 그는 자연법 정신에 입각하여 〈독일을 위한 일반 민법전 편찬의 필요성에 관하여Über die Notwendigkeit eines allgemeinen bürgerlichen Rechts für Deutschland〉라는 논문을 쓰게 되었다. 이 논문이 발표되자 사비니는 자연법과 합리주의에 반대하는 관점에서 〈입법과 법학에 대한 우리 시대의 사명에 관하여Vom Beruf unserer Zeit für

Gesetzgebung und Rechtswissenschaft〉라는 글을 통해 민법전 편찬의 부당성을 지적했다. 이 논문에서 그는 역사주의에 입각하여 법을 언어처럼 자연히 생성·발전되는 것으로 보았다. 그런데 그는 여기에서 독일어는 프랑스 민법전과 같은 법전을 편찬할 정도로 발달되지 못해 법 언어로서 부족하다고 언급했다. 또한 입법을 하기 위해서는 우선 법학이 발전돼 있어야 하는데 법에 대한 연구가 미진한 당시의 독일 법학은 통일 법전을 편찬하기에 역량이 부족하다고 주장했다. 그래서 그는 법학이 발전하지 못하고 법 언어도 충분하지 않은 상태에서 만들어진 법전은 민족정신을 반영하지 못하는 불완전한 것이 될 뿐이라고 생각했다. 티보와 사비니의 이러한 대립은 민주 정치와 귀족 문화의 대립이자, 젊은 민족 감정과 유럽 전통의 대립인 동시에 일상적인 법조 실무와 학문으로서의 법학과의 대립이었다. 여러 가지 상황이 사비니의 주장에 유리하게 전개되어 법전 편찬 논쟁은 사비니의 일시적인 승리로 끝났다. 따라서 제2제국이 성립한 이후에야 독일에서 통일 민법전이 편찬되게 되었다.

이러한 논쟁을 통해 자신의 학문적인 방법론을 구체화한 사비니는 이른바 과거에 있었던 법을 발견함으로써 현재 있어야 할 법을 충실하게 연구하고, 이를 정리하여 제시함으로써 현재 존재하고 있는 법도 명확히 할 수 있다고 생각했다. 이러한 학문적인 과제를 수행하기 위해 그는 역사법학파라는 학파를 창설함과 동시에 법사학 잡지를 창간하기에 이르렀다. 자연법론의 비역사적, 비현실적 성격과 자연법론을 기초로 한 법전 편찬에 대한 반동으로 나타난 이 역사법학파는 자연법 이념을 역사적인 법의 이념으로 전환시킨 것이다. 역사법학파의 주된 사상은 법의 역사성Geschichtlichkeit과 민족정신Volksgeist의 구현이었다. 특히 사비니와 그의 후계자인 푸흐타Georg Friedrich Puchta는 법을 민족정신의 구현이라고 보면서도 그들의 주된 연구 대상을 로마법에 두었다.[109] 따라서 이들이 민족정신을 표현할 때 사용한 '민족Volk'이라는 단어의 해석이 문제가 되었다. 이 용어는 개개의 국민 혹은 공동체 구성원의 집합체인 민족으로 해석할 수 있는데, 역사법학파에서는 후자로 해석한 것이다.[110] 따라서 그들은 국가의 법률이란 하나의 민족 속에서 민족을 통해 그리고 민족을 위해 성립된다고 강조했다. 이러한 민족으로서의 개념은 경험적·사회적, 더 나아가 인종학적인 것이 아니고, 형이상학적이고 문화철학적인 것이었다.[111] 그래서 그들의 초기 연구는 독일 민족에만 국한될 수 없는 문화사적이고 추상적인 것이었다. 따라서 후대의 게르만법학자들의 연구에 의해 비로소 독일 민족정신에 대한 구현으로서 독일법이 연구되었다.

사비니에 의해 발전하게 된 역사법학파에서는 사비니와 푸흐타 외에도 후고Gutstav Hugo, 빈트샤이트Bernhard Windscheid 등으로 대변되는 로마법학자와 아이히호른, 그림Jakob Grimm, 베젤러Georg Beseler, 게르버Carl Friedrich von Gerber 등 게르만법학자들이 활약했다. 처음에는 양자가 서로 협동하여 연구했으나 나중에 로마법학파와 게르만법학파로 분리되었고, 이 중에서도 로마법학파가 역사법학파의 핵심을 이루었다. 특히 이들 로마법학자들은 '로마법의 현대적 관용usus modernus pandektarum'에 따라 보통법화되어 있는 로마법 연구에 집중하여 하나의 방법론을 구축했는데, 그것이 바로 판덱텐법학이다. 역사법학파는 독일의 법을 학문으로서 체계적으로 연구하여 독일 법학을 한층 정치情緻하게 했으며, 후대의 입법에도 지대한 영향을 미쳤다. 특히 이 판덱텐법학은 독일 법학을 한 단계 성숙하게 하는 데 크게 기여했다.

ㄴ. 역사법학파에 대한 비판

오래전부터 역사법학파에 대한 평가는 그 시대에 존재하는 문제들을 법률적으로 극복하는 과정과 관련하여 논의되었다. 이미 1864년에 슈토베Otto Stobbe는 역사법학파에 대해 "현재의 법률에 관한 관심은 부족한 것으로 보인다"라고[112] 기술한 바 있다. 볼프Erick Wolf의 경우에도 역사법학파의 영향 때문에 "법리와 실무 사이의 괴리가 더 크게 발생"했고, 역사법학파는 "동시대 입법의 사회적 과제들을 오도했다"라고 지적했다.[113] 담Georg Dahm은 사비니와 그 학파가 고유한 독일인의 정기와 법률의 융성에 대해 학문적으로나 법정책적으로 부정했으며, 더 나아가 역사법학파가 사회 변혁에도 거의 기여하지 못했다고 지적했다.[114] 미타이스Heinrich Mitteis도 역사법학파는 독일의 법 발전에 부정적인 영향을 미쳤다고 평가하면서, 이 학파의 방법론은 "부분적으로는 순수한 법의 고고학을 위한 것이며, 부분적으로 개념법학과 또한 생활과 유리된 해석학을 위한 것이었다"[115]라고 말한 바 있다. 쿤켈Wolfgang Kunkel 역시 사비니와 관련하여 역사법학파에 대해 특별히 언급했다. 그는 이 학파에 의해 오히려 사람들이 법률의 실무에서 유리되었다고 비판했다.[116] 또한 역사법학파에 대해 가장 신랄한 비판을 가했던 칸토로비츠는 "학파 성립의 핵심은 개개 입법 활동의 정지에 대한 요구에 있었으며, 현재의 문화와 현행법과의 관련은 이러한 정지된 수준에서 평준화되었다"[117]라고 주장했다. 몰리토르Erich Molitor 역시 "사비니는 법을 자연적인 생활의 요구들에서 유리시켰다. 고대 로마법은 실무에 전혀 이용될 수가 없었다. 이 사람들은 대학 내의 법률가들을 세상 물정 모르는 자들로 만들었으며, 이 학파도 점차 실제 법률생활을 안내해주는 기능을 상실했다"[118]고 비판했다. 이와 다른 관점에서 당시 최고의 법학자 중 한 사람이었던 예링은 역사법학파가 법의 민족성을 주장하면서 왜 독일 고유법을 연구하지 않는지에 대해 비판했다.[119]

비록 역사법학파에 의해 제기되었던 법이 자유주의에 부합하는 법이라고 하더라도 그것이 역사법학파가 의도한 것인지의 여부는 회의적이다. 역사법학파, 특히 판덱텐법학이 독일의 법을 학문화하는 데 지대한 공헌을 한 것은 의심의 여지가 없다. 그러나 그들의 법학 방법론이 너무 추상적이고 개념적인 것이어서 법학과 그 실천의 장인 실무와의 관계가 더욱 유리되었다는 지적 역시 옳다. 또한 예링의 지적 역시 타당한 것으로 생각된다.

(2) 판덱텐법학과 개념법학

ㄱ. 판덱텐법학의 의의와 성립

판덱텐법학이란 앞서 언급한 바와 같이 19세기 중반 독일에서 당시 보통법으로 적용되던 계수繼受된 로마법을 사법학으로 체계화한 것을 말한다.[120] 판덱텐법학은 독일의 보통법을 학문적으로 체계화해 당시 주류를 이루고 있던 결의론 Kasuistik적인 법학 연구 방법을 극복했다. 이러한 판덱텐법학은 법률들, 특히 민법을 체계화하고 추상적인 개념을 만들어 규범 내에서의 논리적 조작을 통해 법을 형성해나가며, 법률상 발생되는 문제들을 해결해나가는 것이다. 이 과정에서 개념들은 자연스럽게 체계화되어 하나의 학문으로 지칭될 정도로 발전했다. 예링은 이러한 연구 방법론을 비판적인 관점에서 개념법학이라고 부르기 시작했는데,[121] 이 용어는 이때

고착되었다고 한다. 이렇게 생겨난 개념법학은 개념만으로 구축된 거대한 피라미드와 같은 것이며, 그 모든 하위 개념은 상위 개념에서 연역적으로 추론된다는 전제하에서 모든 문제를 법률적으로 해결하고자 하는 견해라고 정의할 수 있다.

판덱텐법학은 법전 자체를 완전무결한 규범 체계로 이해하고, 법적 문제를 연역적·논리적 조작을 통해 해결하며, 추상적인 규범에서 구체적인 규범을 도출하는데, 이러한 경향이 바로 법실증주의와 궤를 같이한다. 판덱텐법학을 창시하고 발전시킨 대표적인 학자들로는, 사비니의 제자 푸흐타를 시작으로 판게로Karl Adolf von Vangerow, 브린츠Aloi von Brinz, 베커, 레겔스베르거Ferdinand Regelsberger, 데른부르크Heinrich Dernburg, 빈트샤이트 등이다. 이들 중 후에 학자로서는 유일하게 독일 민법전 편찬 1차 위원회에 참여한 빈트샤이트의 저서《판덱텐법 교과서Lehrbuch des Pandektenrechts》(1862)는 법률 이론의 구성이 정확하고 치밀할 뿐만 아니라 체계의 정연성이 뛰어나 판덱텐법학이 이룩한 금자탑으로 평가받고 있다. 이와 비견되는 것으로 데른부르크의《판덱텐 교과서 Lehrbuch der Pandekten》역시 복잡하고 추상적인 내용의 판덱텐법학 이론들을 간결하게 잘 정리한 것으로 알려져 있다.

ㄴ. 판덱텐법학의 연구 대상과 영향

판덱텐법학의 연구 대상은 독일의 고유법이 아닌 '로마법의 현대적 관용'을 통해 보통법화된 로마법이었다. 그런데 사비니를 비롯한 로마법학자들은 로마법을 하나의 '씌어진 이성ratio skripta'으로 간주함과 동시에 발전된 모든 민족의 공동재산Gemeingut aller gebildeten Nationen으로 이해했다. 판덱텐법학은 보통법화된 로마법을 연구 대상으로 삼았을 뿐만 아니라 로마법적인 자유주의를 사상적 기초로 삼았다. 따라서 개인의 의사를 강조하는 의사주의적 민법학이 형성되었다. 예컨대 판덱텐법학은 로마법상 소유권의 개념이라 할 수 있는 추상적이고 절대적인 소유권과 계약의 자유를 강조했다. 이러한 소유권 절대 원칙과 계약 자유의 원칙은 자본주의의 발전에 크게 기여했다. 다시 말해서 판덱텐법학에 의하여 19세기 독일에서는 자유주의적이고 자본주의적인 사법학이 나타나게 되고, 이로 인해 그 방법론인 개념 창출, 즉 민법의 정치한 체계화에 의해 개념법학이 탄생했다. 오늘날 민법총칙, 채권, 물권, 친족상속법의 순서로 대표되는 판덱텐 시스템에 따른 민법전의 체계와 민법 내용의 추상화, 일반화는 바로 판덱텐법학의 산물이라 할 수 있다. 판덱텐법학은 완벽하다고 할 수 있을 만큼 정연한 체계와 함께 추상적인 일반 법 원칙들을 포괄하고 있는 충실한 내용을 통해 분열되어 있던 분방법Partikularrecht을 통일하는 데 크게 기여했다. 또한 독일 고유법에 적대적인 태도를 취함으로써 역설적으로 게르만법학자들의 고유 게르만법 연구에 자극을 주어 그것의 체계화에 기여했다. 더 나아가 판덱텐법학의 방법론은 독일에서 사법만이 아니라, 형법, 헌법, 행정법 등에도 영향을 주었다. 따라서 사법 이외의 법학 분야에서도 판덱텐 체계와 유사한 체계화 작업과 체계적 사고를 하게 되었다. 지역적으로도 판덱텐법학은 스위스와 오스트리아뿐만 아니라 이탈리아, 그리스, 더 나아가 라틴아메리카에도 영향을 주었으며, 일본이나 한국의 민법학에도 지대한 영향을 미쳤다.

ㄷ. 판덱텐법학에 대한 비판

앞서 언급한 바와 같이 판덱텐법학은 계수에 의해 보통법화된 로마법을 연구 대상으로 삼았다. 따라서 역사법학파에 대한 비판이 판덱텐법학에도 거의 대동소이하게 적용된다. 예컨대 6세기에 형성된 로마법을 16세기 이후 계수에 의해 현대적으로 변용한 것을 연구 대상으로 삼았기 때문에 19세기 독일의 현실과 상당 부분 조화되지 못했다. 따라서 이것을 극복하기 위해 방법론적인 노력을 기울여야 했지만 그렇게 하지 못했다. 예컨대 산업혁명과 자본주의의 발달로 빈부격차가 심화됨에 따라 사회적 강자의 약자에 대한 지배라는 현상이 대두되었음에도 이에 대처할 수 없었다. 이렇듯 판덱텐법학은 연구 과정에서 사회 현실을 고려하지 않으면서 의도적으로 민법학을 모순 없는 완전한 체계로 이해하고, 사회 현실의 변화를 도외시한 규범 그 자체 내의 논리적 조작만을 강조하는 형식주의Formalismus로 흐르게 되었다. 이러한 판덱텐법학에 대해, 예링은 법이란 그 실제에서는 현실적인 목적과 이익의 산물임에도 불구하고 판덱텐법학은 이러한 현실적 목적과 이익을 무시한 가치중립적인 태도로 일관했다고 비판했으며, 기르케는 판덱텐법학의 로마법적 개인주의적 연구 태도에 대해 독일 단체법적 입장에서 법의 공동체적 요소가 부재하다고 비판했다. 이러한 비판들을 요약하면 판덱텐법학은 로마법적 사상을 기초로 한 자유주의적이고 개인주의적인 것으로 로마법을 연구 대상으로 삼고 사회 현실을 고려하지 않은 연구 방법론 때문에 실제 사회생활과 괴리되어 있었고 추상화된 개념과 체계의 완전성만을 추구한 나머지 형식주의에만 매몰되었다.

(3) 법실증주의

ㄱ. 법실증주의의 의의

원래 실증주의라는 말은 자연과학의 방법을 철학에 적용하려고 했던 생시몽Louis de Rouvroy, duc de Saint-Simon에서 비롯되었고, 콩트가 실증철학으로 확립했다고 한다. 따라서 실증주의의 연원은 영국 경험론과 프랑스 계몽주의 유물론에 있지만, 그 배경을 자연과학의 급속한 발달과 공업 사회의 성립에서 찾고 있으며 프랑스 혁명기의 대표적인 철학이기도 하다. 그런데 이러한 실증주의가 법학적 실증주의로 발전하면서, 19세기 독일 법학을 대표하는 법사상이 되었다. 19세기에는 근대국가가 확립되면서 프랑스 민법전의 편찬과 같이 다양한 법률이 제정되어 법체계가 정비되는 시기였다. 이러한 법체계 정비와 관련하여 법을 해석하거나 적용하고자 할 때 어떠한 정치적·사회적·윤리적 요소도 고려하지 않고, 오직 법 자체만을 형식 논리적으로 파악하려는 경향이 나타났는데, 이러한 경향을 비아커Franz Wieacker는 법학적 실증주의라고 불렀다.[122] 이러한 법학적 실증주의 혹은 법실증주의는 실정법에 구체적으로 규정되지 않은 자연법의 존재를 인정하지 않는다. 또한 실정법 체계의 자기 완결성과 무흠결성을 전제로 하고 있는 법실증주의에서 법관은 기계적으로 조문을 적용할 수 있을 뿐이지 자유로운 법의 발견 내지 창조는 결코 허용될 수 없었다. 19세기에 프랑스나 독일 등에서 각종 법률이 제정되어 법체계가 완비되면서 법실증주의가 주류 법학으로 자리매김을 하게 되자, 18세기까지 주류를 이루던 자연법 사상은 점차 법사상계에서 사라지게 되었다. 이러한 법실증주의는 각 나라마다 특수한 형태로 발전하게 되었는데, 독일에서는 역사법학파에서 발전한 개념법학뿐만 아니라 공법학자들이 주축이 된 일반법학과 순수법학 등으로 나타났으며, 프랑스에서는 주석학파로, 영국에서는 분석법학으로 나타났다.

ㄴ. 독일과 기타 여러 나라에서의 법실증주의

19세기 독일에서는 역사법학파에서 발전한 판덱텐법학, 특히 개념법학뿐만 아니라 일반법학, 순수법학 등이 법학계 전면에 부상했다. 원래 독일의 법실증주의에는 앞서 언급한 사법학으로서 판덱텍법학뿐만 아니라 공법학자들의 사상을 알 수 있는 일반법학과 순수법학이 포함된다. 전자에는 대표적인 법실증주의자로 평가받는 베르크봄Karl Bergbohm과 빈딩Karl Binding의 규범 이론, 게르버나 라반트Paul Laband의 국법학, 더 나아가 옐리네크의 국가 철학이 속하고, 후자는 켈젠Hans Kelsen으로 대표된다.123

일반 법학의 관점에서 독일의 법실증주의의 특징을 가장 정확하게 설명하고 있는 자는 베르크봄이라 할 수 있다.124 그에 따르면 자연법과 실정법은 개념상 양립할 수 없기 때문에, 만약 양자를 인정하게 되면 법 개념의 통일성을 해치게 된다. 그러므로 현실적으로 존재하고 '있는 법'만이 법으로 인정될 수 있을 뿐이고, 정의나 윤리적인 차원에서 당위론적으로 요구되는 '있어야 할 법'으로서 자연법은 인정될 수 없다. 베르크봄의 자연법에 대한 비판은 세 가지로 요약할 수 있다. 첫째로 선악의 판단은 시대와 장소에 따라 달라질 수밖에 없는데, 이러한 가변성을 부정하는 자연법의 영구불변성과 보편성은 부당하다. 둘째로 법은 상황에 구속되기 때문에 장소에 따라 달라질 수밖에 없는데, 이러한 법의 상황 구속성을 부정하는 자연법은 부당하다. 셋째로 실정법은 논리적으로 완결되고(논리적 완결성logische Geschlossenheit), 흠결하지 않으므로(무흠결성Lückenlosigkeit) 자연법이 필요 없다는 것이다. 이러한 관점에서 베르크봄은 실정법만이 진정한 법이라고 주장했다. 더 나아가 "아무리 사악한 법률이라 하더라도 형식적으로 바르게 제정되어 있는 한, 그 구속력이 인정되어야 한다. 그러한 잘못된 법률이 가능한 한 빨리 폐기되어야 한다고 하더라도 현재의 법이기 때문에 현재는 존중되어야 한다"라고 주장했다.[125]

법실증주의 한 유파로서 이해되는 일반법학 중의 국가 법학 내지 철학을 주창한 옐리네크는 국가를 힘의 조직으로 보고 힘과 법을 동일시했다.[126] 옐리네크에 따르면 일단 권력에 의해 '완성된 사실vollendete Tatsache'이 성립된 경우에는 그것이 설령 위법적 사실이라 할지라도 마땅히 '규범적 효력normative Kraft'을 가질 수 있게 된다. 또한 법 규범들은 합법적인 절차뿐만 아니라 불법적인 절차에 의해서도 성립될 수 있다. 따라서 일단 성립된 법은 흠결 없는 것으로 간주되고, 흠결이 있는 법은 기존의 법 원칙으로 나타나는 윤리적 필연성을 통해 보충된다. 이렇듯 윤리적 필연성을 흠결된 법의 보충 원리로 주장하는 옐리네크는 자연법이라는 개념 자체를 부정할 수 없었다는 점에서 베르크봄과 다르다.

이와 같은 독일의 법실증주의와 맥을 같이하는 것으로, 자연법적 요청이 실정법화된 현실에서 법학은 법전의 주석이 그 사명이라는 프랑스의 주석학파와, 실정법 체계의 원리와 개념을 설명하는 용어는 엄밀한 분석을 통해 규정되어야 한다는 영국의 분석법학파가 있다. 우선 전자와 관련하여 프랑스의 로랑François Laurent은 "법 해석자는 법droit을 만드는 것이 사명이 아니고, 법은 이미 만들어져 있는 것이다. 법은 조문 가운데 쓰여 있는 것이다"라고 전제하고, "명철하고 정확한 언어로 편찬된 민법전은 공고하고 부동한 기초를 법에 부여하고 있다. 그런데 해석자들은 만사가 불확실하다고 한탄한다. 해석자들이 한탄하는 것은 잘못이다. 왜냐하면 법이 의문의 바다로 화했다고 한다면 그 책임은 해석자에게 있기 때문이다"라고 하여 실정법의 절대성을 주장했다.127 이와 같은 주석법학파에 따르면 관습법은 인정될 수 없고 성문법loi에 대해서만 복종해야 한다고 보았다. 후자와 관련하여 대표적인 학자인 영국의 오스틴John Austin128은 법학은 어디까지나 실정법에 관한 학문이고, 법학의 임무는 발달된 여러 실정법의 체계에 공통되는 개념들을 분석하는 데 있다고 주장했다. 그는 법이란 어떤 종류의 행위를 할 것 또는 아니할 것을 사람에게 의무 지우는 하나의 명령으로 이해하여, 근본적으로 자연법 사상을 부정했다.

ㄷ. 법실증주의의 영향과 비판

19세기의 주류 법학으로 자리매김한 법실증주의는 추상적인 개념에 대한 정치한 이론 구성과 체계화로 법학의 학문적인 발전에 크게 기여했다고 평가된다. 또한 법학의 발전뿐만 아니라 사회 발전에도 크게 공헌했다. 예컨대 개인의 의사를 존중하고, 그에 따라 계약 자유의 원칙과 자기 책임의 원칙, 소유권 절대의 원칙을 확립함으로써 산업혁명을 통해 부흥하기 시작한 자본주의의 발전에 크게 기여했다. 또한 실정법의 자기 완결성과 무흠결성은 곧바로 모든 실정법에 강력한 규범력을 부여하여 법적 안정성을 유지하는 데 공헌했다. 또한 사법司法의 중립성을 보장함과 동시에 그에 따라 인정되는 삼권분립을 가능하게 하여 법치국가의 이상을 실현하는 데 부조했으며, 개인들에게 기회를 균등하게 보장함으로써 개인의 발전을 도모한 점도 간과할 수 없는 공적이라 할 수 있다.

사회가 있는 곳에 법이 존재하는 것으로, 법은 사회현상의 하나다. 따라서 사회와의 관련 속에서만 그 본질과 기능을 제대로 이해할 수 있는데, 법실증주의는 이러한 사회와의 관련성을 간과하고 법을 미시적으로 보고 있다. 따라서 이들이 주장하는 법은 하나의 전자계산기나 자동기계에 불과하다는 비판을 받았다. 이들은 또한 실정법을 흠결이 없는 완결된 것으로 전제하고 법관은 법을 창조해도 안 되고, 법을 거부해서도 안 된다고 하면서 모든 문제를 실정법으로 해결할 수 있다고 주장했다. 그러나 이러한 실정법 만능주의에 의해 형식적 법치주의에 빠질 수 있다는 점 때문에 실정법은 기본적으로 한계를 지니고 있었고 이에 따라 많은 비판을 받았다. 예컨대 사회는 유동적인 데 반해 법규는 고정적이어서 법실증주의로는 이러한 사회 변동을 따라가지 못한다. 또한 불합리하고 위법한 법률이라 하더라도 형식적으로 규범력을 인정해야만 하기 때문에 법실증주의는 악법의 출현에 대해 무기력할 수밖에 없으며, 이로 인해 가치 허무주의에 빠질 수 있다. 더 나아가 법실증주의는 현존하는 법질서만을 정당한 것으로 간주하기 때문에 지배 권력의 이데올로기에 불과하다는 비판이 제기될 수 있다. 실제로 제2차 세계대전에서 유대인들에 대한 나치의 만행도 모두 법실증주의에 의하면 합법적인 것이며, 박정희의 유신 독재나 제5공화국의 압제 또한 합법적인 것이 된다.

19세기 주류 법학인 법실증주의나 개념법학의 다양한 폐해를 경험한 독일의 법학계에서는, 20세기에 들어서자마자 사회와 절연된 상태에서 하나의 기계처럼 독자적인 법학으로 존재하고자 하는 법실증주의에 반대하여 자유법 운동, 더 나아가 법사회학이나 사회학적 법학 등이 등장했다. 또한 제2차 세계대전 시 법률의 이름으로 자행된 유대인에 대한 만행 등을 목도한 법학계에서는 전쟁이 끝나자마자 인간의 존

엄에 대한 반성과 권리에 대한 통찰을 통해 실정법의 상위에 있는 자연법 질서에 관심을 가지게 되었고, 그 결과 신자연법론 혹은 재생자연법론이 출현하게 되었다.

(4) 자유법론의 생성과 발전

ㄱ. 자유법의 출현

1906년 칸토로비츠의 《법학을 위한 투쟁》 출간으로 말미암아 본격화된 자유법론Freirechtlehre 혹은 자유법 운동Freirechtsbewegung은 19세기 유럽을 풍미했던 법실증주의 내지 개념법학의 법률만능주의 사상을 배격하고 법률 자체에 내재되어 있는 법률의 흠결과 사회 발전에 따른 법률의 부적응성을 보완하기 위해, 법관의 인격적 활동을 확대하여 이들의 탄력성 있는 해석, 즉 법관에 의한 법의 발견Rechtsfindung과 법의 창조의 기능을 통해 법과 사회생활의 괴리를 극복하자는 운동이라 할 수 있다. 이는 19세기 말에서 20세기 초까지 독일을 중심으로 프랑스, 영국 등에서 일어났다.[129]

이러한 자유법 운동의 선구자로는 독일의 법률 실무가 키르히만을 들 수 있다. 키르히만은 1847년 베를린의 법률가 대회에서 발표한 〈학문으로서 법학의 무가치성에 관하여 Über die Wertlosigkeit der Jurisprudenz als Wissenschaft〉라는 논문에서 "법학의 대상인 법은 너무나 쉽게 개폐되는 변화무쌍한 것이며, 법은 아무리 노력해도 현실의 사회적 진보를 따라

가지 못한다. 또한 법에는 입법자의 감정이나 파당성 더 나아가 자의가 혼입될 수밖에 없으며, 법학은 권력의 간섭 사슬에 얽매여 진리의 수호자 지위에서 폭군의 격정이나 입법자의 상비된 꾀의 무기와 권력의 우매한 시녀로 전락했다"고 갈파했다.[130] 특히 그는 "입법자가 세 마디만 고치면 도서관의 모든 법서는 휴지 조각이 되고 만다"고 표현하여,[131] 당시 주류 법학으로 자리매김해가고 있던 개념법학에 대해 신랄하게 비판했다. 이러한 키르히만의 비판은 법실증주의의 실정법에 대한 무흠결성의 확신, 형식적 법치주의, 재판관의 법 창조 금지의 원칙에 대해 가해지고 있다. 이러한 비판을 통해 그 대안 모색이 필요하게 된 것이다.

칸토로비츠는 자유법 운동이 무르익어 가던 시절인 1911년에 쓴 〈법학과 사회학〉이라는 글에서 법실증주의, 특히 개념법학의 특징을 다음과 같이 평가하고 있다. "이 견해를 적절하게 특징짓는다면, 개념법학이 말한 대로라면, 법률은 하나의 자동기계다. 그 위에 사건을 집어넣으면 밑에서는 판결이 잡혀 나온다. 만약 사건이 법률에 의해서 직접 결정되는 것이라면 한 번 넣기만 하면 판결이 굴러떨어지고, 그렇지 않을 때는 이 자동기계를 탁탁 치거나 살짝 흔들어야 한다."[132] 이러한 비판에 대해 전적으로 동의하지 않는다 하더라도 개념법학이 사회에서 유리되고 있는 당시 상황 자체는 이해할 수 있다. 특히 급격한 자본주의의 발달로 사회 구성원과 법률의 환경 또한 나날이 변화하는 상황에서 실정법의 무흠결성과 자기 완결성이라는 화두만으로는 이를 극복할 수 없을 뿐만 아니라 오히려 현실과의 간격만 더욱 벌어지기 때문에 이러한 비판이 가능했다고 여겨진다. 따라서 이러한 현실 적합성에 문제를 제기하면서 실정법이 가지는 한계를 극복하고 보완하기 위한 차원에서 자유법 운동이 나타나게 된 것이다.

이러한 자유법 운동을 영향력 있는 법학의 변혁 운동으로 발전시킨 자들로는 오스트리아 법사회학자 에를리히와 독일의 칸토로비츠, 푹스 등을 지적할 수 있다. 또한 프랑스에서는 제니François Gény나 살레유Raymond Saleilles가 자유법 운동을 전개했다. 이들 중에서 특히 칸토로비츠는 자유법 운동을 하나의 법률 사조로 격상시키는 데 결정적인 역할을 담당했다. 자유법에 대한 칸토로비츠의 핵심적인 사상은 1906년에 발표된 《법학을 위한 투쟁》을 통해 구체화되었다. 이 책은 법학의 개혁과 관련해 20세기에 가장 많이 인용되는 글 중의 하나로 평가받고 있다.

ㄴ. 자유법 운동의 내용

자유법 운동은 전적으로 19세기 개념법학의 질곡으로부터의 해방 운동을 의미한다. 다시 말해 실정법으로부터 법관의 해방, 법의 자기 완결성으로부터 해방, 형식 논리로부터 해방을 의미하는 것이다. 자유법 논자들은 법관의 자유로운 법 해석을 통해 법의 창조와 법의 발견을 강조한다. 이렇게 창조된 자유법은 20세기에 변형된 자연법의 부활로 이해했다.

자유법론자들은 자유법 운동의 첫째 과제로 개념법학의 대전제인 법의 무흠결성에 반기를 들었다. 실정법은 결코 흠결이 없는 것이 아니라는 것이다. 키르히만에 따르면 실정법은 고정적인 데 반해 법은 진보하므로, 실정법이 지닌 진리까지도 시간이 지나면 허위가 된다. 급변하는 사회 현실을 직시하지 못하는 실정법은 그 자체가 흠결이며, 따라서 결코 자기 완결성을 지닐 수 없다. 그러므로 실정법은 자유법에 의해 흠결을 보충할 수밖에 없다는 것이다.

자유법 운동의 두 번째 과제는 법은 국가의 제정법만이 존재하는 것으로, 법이론은 그에 대한 형식 논리적 조작에 의해 도출된다는 주장에 반대하는 것이다. 자연법 극복 과정에서 곧바로 발전해왔던 19세기의 법실증주의는 국가에 의해 승인된 것 이외의 다른 법은 존재할 수 없다는 도그마에 젖어 있었다. 또한 역사학파는 모든 법, 따라서 모든 자유법조차도 오직 실정적positiv일 때만 법으로 인정될 수 있다고 주장했다. 즉 그들은 '자연적으로'는 법이 존재하지 않고, 법의 배후에 오직 권력, 의지, 승인이 존재할 때만 그 범위 내에 법이 존재한다고 생각했다. 그러나 칸토로비츠에 의하면 국가 제정법만이 존재하는 것이라, 여러 형태의 자유법이 존재한다. 특히 그는 자유법의 두 가지 주요 형태로서 개인법

Individuelles Recht과 공동체법Gemeinschaftrecht이 존재한다고
했다. 여기에서는 동일한 법 원칙이 두 가지 형태로 존재하
거나 국가법의 형태로도 존재할 수 있기 때문에 그 경우도
배제되지 않는다고 보았다. 개인이 자기 자신의 확신에 의해
서 법 명제라고 인정한 개인법은 법학에 대해, 개인이 공동
체의 확신에 의해 법 명제라고 인정한 공동체법은 판례에 대
해 큰 의미를 지닌다는 점을 명확히 했다. 이러한 자유법은
20세기의 자연법으로 존재한다는 것이다.

　자유법 운동의 세 번째 과제는 법해석학적 지평을 확장하
는 것이다. 법실증주의가 철저하게 법조문에 구속되는 동시
에 법을 하나의 기계로 보고 형식 논리와 기계적으로 해석하
는 데 반해, 자유법론자들은 기본적으로 법해석학에 대해 실
천적 계기를 인정하고 있다. 법규 해석 시에 법관에게 국가
제정법의 속박에서 벗어나 정의와 형평에 따라 자유로운 법
의 발견Rechtsfindung을 인정한다. 더 나아가 실정법의 무흠결
성 전제 자체가 오류라고 보는 자유법 논자들은 국가 제정법
이 불명확하거나 모호한 경우에 법관은 법을 거부하는 것이
아니라 지배적인 정의 관념에 따라 재판해야 한다고 주장했
다. 만약 그러한 관념마저 없다면 주관적인 법적 양심에 따
라 재판해야 하는 등 법 창조 행위로서 법의 흠결을 보충해
야 한다고 역설했다. 이러한 법의 창조 정신과 관련하여 스
위스 민법 제1조가 "문자상 또는 해석상 이 법률에서 규정되

고 있는 법률문제에 관해서는 모두 이 법률을 적용한다. 이 법률에서 규정되지 않고 있는 경우에는 법관은 관습법을 따르고, 관습법도 존재하지 않는 경우에는 자기가 입법가라면 법규로 제정했을 것에 따라 재판해야 한다. 전 2항의 경우에 법관은 확정된 학설 및 선례를 따라야 한다"라고 규정하고 있는 것이나, 우리 민법 제1조가 "민사에 관하여 법률에 규정이 없으면 관습법에 의하고 관습법이 없으면 조리에 의한다"라고 규정한 것에서도 이러한 주장의 필요성을 확인할 수 있다.

  ㄷ. 자유법 운동에 대한 비판

  자유법 운동이 개념법학의 형식 논리적인 법 해석을 배격한다는 점에서는 일리가 있으나, 법관에게 법의 발견 내지 법의 창조 기능까지 인정하자는 데는 비판이 집중되었다. 우선 법관에 의한 법의 창조는 입법권의 침해로서 삼권분립의 정신에도 반한다는 지적이 있었다. 또한 법적 개념의 구성을 극도로 경시하고 법 해석과 운용을 법관의 주관적 가치 판단에 맡기게 되어 법률 해석 시에 가장 중요한 법적 안정성을 무시하는 결과를 초래할 수 있다는 점과 재판이 법관의 주관적인 판단에 좌우되면 가장 객관적이어야 할 법학에 감정이 개입되는 감정법학으로 변하게 된다는 점이 비판으로 제기되었다. 또한 신의 성실의 원칙이나 정의 관념 등 추상적인 개념을 통해 법률문제를 해결하려는 것은 일반 조항으로 도피하는 것인 동시에 법률의 연성화를 초래할 수 있다는 비판이 제기되었다. 이러한 비판은 많은 부분 타당한 것으로 여겨진다. 문제는 법적 안정성에 대한 침해나 삼권분립의 정신에 반한다는 지적 등이 절대적인 것은 아니라는 것이다. 예컨대 법적 안정성보다 상위의 개념이 정의라고 할 수 있다. 인간의 존엄과 가치, 정의 혹은 진실을 파괴시키면서 유지되는 법적 안정성이란 오히려 부당한 것이며, 자유법론을 인정한다고 해서 삼권분립의 원칙이 훼손되는 정도에는 이르지 않는다는 것이 이미 자유법론자들의 주장에서 확인될 수 있다.

3. 《법학을 위한 투쟁》의 주요 내용과 법사상사적 의미

1906년에 《법학을 위한 투쟁》이라는 저서가 출간되자 독일 법학계는 놀라움을 금치 못했다. 당시 최고 학자들이라 평가받던 에를리히와 같은 교수들이 이 책에 서평을 쓰는 등 그 반향은 대단했다. 이 책의 출간에 많은 도움을 준 라드브루흐와 저자인 칸토로비츠 자신도 놀랄 정도로 큰 성공이었다. 특히 당시 무명인 29세 청년 법학도인 칸토로비츠는 자신의 이름으로 출간하는 것보다는 여러 가지 이유에서 플라비우스라는 가명을 쓰고, 저서의 제목에도 매우 선정적인 '투쟁'이라는 용어를 사용했다. 저자를 가명으로 한 것과 제목 중의 '투쟁'이라는 용어의 사용은 소기의 목적을 달성한 것으로 평가된다. 이 책은 투쟁을 선도하는 선전문을 방불케 하는 격정적인 문체뿐만 아니라 체제의 균제미나 학술적인 차원에서 볼 때는 정확한 근거나 전거들이 생략된 비논리적 이고 주관적인 내용 등을 다수 포함하고 있다. 하지만 29세 의 글이라고는 믿기 어려운 대가다운, 법사상적으로 관조된 내용들을 포함하고 있는 것도 사실이다. 여기에서는 《법학을 위한 투쟁》의 내용을 알기 쉽게 요약·정리하고 필요한 부분 에 대해서는 해설을 하고, 법철학 내지 법사상사적 의미를 간략하게 검토해보고자 한다. 우선 이러한 내용 분석에 앞서 다음 항에서는 이 책을 발간할 당시에 왜 가명을 사용했고, 왜 제목에 자극적인 '투쟁'이라는 단어를 사용했는가를 살 펴보고자 한다. 이어서 《법학을 위한 투쟁》의 주요 내용들을 해설을 겸해서 간략하게 살펴보고, 그에 대한 법철학 내지 법사상사적 의의를 탐구해보고자 한다.

(1) 가명으로 출간한 이유와 '투쟁'의 의미

ㄱ. 《법학을 위한 투쟁》에 대한 두 가지 의문

1906년 겨울 하이델베르크에서는 '그나이우스 플라비우 스Gnaeus Flavius'라는 가명으로 된 '법학을 위한 투쟁'이라는 제목의 강령적이고 논쟁적 요소가 다분히 포함되어 있는 저서가 발간되었다. 발간되자마자 독일 법학계뿐만 아니라 유럽 법학계의 주목을 받은 이 책은 이른바 자유법 운동으로서, 새로운 법학 방법론의 기초 선언 혹은 강령적인 저서가 되었다. 칸토로비츠는 이 책의 서문에서 "법학에 새로운 운동이 시작되었다. 이 운동은 자신들의 행동이 자신들의 이상과 최고로 잘 조화된다고 믿고 있는 모든 법학자에게 자각을 촉구한다. 이 운동은 이러한 망상을 꿰뚫어보고, 〔이것을〕 깨뜨리는 것이다. 또한 이 운동은 새롭고도, 다소 겸손한 이상의 빛 속에서 우리의 모든 항구적인 행동, 즉 법의 창조를 우리 스스로에게 정당화시키기에 이르렀다. 그러나 이렇게 뚜렷한 우리의 운동이 아주 다양한 영역에서 동시에 나타났음에도 불구하고, 이 운동에는 여전히 완결성과 운동의 위력에 대한 의식이 부족하다. 그러므로 여기에서는 그들 모두의 최상의 능력을 하나로 결합시키려는 하나의 시도"(17쪽)로서, 그리고 더 나아가, "이 글이 법학의 해방 투쟁과 그리고 스콜라 철학의 마지막 보루에 덮치는 폭풍을 위해, 새로운 투사들을 모으는 계기"(18쪽)가 될 수 있도록 하기 위해서 저술되었음을 밝히고 있다. 이 책은 한 편의 논문으로 이루어진 것으로 전술한 바와 같이 지난 20세기에 가장 자주 인용된 논문 중의 하나이며, 29세의 무명의 법학자가 쓴 글이라고 보기에는 너무나 놀랍게도 젊은 법학도의 왕성한 혈기뿐만 아니라 대가의 냉철한 도전을 포함하고 있다. 독자들은 이 책을 접하면서 두 가지 의문을 가지게 된다. 이는 외적이고 부수적인 것과 관련된 것처럼 보이지만, 사실상 이 책의 핵심을 지향하는 것이라 할 수 있다. 즉 왜 가명으로 출간했으며, 왜 '투쟁Kampf'이라 해야 했는지에 관한 문제다.

ㄴ. 왜 가명으로 출간했는가

가명으로 출간한 것과 관련해서는, 우선 세 가지 방향에서 이유가 설명되고 있다.[133] 첫째로 플라비우스라는 이름은 기원전 300년경에 《소송과 거래 양식》을 출간했고, 사제들의 법률 조언과 해석의 독점을 깨뜨렸으며, 그들의 비술과 관련된 힘을 파괴해버린 자로 유명한 대사제 클라우디우스 카이쿠스Appius Claudius Caecus의 비서인 플라비우스의 이름을 모방했다는 것이다. 이는 그와 마찬가지로 개념법학의 비술을 깨뜨리겠다는 칸토로비츠의 의지의 표명이 아니겠는가. 둘째, 칸토로비츠가 자신의 이름을 은폐시킴으로써 19세기에 가명으로 제기했던 다른 연구 방법론자들의 개혁적 전통에 합류하고 싶었던 것으로 해석될 수 있다. 예컨대 그는 1861년에 발간된 예링의 《한 무명인으로부터 온, 오늘날 법학에 관한 신뢰할 만한 편지들Vertrauliche Briefe über die heutige Jurisprudenz, von einem Unbekannten》과 1891년에 발간된 뷜로의 《법학에 관한 한 무명인의 편지Briefe eines Unbekannten über die

Rechtswissenschaft》를 참고한 것으로 여겨진다. 개혁적 견해를 표현하고자 할 때 가명을 사용한 당시의 관행을 모방하는 동시에 예링의 개혁적 사고를 계승하고자 한 것이다. 셋째로는 가명을 사용함으로써 확실히 칸토로비츠에 의해 아주 강하게 강조된 초개인적인 자유법 운동의 성격을 강력하게 표현할 수 있었다는 점이다. 이러한 가명 출간을 통해 아직 무명인 젊은 저자의 학술적인 출간에 예상한 대로 관심이 집중되었다. 아마 칸토로비츠는 중세 가명의 법률 문헌들에서 많은 영향을 받았을 것이라 여겨진다. 확실한 것은 가명을 사용한 것이 칸토로비츠와 다른 자유법학자들에 의해 항상 강조되고 촉진되었던 법학자와 법률 실무가의 '인격'에 손상을 가하는 것이 아니라는 점이었다. 칸토로비츠는 일생 동안에 다양한 논저들을 가명으로 출간했다.[134]

ㄷ. 왜 제목에 '투쟁'이라는 단어를 썼는가

칸토로비츠는 이 책의 제목에 대해서는 예링에게서 많은 시사를 받은 것으로 알려지고 있다. 즉 1879년에 출간된 예링의《권리를 위한 투쟁*Der Kampf um das Recht*》이 영향을 준 것으로 전해진다. 그 밖에도 '투쟁'이라는 단어가 당시 시대정신과 관련해 가장 즐겨 사용되던 단어였기 때문이라는 견해도 있다.[135] 옐리네크 역시 1907년에《새로운 법을 통한 낡은 법의 투쟁*Der Kampf des alten mit dem neuen Recht*》이라는 책을 출간하기도 했다. 투쟁이라는 용어는 법률계 밖에서도 자주 쓰였는데 자유법과 동시대 학문과 문화에 관한 영역에서 논의되고 있던 운동에서도 '투쟁'이 자연스럽게 사용되었다는 점은 간과할 수 없다. 기술상으로는 미래파의 반지성적이고 반학문적인 운동 및 1907년에 설립된 독일 노동자연맹에서의 이론과 실무에 관한 제도적인 결합의 시도들 역시 투쟁으로 이해되기도 했다.[136] 종교적인 측면에서는 20세기 초에 그 영향력의 정점에 도달했던 그리고 주된 목표가 교회론과 기독교의 교의론의 제한이었던 '자유주의신학' 운동이 자유법과 같은 맥락에서 이해된다.

(2) 주요 내용과 의의
ㄱ. 구성

《법학을 위한 투쟁》은 적은 분량의 단행본으로 출간되었다. 이 책은 저자의 〈머리말〉과 〈서설〉, 〈새로운 견해〉, 〈결론〉으로 구성되어 있다. 먼저 〈서설〉에서는 법률가들에 대한 지배적인 관념을 실정법으로 무장한 자동기계라고 비판하면서, 예링, 콜러, 슈탐러, 에를리히 등 여러 학자들의 선구적 연구를 통해 새로운 운동의 필요성을 역설하고 있다. 그에 따르면 새로운 운동은 산발적인 것이 아니라 '잠재적으로 존재했던' 것들이 분출되는 것이다. 〈새로운 견해〉에서는 크게 세 가지 분야에 대한 견해로 나눠볼 수 있다. 우선 법에 관한 새로운 견해로서 자유법에 대해 논하고, 자유법의 종류와 국가법과의 관계를 설명하고 있다. 그리고 법학에 대한 새로운 견해로서 법학과 주의주의의 관계, 해석학의 문제, 그리고 역사·심리적인 방법론과의 관계, 더 나아가 자유주의 신학과의 관계를 논하고 있다. 마지막으로는 재판에 관한 견해로서 새로운 운동과 재판의 관계를 새롭게 정립하고자 논리를 전개하면서, 재판 과정에서 자유법을 원용할 경우 발생될 수 있는 구체적인 문제들, 예컨대 국가성 문제, 재판 시의 이유 제시와 예견 가능성, 객관성, 과학성, 냉정성, 민중성, 전문성, 중립성, 그리고 정의에 대해 기술했다. 그리고 〈결론〉에서는 법 발전의 모든 진보는 최종적으로 법관의 소양에 달려 있다는 것을 강조하면서, 자유로운 법 창조를 위한 새로운 운동의 장래에 대해 예견과 당부를 하고 있다.

ㄴ. 주요 내용

〈새로운 견해〉에서는 상술한 바와 같이 저자가 절을 나누어 언급하고 있지는 않지만, 법과 법학, 그리고 재판에 대한 새로운 견해가 필요하다는 것을 강조하고 있다.

① 투쟁의 대상: 우선 《법학을 위한 투쟁》에서 핵심적인 것은 투쟁의 대상과 관련된 것이다. 칸토로비츠는 이 책에서 법학을 위한 투쟁의 운동 방향을 분명하게 제시하고, 이어서 내용에서도 방향을 분명히 하고 있다. 무엇보다도 이 책에서

첫 번째 투쟁의 대상 혹은 '적'은 19세기 후반 독일 법학계를 지배하고 있던 이른바 판덱텐법학이라 할 수 있다. 푸흐타에 의해 각인된 판덱텐법학의 주요 과제는 법률가는 모든 비법률적인, 예컨대 정치적, 철학적, 혹은 종교적인 평가들을 배제해야 한다는 것이었다. 그의 과제는 법률 개념과 개념 체계상에서의 법률의 역할을 구체적인 사건에서의 판결을 위한 자료로서, 그리고 순수한 논리적인 방법론으로서 발전시켜야 한다는 것이다.

두 번째 투쟁의 대상은 법실증주의다. 19세기를 풍미했던 법실증주의는 법을 해석하거나 적용할 때 판덱텐법학과 마찬가지로 일체의 법이념이나 윤리적·정치적·사회적 고려를 배격하고 국가가 제정했거나 채택한 법을 형식 논리적으로 파악하고자 했다. 이러한 법실증주의에 부합하는 제정법으로서 1879년에 독일에서는 네 가지 큰 절차법, 예컨대 민사소송법, 파산법, 사법제도법, 형사 소송법이 시행되었으며, 1900년 1월 1일부터는 독일 민법전이 시행되었다. 이러한 법률이 시행되면서 법률 집행자들에게는 모든 법률문제는 법률 안에서 그리고 법률을 통해서만 항구적이며 분명하게 규율되어야 한다는 인상이 강하게 심어졌다. 약간의 의심이 있는 경우에도 사람들은, 판결을 쉽고 독자적인 평가 없이 내리기 위해, 오직 공적인 법률의 근거들 속에서 해결책을 찾아야만 했다. 이러한 법실증주의에 대해 비판하는 사람들은 이를 '재료 숭배Materialienkult'라고 했다. 칸토로비츠와 자유법학은 한편으로는 개념논리학과 체계논리학에 대해 투쟁하면서, 다른 한편으로는 실정법 자체가 완전무결하여 모든 경우에 재판할 수 있는 법적 효과가 법률 안에 모두 내재해 있다는 사상에 대해 투쟁했다.

② 국가법의 보완으로서 자유법: 칸토로비츠의 주된 과제는 우선 흠결이 많은 국가의 법질서를 어떻게 보완할 것인가라는 점이다. 그는 국가법으로서 법률은 그 법률의 구체적인 조문을 구성하고 있는 언어들보다 결코 흠결이 적지 않다고 보았다. 이러한 국가법의 흠결을 보완하거나 극복하기 위해 투쟁해야 하는데, 그것이 바로 새로운 운동의 핵심이라는 것이다. 그는 이에 대해 아주 구체적으로 기술하고 있다.

누군가 법의 흠결과 보충에 대해 말한다면, 이는 입법가가 이 경우 무죄선고나 소의 각하가 선언되는 것을 원했는지를 고려하지 않고, 국가법에 의하면 허용되지 않는 결정도 자유법에 의하여 내려질 수 있음을 의미한다. 그래서 결국 실정법에는 흠결이 존재한다는 것을 인정하지만 그 흠결을 해석학의 수단들을 통해 보충할 것을 요구하고 기대하는 이론이 이미 확산되어 있는데, 이 이론은 우리의 주장을 인용해준다. 그러나 이러한 인용은 우리에게 불만족스럽다. 사실 법의 흠결이 간헐적으로 있는 것이 아니기 때문이다. 오히려 사람들은 법률 안에는 법률 용어보다 결코 적지 않은 흠결이 있다고 자신 있게 주장할 수 있다. 어떠한 개념도 그 근원적 특징에 이르기까지 해체되지 않고, 오직 소수의 개념만이 정의되며, 이러한 소수의 개념은 스스로를 정의하지 못한 다른 개념에 의해 다시 정의된다. 그러므로 하나의 법률 문제에 적용될 전체 법개념들이, 단순히 그 개념들의 애매한 윤곽이 아니라 아주 명백한 그 개념들의 핵심을 통해 그 법률 문제로 되돌아오는 것이란 정말로 아주 우연히 이루어지는 일일 뿐이다. 이러한 상황에서 법의 흠결을 법률 해석의 수단을 통해 보충하는 방법은, 이 수단이 실제로 곧바로 입증되는 것보다 덜 부적절한 경우에도 역시 통용될 수 없다. 오직 자유법만이 개개의 법률 사건에 직면하여 판결의 자발성과 내용의 감정적 명료성을 통해서 이렇게 보충될 수 있으며 실제로 끊임없이 보충되어왔다. 흠결을 보충하는 법률가가 법률을 명백하게 수정하는 그러한 행위를 불허된 행위로 간주하며 또한 그 흠결의 특성도 전혀 의식하지 못하는 점은 사실을 변화시키지 못한다.(33~34쪽)

이러한 흠결을 보충하기 위한 대안으로 제시되는 것이 자유법이다. 다시 말해서 그에 따르면 국가 제정법 이외에도 자유법이 존재한다는 것이다. 칸토로비츠 법사상의 핵심은 바로 이 자유법론에 있다. 그는 《법학을 위한 투쟁》에서 당시 개념법학의 흠결을 보충할 법으로 자유법을 구체적으로 제시했다. 그에게 자유법은 변형된 형태로서 자연법의 부활이다. 그러나 그는 이 자연법이 푸펜도르프나 볼프가 주장한 근대 합리주의적 자연법, 즉 시공을 초월한 영구불변한 자연법을 의미하는 것은 아니라고 했다. 그는 자연법을 자유로운 법의 일부로 국가의 권력과는 무관하게 존재한다고 이해했다. 따라서 20세기의 자연법이라고 부른 것이다. 칸토로비츠에 의하면 자유법은 항상 변화하는 과정 속에서 권력과 의지, 그리고 승인이 그 배후에 있을 경우에만 타당성을 갖는다. 또한 자유법은 국가법과는 달리 일반적으로 준수되는 법 규범이며, 국가법이 등장하는 토대를 제공한다. 또한 자유법을 통해서 국가법의 흠결은 보충된다. 그러나 그가 대안으로 제시한 자유법 자체도 이러한 흠결을 보충하는 데 항상 충분한 것은 아니다. 그러므로 법률가, 특히 법관은 모든 법률문제를 완벽하게 해결할 수 있다는 생각을 포기해야 한다고 하면서, 현실적으로 제기된 문제나 장래에 제기된 문제들에 대해 모든 문제를 해결할 수 있다고 생각하는 것은 환상이라고 비판했다. 따라서 이러한 미해결의 공간을 위해 다양한 관점이 필요하고, 법학에도 사회학적인 작업이 필요하다고 주장했다. 그는 사회학 없는 해석학은 공허하고, 해석학 없는 사회학은 맹목이라고 말할 정도로 법해석학과 사회학의 관계를 강조했다.

그는 자유법에는 두 가지 형태가 존재한다고 주장했다. 예컨대 "우리는 한 개인이 하나의 법 원칙을 자신의 확신을 근거로 해서 인정하는지 혹은 공동체의 확신을 근거로 해서 인정하는지에 따라 자유법의 두 가지 주요 형태로서 개인법과 공동체법을 인식하게 된다. 여기에는 동일한 법 원칙이 두 가지 형태의 법으로 존재하며, 그 밖에도 국가법으로 존재하고 있는 경우도 배제되지 않는다"(30쪽)라고 한다. 그러나 개인법과 공동체법의 지배 영역의 관계는 거대한 미해결의 문제로서 개개인, 즉 법관이 고유한 확신을 근거로 승인하는 개개 법 원칙의 총화인 개인법과 개인, 즉 법관이 하나의 공동체의 확신을 근거로 하여 승인하는 개개 법 원칙의 총화인 공동체법으로 분류할 수밖에 없다는 것이다.

③ 법관에 의한 자유법의 창조: 자유법은 일반적으로는 법관과 법학자들에 의해, 즉 개개의 법 집행자들에 의해 창조된다. 그렇다면 법관은 어디에서 자유법을 찾을 것인가가 문제된다. 이에 대해 칸토로비츠는 실증적인 면과 주의주의적인 관점에서 해결책을 찾았다. 왜냐하면 법 집행의 경우에 의지 행위와 감정 행위를 배제할 수 없기 때문이다. 이러한 법 집행상의 주의주의적 요소를 그는 자세히 언급하고 있다.

'법이원주의'를 주장하는 사람들은 사회학이 설명하는 법학은 무엇이며, 무엇이어야 하는가라는 점에 너무 많은 비중을 두고 있다. 왜냐하면 해야만 하는(당위) 모든 것 역시 하나의 존재하는(존재) 것이라는 사실을 간과해서는 안 되기 때문이다. 당위는 비록 그것이 독특하게 채색된 의지의 한 형태일지라도 의지이며, 승인된 당위가 놓여 있는 경우에는 고유한 의지이며, 승인되지 않은 당위가 존재하는 경우에만 타인의 의지다. 의지와 당위 사이의 충돌은 모순된 의지의 충돌이다. 당위는 한 인격의 의지로 생각되지 않고, 하나의 개인적 혹은 총체적인 인격의 의지, 자신의 고유한 혹은 타인의 의지로 생각되며, '객관적' 규범이란 하나의 공허하고 실행할 수 없는 관념이다. 따라서 법학 역시 존재에 대한 실증적 자료, 즉 다른 많은 학문에서와 마찬가지로 심리적인 자료를 다뤄야 한다. 법학은 결코 의지의 범주에서 벗어날 수 없으며, 오직 그 안에서만 존재에 대한 평가를 위한 척도를 발견할 수 있고, 오직 그 안에서만 목표에 대한 언급을 발견할 수 있다.(57~58쪽)

존재는 언제나 오직 존재에 의해서만 평가받을 수 있다. 그리고 간혹 하나의 인식 행위와도 관련된다. 따라서 법 적용은 자주, 비록 모든 경우는 아니라 하더라도, 오직 그것을 적용하자고 주장하는 법을 우선적으로 창설한다. 칸토로비츠에 의해 대표되는 자유법의 근거는 쇼펜하우어에 근거하는 '비합리주의적인 주의주의'에 있다.

④ 자유법에 의한 해석: 이러한 주의주의는 법학의 전통적인 방법론상의 무기고에 대한 칸토로비츠의 태도에서 발생한 성과들을 갖고 있다. 법학을 하나의 법원Wissenschaft als Rechtsquelle으로 간주한(40쪽 이하) 칸토로비츠는 개개의 법해석학(법교의학)의 방법론, 즉 '의제'(31쪽 이하), '유추'(44쪽), '확장이나 제한 해석'(45쪽 이하), '법률의 목적' 혹은 '법률의 정신'(49쪽)에 의해 논리적으로 조작된 개념법학의 경

향에 반대했다. 이러한 모든 것은 '원하는 결과'만을 제공해
주는 것으로(41쪽), 의지와 감정이 도달한 어떠한 결과들에
대해, 그리고 그 개개의 결과에 따라 선택되고 적용되는 기
술, 즉 유사-논리적인 기술이라 주장했다. 이러한 관점에서
칸토로비츠는 방법론의 확립 과정에만 머물러 있지 않고, 더
나아가 이러한 주장의 전개 과정상의 논리적 가치들에 대해
문제를 제기하고, 그 의미를 축소시켰다. 칸토로비츠는 사람
들이 의지의 요소들과 가치의 요소들을 법률 안에서 승인해
야 한다는 가정하에 전통적인 방법론을 기본적으로 해로운
것으로 간주했다. 왜냐하면 전통적인 방법론들은 의지 행위
와 감정 행위의 우월성을 무색하게 했기 때문이다.

⑤ 법관의 주관적 감정의 극복: 칸토로비츠는 법관의 선서
를 신뢰해야 하고, 법 발전의 진보는 최종적으로 법관의 소
양에 달려 있다고 생각했다. 이러한 사고에 정면으로 맞서는
것은 법관의 과도한 주관성에 따른 법적 안정성의 문제다.
이와 관련하여 그는 "우리의 입장에 의하면 사법은 그 본질
에서 국가 활동인 것이며, 또한 국가 활동으로 남아 있어야
한다"고 전제하면서 다음과 같은 점을 분명히 했다.

우리가 요구하는 것은, 선서를 통해 의무를 부여받은 법관은 마치 법률
의 확실한 조문 내용에 따라서 재판해야만 하는 것처럼 사건을 재판해
야 한다는 것이다. 법관이 이러한 것을 고려하지 않아도 되거나 고려하

지 말아야만 하는 경우는, 첫째, 법률이 법관에게 하나의 확실한 판결을 제공할 수 없는 것처럼 보이는 때다. 둘째, 법관의 자유로운 양심에 부합하는 확신에 의하면, 현재 결정해야 할 국가권력이 법률이 요구하는 것과 같은 판결을 하게 될 것이라는 전망이 확실하지 않을 때다. 이 두 가지 사례에서 법관은 자기 확신에 따라서 현재의 국가권력이 만약 개별적인 사건이 그 앞에 제기되었더라면 했을 바로 그러한 판결을 해야 한다. 법관이 스스로 그러한 확신을 갖지 못하면, 그는 자유법에 따라 판결해야 한다.(67쪽)

법관의 재판 활동은 국가 활동이기 때문에 '법률 문언에 반하는 우화Die Contra-legem-Fabel'를 항상 무시하며, 법관들에게 법률을 무시할 권리와 함께 법률에 반하여 결정할 권리를 허용하려 한다는 비판에 대해 강력히 반박한 것이다. 이미 거듭 언급한 바와 같이 칸토로비츠는 법률에 흠결이 있을 때 법관이 어떻게 그것을 해결해야 할 것인가를 논한 것이다. 이를 위해 법관을 신뢰해야 하고, 법관 집단에서의 수뇌부의 다양성과 심급 절차에 대해, 그리고 스위스를 모델로 삼은, 국민 투표를 통한 법관의 선발에 대해 신뢰해야만 한다고 강조했다.

ㄷ. 법철학 혹은 법사상사적 의미
법실증주의는 법률의 논리적 완결성과 무흠결성을 전제

로 조문들을 형식 논리적으로 해석하고자 했다. 이러한 해석, 즉 법의 적용은 결국 해석된 조문을 대전제로 하고, 구체적인 사건을 소전제로 하는 삼단논법을 통해 결론을 도출해낸다. 이 같은 형식 논리에 의한 법률만능주의는 법적 안정성을 근거로 하여 자본주의의 발전뿐만 아니라, 법학과 사법제도의 중립적 발전에 크게 기여한 것으로 평가된다. 그러나 법실증주의의 전제가 된 법률의 논리적 완결성과 무흠결성은 처음부터 성립될 수 없는 것이며, 자유법론에서 지적한 바와 같이 흠결이 법규의 조문을 구성하고 있는 용어들보다 자주 발생하고 있음은 수많은 법 적용에서 이미 확인된 사항이다. 따라서 이러한 흠결을 보완하기 위해 출현된 자유법론은 그 역할에 대한 평가에 있어 이견은 있을지 몰라도, 법학사에 아주 의미 있는 운동으로 여겨진다.

칸토로비츠는 당시 여러 가지 어려운 법학계 상황에서도 최소한 실험적으로나마 자유법이 도구화되어야만 한다고 생각했다.《법학을 위한 투쟁》은 칸토로비츠의 방법론적인 인식의 최후 단계가 아니라는 점을 간과해서는 안 될 것이다. 이 책에 담긴 많은 내용이 후에 약화되거나 폐기되었고 변경되기도 했다. 더 나아가 부분적으로는 반대로 나타나기도 했다. 이러한 초기와 후대의 자유법적인 표현 사이에서의 방법론적인 차이는 물론 무엇보다도 개개의 다양한 가치철학상의 기본적인 태도에 기인한다. 이 책을 저술할 당시에 칸토로비츠는 순수하게 심리학적으로 이해되는 가치 상대주의의 토대 위에 있었다. 가치와 규범은 상호 간에 별개의 효력이 존재한다고 여겼다. 왜냐하면 이 개별적인 효력은 경험적·심리학적으로 이해될 수 있도록 배타적으로 격리되고, 이렇게 격리된 의지와 감정 행위 속에서, 이 가치와 규범들을 서로 원하고 느끼고 있다고 믿었기 때문이다. 이러한 가치 상대주의 사상은 기본적인 세계관의 결과로 이해되는 것이다. 동시에 그들의 관점에서 후대의 방법론적 자세의 전환은 변경된 상대주의 개념의 반영으로 보인다. 이러한 가치 상대주의 사고는 이후 라드브루흐 법철학적 상대주의뿐만 아니라 오늘날의 상대주의 가치관의 해석에 시사해주는 바가 크다고 생각한다.

《법학을 위한 투쟁》의 학술사적 의미와 관련해서, 이 자유법론 내지 운동이 법적 안정성을 경시하고 가장 객관적이어야 할 법학에 주관적인 감정을 이입했다는 등의 여러 비판이 있었다. 또한 일종의 투쟁 선언문이라는 이 책의 성격상 이러한 학문적 비판에 대응할 수 없는 한계를 갖고 있기 때문에 학문적 관점에서는 냉혹한 비판을 면하기 어려운 점도 있었다. 그럼에도 이 책은 학술적인 논쟁에 영향을 끼치기를 원했으며, 이러한 논쟁이 진행되는 동안 자연스럽게 수용됨으로써 영향을 끼친 것도 적지 않다. 또한 오직 이미 실용화된 방법론의 분석과 그러한 표현을 포함하고 있는 이 책을 통한 투쟁은 제도적인 것이 아니라 선언적인 의미를 가지는 것이라는 점이 분명해졌다. 이러한 의미는 법학의 방법론 연구에서 결코 간과할 수 없는 것이라고 여겨진다.

법률 적용을 전적으로 법관의 인격에 맡긴다는 점이나 정의나 신의칙信義則과 같은 일반 규정에 도피함으로써 법률의 연성화를 초래할 위험이 있다는 지적은 일리가 있는 것이다. 그러나 법관의 인격을 신뢰하는 자유법이라 하더라도 모든 사항을 법관에 위임하는 것은 아니다. 스위스 민법 제1조나 우리 민법 제2조 등에서 규정하고 있는 신의칙이나 조리의 법원성을 부정할 이유가 없다는 점에서 보면 일반 규정을 지나치게 확대 적용하는 것은 문제가 있으나, 현행법의 해석에서 보여주고 있는 사정 변경의 원칙이나 실효의 원칙, 모순 행위의 금지 원칙 등의 정도라면 오히려 권장해야 할 문제로 여겨진다.

칸토로비츠는 주된 틀(순환Cyklen)과 부수적인 틀(주전원 Epicyklen)에 관한 인위적이고 가상의 체계를 언급했다(57쪽). 칸토로비츠의 법학에서 '주된 틀'과 '부수적인 틀'은 어떤 것이 될 수 있을까? 아마 법실증주의 내지 개념법학이 주된 틀이 될 것이고, 자유법론이 부수적인 틀이 될 것이다. 전술한 바와 같이 자유법론은 법실증주의 관념하에 실정 법규의 형식 논리적, 기계적 해석만을 강조하는 개념법학에 대한 비판에서 출발했다. 그러나 이러한 개념법학의 폐해 내지 한계는 그 자체로는 극복할 수 없는 것이기 때문에 이러한 폐해가 존재하는 한 그것을 보완하기 위해 자유법이 필요하며, 여기에 그 존재 가치가 있는 것이다.

4. 맺음말

20세기 초 칸토로비츠가 '법학을 위해 투쟁'을 선언할 당시의 독일을 비롯한 유럽 대륙의 법학 연구 및 법조 실무의 풍토는 결코 오늘날 우리의 법학계 현실보다 못하지 않았다고 생각한다. 그럼에도 칸토로비츠는 절규하듯 올바른 법학의 정립을 위해 투쟁을 선도했다. 현재 우리나라의 법학은 수입법학으로서 원래 법학이 지니고 있던 개념법학적 한계를 그대로 안고 있는 동시에 수험법학, 관료법학 등 부정적인 요소를 많이 함유하고 있어서 이러한 부정적인 요소들의 제거를 위한 '투쟁'이 요구되고 있는 실정이다. 그것이 현재 화두가 되고 있는 법학 전문대학의 도입을 통한 방법이든 사법 개혁을 통한 방법이든 간에 개혁을 위한 정당한 투쟁이 요구되고 있다. 이러한 관점에서 칸토로비츠의 선언적인 주장은 우리에게 시사해주는 바가 크다고 생각된다. 또한 법학 연구 활동의 개념법학적 한계와 법조 실무의 관료적 사고, 더 나아가 폐쇄적이며 사법 소극주의적인 사고 등으로 인해 현재 우리의 법학은 고사 직전에 있다. 따라서 우리나라의 모든 법학자는 물론 모든 법률 실무가들이 가치 상대주의적인 관점에서 상대방에 대한 '관용'의 정신을 무기로《법학을 위한 투쟁》의 진정한 의미를 되새겨보는 계기를 가져보기를 기대한다.

"진리를 알지니 진리가 너희를 자유롭게 하리라"(〈요한복음〉, 8장 32절)는 성서 구절과 같이 진리를 아는 자는 참자유를 누릴 수 있다. 법학도 마찬가지로 모든 국민과 법학자, 그리고 법관을 자유롭게 해야 한다. 인간을 자유롭게 하는 법이 바른 법이다. 이를 위해 투쟁이 필요한 것이다. 그러나 이러한 투쟁은 언제나 자유법론이 그랬던 것과 같이 법의 흠결을 보충하고 새롭게 하는 역할로서의 투쟁임을 강조하고 싶다.

1   19세기 중반 이후 독일을 비롯한 유럽을 지배하고 있던 법률 사상
    인 법실증주의, 특히 개념법학에 젖어 있던 법률가들에 대한 평가
    로서, 당시 개념법학을 '자동기계Automat'라고 비판했다. 예컨대 막
    스 베버는 법률가를 가리켜 기계와 같이 기능하는 자동기계라고 하
    거나 비아커Franz Wieacker는 법률가에서 전자계산기를 연상했다고
    했다. 특히 칸토로비츠는 "이 견해들이 말하는 대로 한다면 법률은
    하나의 자동기계다. 그 위에 사건을 집어넣으면 밑에서는 판결이
    나온다. 만약 사건이 직접 결정되는 것이라면 한번 넣기만 하면 판
    결이 굴러떨어지고, 그렇지 않은 때는 이 자동기계를 탁탁 치거나
    살살 흔들거나 해야 한다"고 풍자했다.

2   몽테스키외Charles-Louis de Secondat Montesquieu(1689~1755)의 삼권
    분립론. 즉 국가권력의 작용을 입법, 행정, 사법으로 나누고, 각각의
    기관에 이것을 분담시켜 상호 견제와 균형을 이루도록 하는 국가의
    통치 체제를 의미한다. 물론 영국의 로크John Locke도 같은 견해를
    주장한 바 있다.

3   앞서 언급한 몽테스키외 이외에도 자연법을 전개한 일군의 학자들
    이 나타났는데, 디드로Denis Diderot를 중심으로 한 백과전서파가 그

들이다. 이외에도 루소Jean-Jacques Rousseau를 들 수 있다.

4 　키르히만Julius Heinrich von Kirchmann(1802~1884)은 독일의 저명한 법학자이자 법률실무가였다. 법률실무가로서 그는 법학이 민중의 생활과 유리되고 있다는 점을 지적하면서, 학자들만의 개념 위주의 법학은 학문으로서 가치가 없음을 비판했다. 이러한 활동을 통해 그는 자유법 운동의 선구자로서 평가받고 있다. 주된 저서로서는 《학문으로서의 법학의 무가치성에 대하여*Über die Wertlosigkeit der Jurisprudenz als Wissenschaft*》가 있다.

5 　예링Rudolf von Jhering(1818~1892)은 19세기 독일을 대표하는 법학자라고 해도 과언이 아닐 정도로 탁월한 업적을 남겼다. 로마법을 연구하는 학자이면서도 그는 로마법 연구를 통해 로마법을 극복하고자 했으며, 당시 지배적인 법률 사조인 역사법학파를 탈피하고자 노력했다. 또한 개념법학을 비판한 후 독자적인 목적법학파를 창시했다. 이러한 그의 목적법학파적 사고는 "목적은 모든 법의 창조자이다"라는 표현으로 대변된다. 《로마법정신*Geist des römischen Rechts*》(전 4권), 《법에 있어서의 목적*Der Zweck im Recht*》, 《권리를 위한 투쟁*Der Kampf um das Recht*》 등 불후의 명저를 남겼다.

6 　콜러Josep Kohler(1849~1919)는 독일의 법학자로서 법을 문화 현상의 일환으로 파악하여 그 발전을 진화사적으로 기술했다. 즉 문화 규범으로서 법 규범과 문화의 최고 가치로서 법이념을 설정하여 문화주의를 전개했다. 신헤겔학파로 자처하면서 다양한 분야에 관심을 가진 그는 《법철학교과서*Lehrbuch der Rechtsphilosophie*》라는 저서를 남겼는데, 특이한 것은 19세기 말에 '한국 법에 관하여*Über das Recht der Koreaner*'라는 제목의 한국 법에 관한 논문을 썼다는 점이다.

7 　뷜로Oskar Bülow(1837~1907)는 독일의 법학자로서, 튀빙겐과 라이프치히대학교 등의 교수를 역임했다. 소송 법률 관계론과 판결에

대해 법 창조적 기능을 인정해야 한다는 이론을 정립했으며《법학에 대한 배려*Heitere und erste Befruchtungen über die Rechtswissenschaft*》등의 저서를 남겼다.

8   뤼멜린Max von Rümelin(1861~1931)은 튀빙겐대학교의 교수 및 같은 대학교의 총장을 역임했다.《정의*Die Gerechtigkeit*》와《법에서의 공평*Die Billigkeit im Recht*》,《법적 안정성*Die Rechtssicherheit*》등과 같은 법철학 관련 저서를 남겼다. 특히 헤크Philipp von Heck와 스톨Heinrich Stoll 교수 등과 함께 이익법학에 관한 튀빙겐학파를 창시했다.

9   슈탐러Rudolf Stammler(1856~1938)는 베를린대학교 등에서 법학 교수를 역임했다. 그의 학문적인 경향은 신칸트학파, 특히 마르부르크학파에 속했다. 칸트의 비판철학을 칸트 이상으로 법의 근본 문제에 엄격하게 적용하여 비판적 법철학을 수립했으며, 특히 그의 주저인《정법이론*Die Lehre von dem richtigen Rechte*》과《법철학 교과서*Lehrbuch der Rechtsphilosophie*》를 통해 20세기 법철학을 부흥시키는 데 크게 기여했다. 그 밖에도《경제와 법*Wirtschaft und Recht*》등의 명저가 있다.

10 치텔만Ernst Zitelmann(1852~1923)은 독일 법학자로서 할레대학교와 본대학교 등의 교수를 역임했다. 민법학을 전공했으나 국제사법과 세계법에도 조예가 깊었는데, 학풍은 극히 논리적이었다. 그는 자연법 자체를 부정했다. 주저로《국제사법*Internationales Privatrecht*》(전 2권)과《세계법의 가능성*Die Möglichkeit eines Weltrechts*》이 있다.

11 여기서 법에 대한 새로운 견해란 당시 지배적인 견해인 법실증주의 내지는 개념법학에 대칭되는 것으로 자유법론 혹은 자유법 운동을 의미한다.

12 해제에서 자세히 설명한 바와 같이 법실증주의란 19세기 후반 유럽 법학계의 지배적인 사상으로 자연법의 존재를 부정하고 실정법

만을 인정하여 선험적인 방법에 의하지 않고 법을 인식하려 하는 법학적 입장을 말한다. 이는 19세기뿐만 아니라 오늘날에도 법학 사상의 주류를 형성하고 있다. 역사법학파, 일반법학, 순수법학, 실용주의 법학 등이 여기에 속한다.

13 이러한 자연법의 이해는 고대 내지는 중세 자연법에 대한 정의라고 할 수 있다.

14 기르케Otto Friedrich von Gierke(1841~1921)는 독일의 법학 교수로서 하이델베르크대학교와 베를린대학교의 교수를, 특히 베를린대학교에서는 총장을 역임했다. 기르케는 대표적인 게르만법학파로서 게르만 단체법 연구에 큰 업적을 남겼다. 특히 한국 민법전에서 공동소유의 형태를 규정하는 데 결정적인 영향을 미쳤다. 《독일 단체법론Das deutsche Genossenschaftrecht》(전 4권), 《독일사법Deutsches Privatrecht》(전 3권) 등의 명저가 있다.

15 란트스베르크Ernst Landsberg(1860~1927)는 독일의 법학자로 본 대학교의 교수를 역임했다. 그는 법학사에 관심을 가지고 슈틴칭Roderich von Stintzing과 함께 《독일법학사Geschichte der deutschen Rechtswissenschaft》(전 2권)를 집필했다. 이 저서 이외에도 《독일민법 Bürgerliches Gesetzbuch》 등이 있다.

16 마이어Max Ernst Mayer(1875~1923)는 독일의 형법과 법철학 교수로서, 신칸트학파의 문화 내지 가치의 관념을 형법에 도입하여 구파형법에서 탈피했다. 특히 법 규범 배후에 문화 규범을 인정한 것이 특징이다. 주저로 《법 규범과 문화 규범Rechtsnormen und Kulturnormen》, 《법철학Rechtsphilosophie》, 《형법교과서Lehrbuch des Strafrechts》 등이 있다.

17 여기서 말하는 국가법이란 국가의 제정법이라고 이해하는 것이 쉬울 것 같다. 오늘날 소위 실정법이란 국회에서 심의 의결되고 대통

령이 공포한 법률뿐만 아니라, 명령과 조례까지도 포함하는 넓은 개념을 의미한다. 국가법은 이러한 성문화된 실정법 개념과 같이 이해되어야 할 것이다.

18 푸펜도르프Samuel Pufendorf(1632~1694)는 독일의 하이델베르크 대학교와 스웨덴의 룬드대학교에서 자연법과 국제법 교수를 역임했다. 그는 절대주의적 자연법의 주장자로서, 인간의 천부인권이 아니라 의무를 강조했다. 특히 법학에 수학적 방법론을 원용하고, 자연법에 따른 재산법의 이론을 전개하기도 했다. 저서로는《법학의 원리*Elementarum jurisprudentiae universalis libri duo*》와《자연법과 국제법*De Jure naturae et gentium*》이 있다.

19 볼프Christian Wolff(1679~1754)는 독일의 마르부르크대학교와 할레대학교에서 자연법과 국제법 교수를 역임했다. 푸펜도르프와 마찬가지로 절대적 자연법론자로서, 인간적 완성을 위해 노력하는 것이 최고의 자연법이라고 보면서 자연법은 인간의 도덕적 본성에서 연역된 것이라고 주장했다. 저서로서는《자연법론*Jus naturae methodo scientifisch pertractatum*》과《자연법과 국제법의 제도들*Institutiones juris naturae et gentium*》이 있다.

20 자유법이 의미하는 자연법은 시공을 초월해 영구불변하는 중세의 자연법뿐만 아니라 푸펜도르프나 볼프가 주장했던 절대주의적 경향의 자연법 사상과도 다른, 변형된 형태의 법임을 분명히 한다.

21 자유주의 신학 운동은 자유주의 신학을 모태로 한 기독교 신학의 한 유파로서, 일반적으로 정통주의 신학이 성서와 교의敎義의 객관적인 취급을 요구하는 입장인 데 반하여, 자유주의 신학은 그 역사적 상대성을 주장해서 신앙의 실존과 정신 활동을 통해 성서를 해석하고자 한다. 오늘날 자유주의 신학이라고 불리는 것은 주로 19세기의 리츨Albrecht Ritschl과 그 학파를 가리킨다. 거기에는 하르

나크Adolf von Harnack와 같은 교의사教義史의 대가와 궁켈Hermann Gunkel과 바이스Jahannes Weiss처럼 종교사학파에 속하는 학자가 있으며, 불트만Rudolf Bultmann도 그 유파에 속한다. 리츨의 뿌리는 이전의 슐라이어마허에 있으며, 자유주의 신학은 널리 근대주의 신학 속에 그 뿌리를 갖고 있다. 가톨릭, 특히 교황 비오 10세(1903~1914)는 이것을 완전한 이단이라고 하여 배척했다. 리츨은 예수의 인격과 내적 생명 속에서 신의 계시를 보았으나, 하르나크는 신의 계시는 그 뒤의 역사 속에서도 주어진다고 주장했다. 이와 같이 자유주의 신학은 계시와 역사, 혹은 교의학과 윤리학이라는 문제를 신학의 중심 과제로 삼고, 신학의 비교의화非教義化를 달성했다고 할 수 있다.

22 아펠레스Apelles(BC 352~BC 308)는 BC 4세기 후반 아테네, 에페소스, 테살리아 등 그리스 각지에서 활동한 고대 그리스 화가다. 알렉산드로스 대왕의 궁중화가가 되어 왕실 초상과 수많은 우의화를 그렸는데, 철저하게 사실적 기법을 구사하여 그가 그린 말에 살아 있는 말이 다가가 울었다고 폴리비우스는 전하고 있다.

23 스코파스Scopas는 BC 4세기경의 그리스 조각가 겸 건축가로서, BC 377년 무렵 아테네로 와서 이후 아티카, 펠로폰네소스, 소아시아 등에서 활동했다. 인간의 내적 감정 표현에 뛰어나 헬레니즘 시대 조각의 선구자로 평가받는다. 고대 문헌과 양식에 비추어볼 때 그의 작품으로 추정되는 것으로는, 테게아의 아테네알레아 신전의 박공 조각과 아스클레피오스와 히기에이아의 조상, 에베소스의 아르테미스 신전의 열주 주부, 할리카르나소스의 마우솔레움 조각 등이 있다.

24 우리 민법에서도 재산상의 손해에 대해서는 명확한 증거를 요구하지만 정신적인 손해, 즉 위자료 산정에 대해서는 법관에게 재량권

을 부여하고 있다.

25 주의주의란 의지가 지성知性보다 우위에 있다고 생각하는 철학 사
상이다. 인간의 지성과 의지 중 어느 쪽이 더 우월한지에 대한 문제
는 중세 스콜라 철학에서 기인하는데 이때 지성을 상위에 두는 것
이 주지주의고 의지를 상위에 두는 것이 주의주의다. 인간의 의지
는 지성에 의해 결정되는 것이 아니며 또한 그것을 결정할 이유가
없어도 자유로이 발동한다고 생각한 둔스 스코투스Duns Scotus가
주의주의의 대표자라고 할 수 있다. 주의주의에서 의지가 세계나
세계 안의 여러 현상의 본질이며 본체라고 보는 쇼펜하우어Arthur
Schopenhauer는 형이상학적 주의주의의 대표자이며, 의지를 인간 마
음의 근본 기능으로 보고 의식이나 감정도 모두 의지에 입각한다고
생각하는 분트Wilhelm Wundt는 심리학적 주의주의의 대표자다.

26 바르톨로Bartolo da Sassoferrato(1314~1357)는 이탈리아 볼로냐대학
교 등에서 법학 교수를 역임한 후기주석학파의 대표 학자다. 유스
티니아누스법전에 대한 그의 간결한 주해는 큰 권위를 가지고 있
었으며, 이탈리아의 보통법 형성은 그의 공적에 의한다고 평가받
고 있다. 그의 학문 방법은 인문주의 세 를 받은 유럽 각지로 퍼져
나갔는데, "바르톨로파가 아니면 법률가가 아니다Nemo iurista nisi sit
barto-losta"라는 말이 나돌 정도였다. 근대법 성립에 큰 영향을 끼쳤
으며, 특히 국제사법의 시조라는 말도 듣는다.

27 지식 중에서도 현실에서 유리되어 현실 적합성이 떨어진 지식을 비
하한 표현이다.

28 예컨대 독일 형법 제2조에서는 시간상의 효력에 대해 규정하고 있
다. 특히 동조 1항에는 "형벌과 그 부수적인 효력은 행위 시 유효한
법률에 의해서만 결정된다"라고 규정되어 있다.

29 독일 민법 제950조 제1항 1문에서는 "하나 또는 여러 개의 재료를

가공 또는 개조하여 하나의 새로운 동산을 제조한 사람은, 가공 또는 개조의 가액이 재료의 가액보다 현저히 적지 아니한 경우, 새로운 물건의 소유권을 취득한다"라고 규정하고 있다.

30 퀴비에Georges Cuvier(1769~1832)는 프랑스의 저명한 동물학자로, 콜레주 드 프랑스의 박물학 교수 및 나폴레옹 치하에서 제국대학교의 총장을 역임했다. 비교해부학과 고생물학의 창시자이자 실증적 생물학의 확립자이며, 이 입장에서 진화론에 반대하고 천변지이설天變地異設을 주장했다. 주저로《동물계Animal Kingdom》가 있다.

31 데른부르크Heinrich Dernburg(1829~1907)는 할레대학교와 베를린대학교 등에서 법학 교수를 역임했으며 로마법과 독일 민법 연구에 큰 공적을 남겼다. 실용적인 법해석학을 발전시키고, 시행된 지 얼마 되지 않은 독일 민법의 체계화에 공헌했는데, 그의 저작은 독일뿐만이 아니라 외국 민법에도 큰 영향을 끼쳤다. 주요 저서로는《프로이센의 사법 교과서Lehrbuch des preussischen Privatrechts》(전 3권)와《판덱텐 교과서Pandekten》(전 3권) 등이 있다.

32 유스티니아누스 1세Justinianus I(484~565)는 비잔틴 제국의 황제가 되어(527~565년 재위) 로마 제국의 역사에 빛나는 한 페이지를 장식했다. 유스티니아누스는 뛰어난 정치력을 발휘하여 정치, 경제, 종교 등에 괄목할 만한 성장을 가져왔다. 특히 토리보니아스에게 국가 행정의 원활한 운영을 위해 로마법을 정비토록 하여, 유스티니아누스 법전(후대에 시민법대전으로 칭함)을 편찬했다. 고대 로마 법학자들의《학설집Digesta》,《법학 입문Institutiones》 및《칙법모음집Codex》 법전 편찬 이후에 유스티니아누스가 반포한《신칙법모음집Novellae》으로 이루어진 이 시민법대전은 후대 로마법 연구에 절대적인 영향을 미쳤다.

33 리스트Franz von Liszt(1851~1919)는 오스트리아 출신의 독일 형법

학자로서 베를린대학교의 교수를 역임했다. 예링의 영향을 받아 목적법학의 관점에서 실증주의 형법학을 정립하여 전통적인 고전학파와 대립했다. 이런 논쟁을 통해 독일 근대학파의 총수가 되었다. 마르부르크대학교의 취임 강연이었던 '형법에서의 목적사상'은 '마르브루크대학교 강령'이라 불리고, 이것은 그의 《독일형법 교과서 *Lehrbuch des deutschen Strafrechts*》와 함께 명저로 손꼽히고 있다. 그는 새로운 학파인 사회학적 형법학파의 창시자로서 형법학의 연구 방향을 전통적인 법해석학에서 범죄의 원인이나 현상 형태의 연구로 이행시켰다. 그리하여 그는 응보형의 관념을 배척하고, 행위자의 인격과 형죄가 갖는 교육적·보안적 기능에 입각하는 형사 입법을 제창하여 형법 발전에 크게 기여했다.

34 빈딩Karl Binding(1841~1920)은 독일 형법학자로서 프라이부르크대학교와 라이프치히대학교 등에서 교수를 역임했다. 그는 당시 유력했던 자연과학적 사상과 이것을 기초로 한 형법 이론에 대항하여, 전통적인 객관주의 형법 이론과 응보형론을 옹호했던 구파학파에 속한다. 그의 책 중에서는 《규범과 그 위반*Die Normmen und ihre Übertretung*》(전 4권)이 명저로 손꼽히는데, 이를 통해 범인이 위반하는 규범의 구조가 밝혀지게 되었다.

35 법실증주의하에서의 법 적용은 법전의 논리적 완결성과 법규의 무흠결성을 전제로 하여, 엄격한 개념 구성하에서 각 조문을 형식 논리적인 태도로 해석된 법규를 대전제로 하고, 구체적인 사건을 소전제로 하여 삼단논법적으로 결론을 끌어내는 작업이다.

36 개념법학은 19세기 법실증주의의 법 해석 방법으로 예링의 비판에서 유래되었다. 개념법학에서는 제정 법규에 대해 논리적인 완결성과 법규의 무흠결성을 전제로, 개념 구성과 논리적 조작에 의해 구체적인 판결을 얻으려 한다. 이때 법관은 순수 인식을 임무로 한다

고 생각하면서 오직 법적 사건을 법 개념하에 포섭시키기 때문에, 법관에게 법 창조적인 활동은 전혀 인정되지 않는다. 법규를 형식적이고 논리적으로 분석하여 상세하게 해설하고, 학설과 판례를 망라하여 정리해서 장대한 주석서를 만들어낸 공적이 있지만, 법규만을 유일한 연구 대상으로 하고 법의 이념적 측면과 사회적 기반을 고려하지 않은 점에 대해 비판을 받았다.

37 역사법학파는 18세기 자연법에 대한 반동으로 일어난 것인데, 후고Gustav Hugo에 의해 제창되고 사비니Friedrich Karl von Savigny에 의해 체계화된 다음 사비니의 후계자인 푸흐타Georg Friedrich Puchta에 의해 완성되었다고 한다. 역사법학파에 의하면 법은 민족정신Volksgeist의 유기적인 발현이며, 언어와 같이 역사의 필연적 소산이며 시간과 장소를 달리하여 생성되거나 인위적으로 만들어지는 것은 아니다. 그러나 만들어지는 법(제정법)의 근거가 없다는 점과 민족정신이라 하면서도 독일의 고유법 연구가 아닌 로마법을 연구 대상으로 삼은 점에 대해 비판이 제기되었다. 1814년에 있었던 사비니와 티보Anton F. J. Thibaut 간의 법전 편찬 논쟁이 역사법학을 체계화하는 기폭제가 되었다.

38 사비니(1779~1861)는 19세기 전반기 독일의 법학계를 대표하는 로마법학자다. 그는 역사법학의 건설자로서 베를린대학교의 교수와 사법상을 역임했다. 1814년 하이델베르크대학교의 교수인 티보가 프랑스 민법전과 같이 국민적 통일을 위해 통일법전 편찬을 강조하자 그는 〈입법 및 법학에 대한 현대의 사명에 대하여Vom Beruf unserer Zeit für Gesetzgebung und Rechtswissenschaft〉라는 논문을 통해 독일의 통일 민법전 편찬을 반대했다. 즉 그는 법은 만들어지는 것이 아니라 역사적으로 민족과 함께 발달하고 민족과 함께 멸망하는 민족정신의 표현이라고 본 것이다. 또한 그는 법의 역사성과 민족성

을 강조하여 일시적인 정책적 이유에서 민법 편찬은 시기상조라고 생각했다. 이 법전 편찬 논쟁을 계기로 역사법학파가 본격적으로 등장하게 되었다. 그는 로마법의 역사적 연구를 중요시하여 정확한 개념 구성과 정밀한 법원론, 면밀한 논리 구성 등을 가지고 로마법의 새로운 통일적 체계를 수립하는 데 크게 기여했다. 주저로는《현대 로마법 체계*System des heutigen römischen Rechts*》(전 8권),《점유권*Das Recht des Besitzes*》,《중세 로마법의 역사*Geschichte des römischen Rechts im Mittelalter*》(전 7권) 등이 있다.

39 하기아 소피아Hagia Sophia(성 소피아 사원이라고도 함)는 터키의 수도 이스탄불에 있다. 유스티니아누스 황제 때 건립되었는데(532 ~537) 세계 4대 성당 중 하나다.

40 카노바Antonio Canova(1757~1822)는 이탈리아의 조각가로 베네치아 근처 포사노에서 출생하여 로마네어 조각을 배웠다. 바로크와 로코코 양식에 반발하여 일어난 신고전주의의 대표적인 조각가이기도 하다.

41 옐리네크Georg Jellinek(1851~1911)는 독일 헌법학자로서 하이델베르크대학교의 교수를 역임했다. 신칸트학파적인 이원론적 방법에 따라 국가론을 체계화했다. 그는 사회학적 국가 개념과 법학적 국가 개념을 엄격하게 구별했다. 국가는 일종의 사회단체이며 그 자체로는 법에서 독립된 존재이지만, 국가 역시 법적인 권리·의무를 지닌 법 단체가 된다는 국가의 자기 구속 이론은 종래의 절대주의적 군권주의와는 반대되는 이론으로서 독일 공법학 발전에 크게 기여했다. 특히 그의 국가 3요소설과 국가법인설 등은 현대 공법학 이론에 큰 영향을 끼쳤다. 주요 저서에《주관적 공법의 체계*System des subjektiven öffentlichen Rechts*》와《일반국가론*Allgemeine Staatslehre*》등이 있다.

42 라드부르흐Gutav Radbruch(1878~1949)는 20세기 최고 법철학자

중 한 사람으로서, 하이델베르크대학교 등의 교수로 일생을 보냈다. 신칸트주의 입장에서 존재와 당위를 구별하고, 궁극적 가치판단에 대해서는 인식이 아니라 귀의만이 있을 뿐이라고 했으며, 상이한 세계관에 대한 관용을 주장함으로써 상대주의에 입각하여 민주주의의 기초를 닦았다. 그는 법을 법 가치 또는 법 이념에 봉사하는 실재로 파악하고, 법의 이념은 정의이고, 정의는 '각자에게 그의 것을' 주는 사회관계 속에서 실현된다고 보았다. 사회민주당 내각의 사법장관으로서 형법 초안을 기초했고, 히틀러 정권에 의해 자유주의자라는 낙인이 찍혀 강단에서 쫓겨나기도 했다. 《법철학 Philosophie》, 《법철학입문 Vorschule der Rechtsphilosophie》 등 수많은 명저들이 있다. 그의 주요 저서들뿐만 아니라 여러 논문이 한국에서 번역되었다.

43 기원전 450년경에 제정된 로마법전으로서 귀족과 평민 간의 계급 투쟁의 산물로 제정되었다. 이 법전은 공사법을 통괄하고 있는 것으로, 후대 로마법의 발전에 지대한 공헌을 했을 뿐만 아니라, 고대 로마법 연구의 중요한 사료가 되고 있다. 현재는 그 내용의 일부가 단편적으로 전해지고 있다.

44 작센슈피겔 Sachsenspiegel은 1215~1235년 사이에 쓰인 독일 고대 법서인 동시에 법전이다. 레프고 Eike von Repgow가 저술한 것으로 독일어로 된 최초 법서이기 때문에 독일어 연구에도 중요한 자료가된다. 원래 작센인들의 거울이라는 뜻으로 한 면에는 글을 모르는 자들을 위해 그림을 그려놓은 것이 특징인데, 이 법서의 법적 효력은 20세기 초까지 미쳤다.

45 카롤리나 법전은 로마법 계수기에 제정된 형사관계 법전 중 가장 방대하고, 유일한 통일법전으로 1532년에 공포되었다. 전문은 219개 조문으로 구성되어 있는데, 범죄의 종류와 형벌의 방법 등이 매우

엄격하여 중세적인 성격을 벗어나지 못했으며, 규문주의를 확립한 대표적인 법전이다. 18세기까지 독일 형법의 기초를 이뤘다.

46 철학사에서 객관주의란 어떤 관념에 대해 객관적 타당성을 인정함으로써 진리에 도달할 수 있다고 하는 입장인데, 탐구 대상에 대해 어떠한 주관적 평가나 이해관계도 개입시키지 말 것을 요구하며, 인식 주체의 가치판단이나 선입관은 객관적 사실을 왜곡시킨다고 본다. 따라서 객관주의 입장에서 보면 우리는 현실을 있는 그대로 관찰하고 서술할 수 있을 뿐이지 그것을 비판하거나 평가할 수 없다. 경험론과 실증주의가 이와 궤를 같이한다고 볼 수 있다.

47 아르키메데스Archimedes의 유명한 말이다. 아르키메데스가 한 말 전체를 영어로 옮기면 다음과 같다. "Give me the place to stand, and I shall move the earth."

48 예컨대 에를리히나 푹스 등도 같은 관점이다. 특히 칸토로비츠는 《법학과 사회학Rechtswissenschaft und Soziologie》이라는 저서에서 이 양자 관계에 대해 "사회학 없는 해석학은 공허하고, 해석학 없는 사회학은 맹목이다"라고 표현한 바 있다.

49 원래 호메로스Homeros의 서사시에 나오는 〈보유〉 장의 '전설' 편을 의미한다.

50 비스마르크Otto von Bismarck(1815~1898)는 독일 정치가로서, 제2 제국 시절에 수상을 역임했는데, 철혈재상鐵血宰相이라 불렸다.

51 슐라이어마허Friedrich Schleiermacher(1768~1834)는 독일 개신교 목사 겸 자유주의 신학자로서 할레대학교와 베를린대학교의 교수를 역임했다. 현대 신학의 아버지라고 불리는 것에서 알 수 있듯이 독일의 현대 신학, 특히 해석학과 실천신학에 큰 영향을 미쳤다. 그는 종교를 유한한 자 안에 있는 무한한 자에 대한 감각과 취향으로 이해하고, 경건을 하느님에 대한 절대적인 의존의 감정이라 하였

다. 이러한 관점에서 교리를 기독교적 체험의 표현으로 이해했다. 주저로 《종교에 관하여*Über die Religion*》와 《기독교 신앙*Der christliche Glaube*》, 《크리스마스 축제*Die Weihnachtenfeier*》, 《복음적 교회 원칙에 따른 기독교 신앙*Der christliche Sitte nach den Grundzügen der evangelischen Kirche im Zusammenhang dargestellt*》 등이 있다.

52 플라이더러Otto Pfleiderer(1839~1908)는 독일의 신학자로서, 예나 대학교의 신학부 교수와 베를린대학교 신학부 조직신학의 좌장을 지냈다. 신약성서에 대한 비판주의와 요한과 바울신학에 관한 일련의 논문으로 명성을 얻게 되었다. 주저로는 《칸트 이후 신학의 발전*Entwicklung der Theologie nach Kant*》과 《기독교의 성립*Entstehung des Christentums*》, 《기독교의 발전*Entwicklung des Christentums*》 등이 있는데, 모두 역사적인 근거를 기초한 종교철학적인 관점의 저서들이다.

53 1872년 스위스 연방 정부는 후버Eugen Huber에게 스위스 민법 초안의 기초를 위탁했는데, 그가 1900년에 4편으로 된 민법 초안을 완성하여 보고하자, 이것이 1902년에 입법 이유서와 함께 공간公刊되었다.

54 1907년 제정되어 1912년부터 시행되고 있는 현행 스위스 민법전 제1조는 이 법안과 같은 취지에서 "문자상 또는 해석상 이 법률에서 규정되고 있는 법률문제에 관해서는 모두 이 법률을 적용한다. 이 법률에서 규정되지 않고 있는 경우에는 법관은 관습법을 따르고, 관습법도 존재하지 않는 경우에는 자기가 입법가라면 법규로 제정했을 것에 따라 재판해야 한다. 전 2항의 경우에 법관은 확정된 학설 및 선례를 따라야 한다"라고 규정하고 있다.

55 그리스 신화에 나오는 법과 정의의 여신이다.

56 칸토로비츠의 출생과 가족 상황에 대해서는 K. Muscheler, *Hermann Ulrich Kantorowicz*(Freiburg: Freiburger Rechtsgeschichtliche

Abhandlungen, 1984), 9~12쪽; K. Muscheler, *Der Kampf um die Rechtswissenschaft. Mit einer Einführung von Karlheinz Muscheler*(Baden-Baden: Nomos Verlagsgesellschaft, 2002), VI~VII쪽; M. Frommel, "Hermann Ulrich Kantorowicz", *Kritische Justiz*(1988), 243~244쪽.

57 독일의 민족주의에 대해서는 오토 단,《독일국민과 민족주의 역사》, 오인석 옮김(한울출판사, 1996) 참조.

58 K. Muscheler, *Hermann Ulrich Kantorowicz*, 12쪽.

59 K. Muscheler, *Hermann Ulrich Kantorowicz*, 13~14쪽.

60 K. Muscheler, *Hermann Ulrich Kantorowicz*, 13~16쪽.

61 예컨대 헤크는 법을 사회 내의 이익과의 대립에서 오는 투쟁의 산물로 파악하고, 법을 제정한 이익에 맞춰 법을 운용해야 한다고 주장했으나, 나치 시대에는 민족적 이익을 우선한다는 나치의 협력 이론으로 변질되었다.

62 K. Muscheler, *Der Kampf um die Rechtswissenschaft*, VI~VII쪽을 참고하라.

63 1898년 7월 11일에 어머니에게 보낸 편지에서 고백했다. 이에 대해서는 K. Muscheler, *Hermann Ulrich Kantorowicz*, 18쪽을 참조하라.

64 전반적인 대학 생활에 대해서는 K. Muscheler, *Hermann Ulrich Kantorowicz*, 17~27쪽을 참조하라.

65 Ernst Heymann, "Hundertjahre Berliner Juristenfakultät", Otto Liebmann(Hrsg), *Ein Gedankenblatt*(Berlin, 1910), 42~44쪽.

66 뒤링Karl Eugen Dühring(1833~1921)은 독일 베를린 출신의 철학자이자 경제학자이다. 베를린대학교에서 법률을 공부했으나 실명失明한 후로는 철학 및 경제학자가 되었다. 그는 사회주의 사상 때문에 1877년에 대학에서 추방되었다. 그의 저서는 유물론적인 실증주의의 입장에서 마르크스주의에 반대하는 사회민주주의 사상을

전개하여, 커다란 반향을 일으켰다. 그의 사회민주주의 사상은 엥 겔스Friedrich Engels의 《반뒤링론*Anti-Dühring*》에서 통렬한 비판을 받았다. 주저로는 《영웅적 인생관에서의 생의 가치*Der Wert des Lebens im Sinne einer heroischen Lebensauffassung*》, 《철학의 비판사*Kritische Geschichte der Philosophie*》, 《국민 경제학과 사회 경제학 강의*Kursus der National und Sozialökonomie*》, 《철학 강의*Kursus der Philosophie*》 등이 있다.

67 브렌타노Ludwig Josef(Lujo) Brentano(1844~1931)는 경제학자로서 독일 신역사학파의 대표자이다. 1868년 영국에 유학하여 자유주의 사상에 영향을 받고 귀국하여, 노동조합과 사회문제 등에 관심을 갖고 연구했다. 그는 베를린, 브레슬라우, 슈트라스부르크, 뮌헨 등 여러 대학의 교수를 역임했다. 1872년에 슈몰러Gustav Schmoller와 바그너Adolf Wagner 등과 함께 '사회정책학회'를 설립하여, 노동조합 결성의 권리 인정, 노동보험과 공장법에 의한 노동보호 등의 필요성을 주장했으며, 또한 사회 개량의 기초를 노동자의 단결의 자유에 두고 자유무역을 주장했다. 주요 저서로서는 《현대노동조합론*Die Arbeitergilden der Gegenwart*》(2권), 《영국경제발전사*Eine Geschichte der wirtschaftlichen Entwicklung Englands*》(3권) 등이 있다.

68 오펜하이머Franz Oppenheimer(1864~1943)는 독일의 사회학이자 경제학자다. 원래는 의학을 공부하여 개업의가 되었으나, 사회병리 현상이나 토지와 주택 문제에 관심을 갖고 베를린대학교에서 사회학과 경제학을 연구했다. 1919년에 프랑크푸르트대학교의 경제학 교수가 되었고 1929년 병으로 퇴직했다. 1933년 나치 정권의 수립과 동시에 유대인이란 이유로 박해를 받아 미국으로 망명, 로스앤젤레스에서 여생을 보냈다. 그는 사회학이란 사회과학의 원리가 되는 과학이어야 한다고 주장하며 웅대한 사회학의 체계를 구성했는데 이것이 그의 대표적인 저서인 《사회학의 체계*System der Soziologie*》

(4권)이다.

69 이탈리아에서의 연구 과정에 대해서는 K. Muscheler, *Hermann Ulrich Kantorowicz*, 25쪽; K. Muscheler, *Der Kampf um die Rechtswissenschaft*, IX 쪽을 참조하라.

70 이 두 사람의 우정에 대해서는 K. Muscheler, *Hermann Ulrich Kantorowicz*, 25~27쪽을 참조하라.

71 이 단체에 관해서는 K. Muscheler, *Hermann Ulrich Kantorowicz*, 28~29 쪽을 참조하라.

72 칸토로비츠는《법학을 위한 투쟁》의 부록에서 참고한 문헌을 20여 개 소개하고 있으나, 19세기 개념법학 등 법사상에 대한 비판서이 기에 보다 풍부한 문헌이 필요했을 것으로 여겨진다. 그러나《법학 을 위한 투쟁》은 외국에서 최소한의 참고문헌을 이용하여 저술된 것으로 알려져 있다.

73 이렇게 가명을 쓴 이유에 대해서는, K. Muscheler, *Der Kampf um die Rechtswissenschaft*, X쪽과 이 책의 해제를 참조하라.

74 에를리히Eugen Ehrlich(1862~1922)는 오스트리아의 법학자로서 자 유법 운동과 법사회학의 선구자 중 한 사람이다. 그의 법사회학은 '살아 있는 법'과 '내부질서론'으로 대변되는데, 이를 통해 법의 사 실적 연구에 새로운 지평을 열었다고 평가받는다. 저서로는《자유 로운 법 발견과 자유법학*Freie Rechtsfindung und Freirechtswissenschaft*》,《법 사회학의 기초 이론*Grundlegung der Soziologie des Rechts*》,《사회학과 법 학*Soziologie und Rechtswissenschaft*》등이 있다.

75 G. Radbruch, *Der innere Weg*, 2. Aufl.(Göttingen: Vandenhoeck & Ruprecht, 1961), 72쪽.

76 Raffaele Majetti, *La lotta per la scienza del dritto*(Apulien: Campobass, 1908).

77 최종고,《법사상사》(박영사, 1992), 284~285쪽.

78 자유법 운동의 역사에 대해서는 K. Riebschläger, *Die Freirechts-bewegung*(Berlin: Duncker & Humbolt, 1968), 26~28쪽과 이 책의 해제를 참조하라.

79 이 밖에도 함 고등법원의 고문이었던 보치Alfred Bozi와 융Erlich Jung 이 참여했다.

80 이러한 활동에 대해서는 K. Muscheler, *Hermann Ulrich Kantorowicz*, 31 ~32쪽을 참조하라.

81 프라이부르크에서의 생활에 대해서는 K. Muscheler, *Hermann Ulrich Kantorowicz*, 32~41쪽을 참조하라.

82 최종고,《법사상사》, 282쪽.

83 디플로바타티우스Thomas Diplovatatius는 1468년에 출생하여 1541년 에 사망한 중세 이탈리아의 법학자이다.

84 K. Muscheler, *Der Kampf um die Rechtswissenschaft*, XX쪽.

85 베벨August Bebel(1840~1913)은 독일 쾰른 출신의 정치가이자 노동 운동가다. 3세 때 부친과 사별하여 극심한 가난 속에 초등학교를 중퇴하고 고학으로 실력을 연마했다. 1861년 라이프치히 노동자 교육협회의 회장이 되었고, 리프크네히트W. Liebknecht의 사상에 크 게 감명을 받아 그와 함께 1869년 사회민주노동당을 창설했다. 27 세 때 독일제국에 국회가 개설되자 국회의원으로 선출되었다. 그는 또한 뛰어난 노동운동의 지도자인 동시에 옥중 생활에서 경제학을 독학한 훌륭한 이론가이기도 했다.《여성과 사회주의*Die Frau und der Sozialismus*》라는 명저를 저술했으며, 당시에 남녀의 완전한 사회적 동등권을 주장하기도 했다.

86 K. Muscheler, *Hermann Ulrich Kantorowicz*, 42쪽.

87 사민당의 탈당과 그 후 행적에 대해서는 K. Muscheler, *Hermann*

Ulrich Kantorowicz, 42~49쪽을 참조하라.

88 이에 대해 자세한 것은 G. A. Craig, *Deutsche Geschichte 1866~1945* (München: C. H. Beck, 1983), 298~345쪽을 참조하라.

89 알자스-로렌 협정조인서Die Elsass-Lothringen Denkschriften에 대해서는 E. R. Huber, *Deutsche Verfassungsgeschichte seit 1789*, Bd. IV(Stuttgart: Kohlhamer, 1969), 437~439쪽을 참조하라.

90 이에 대해서는 K. Muscheler, *Hermann Ulrich Kantorowicz*, 44~48쪽을 참조하라.

91 K. Muscheler, *Hermann Ulrich Kantorowicz*, 43~44쪽

92 1866년 이전과 1950년 이후의 독일 국기를 말한다.

93 북독일동맹 이후 나치 시대까지의 국기를 의미한다.

94 정치활동 전반에 대해서는 K. Muscheler, *Hermann Ulrich Kantorowicz*, 50~58쪽을 참조하라.

95 K. Muscheler, *Hermann Ulrich Kantorowicz*, 50·84~92쪽을 참조하라.

96 K. Muscheler, *Hermann Ulrich Kantorowicz*, 50~51쪽을 참조하라.

97 K. Muscheler, *Hermann Ulrich Kantorowicz*, 52~54쪽을 참조하라.

98 K. Muscheler, *Hermann Ulrich Kantorowicz*, 54~58쪽을 참조하라.

99 K. Muscheler, *Der Kampf um die Rechtswissenschaft*, XXI쪽.

100 킬대학교의 생활에 대해서는 K. Muscheler, *Hermann Ulrich Kantorowicz*, 93~105쪽을 참조하라.

101 칸토로비츠는 프라이부르크의 생활이 지옥과 같았던 데 반하여 킬에서의 생활은 천국이라고 고백하기도 했다. 이에 대해서는 K. Muscheler, *Der Kampf um die Rechtswissenschaft*, XXII쪽을 참조하라.

102 이에 대해서는 K. Muscheler, *Hermann Ulrich Kantorowicz*, 102~103쪽을 참조하라.

103 프라이부르크대학교 중앙도서관은 미간행된 상태로 이러한 칸토

로비츠의 편지 등 유고(Freiburger Kantorowicz-Nachlaß)를 모아 보관하고 있다. 이에 대해서는 K. Muscheler, *Hermann Ulrich Kantorowicz*, 103쪽 주 256, 104~105쪽 참조.

104 이 조치는 '직업 공무원 직의 회복을 위한 법률Gesetz zur Wiederherstellung des Berufsbeamtentums'이라는 1933년 4월 7일에 공포된 법률에 의해서 단행된 것이다.

105 해고된 후 미국과 영국에서의 망명 생활에 대한 전반적인 내용은 K. Muscheler, *Hermann Ulrich Kantorowicz*, 106~124쪽을 참조하라.

106 K. Muscheler, *Hermann Ulrich Kantorowicz*, 121쪽.

107 굿하트가 해제를 붙여 재출간했다. A. L. Goodhart, *Der Begriff des Rechts*(Edinburgh, 1957).

108 이하의 기술에 대해서는 윤철홍, 《소유권의 역사》(법원사, 1995), 61쪽 이하를 참조하라.

109 F. Wieacker, *Privatrechtsgeschichte der Neuzeit*, 2. Aufl.(1967), 391~392쪽.

110 최종고, 〈프리드리히 폰 사비니〉, 《위대한 법사상가》 제1권(학연사, 1988), 163쪽.

111 F. Wieacker, *Privatrechtsgeschichte der Neuzeit*, 391쪽.

112 O. Stobbe, *Rechtsquelle*, Bd. 1, Abt. II(Leipzig: Duncker & Humbolt, 1860), 439쪽.

113 E. Wolf, *Große Rechtsdenker der deutschen Geistesgeschichte* (Tübingen: Mohr, 1963), 520쪽.

114 G. Dahm, *Deutsches Recht*, 2. Aufl.(Stuttgart: Kohlhamer, 1963), 122쪽.

115 H. Mitteis·H. Lieberich, *Deutsches Privatrecht*, 7. Aufl. (München: C. H. Beck), 20쪽.

116 B. Busz, "Die historische Schule und die Beseitigung des geteilten Eigentums in Deutschland", Diss.(München, 1966), 24~25쪽에서 재인용.

117 H. Kantorowicz, "Volksgeist und historische Rechtsschule", *Rechtshistorische Schriften*(1970), 447쪽.

118 E. Mülitor, *Grundzüge der neuren Privatrechtsgeschichte*(Karlsruhe: Müller, 1949), 56쪽.

119 K. Kroeschell, *Deutsche Rechtsgeschichte 3*(Hamburg: Rowohlt, 1989), 131쪽.

120 *Deutsches Rechtslexikon*, Bd. 2, 3. Aufl.(München: C. H. Beck, 2001), 3,157쪽.

121 R. v. Jhering, *Scherz und Ernst in der Jurisprudenz*, 3. Aufl.(Leipzig: Duncker & Humbolt, 1860), 4쪽 이하를 참조하라.

122 F. Wieacker, *Privatrechtsgeschichte der Neuzeit*, 398~400쪽.

123 법실증주의 전반에 대해서는 최종고, 《법사상사》, 217쪽 이하; 김여수, 《법률사상사》(박영사, 1980), 98쪽 이하를 참조하라.

124 K. Bergbohm, *Jurisprudenz und Rechtsphilosophie*, Bd. 1(Glashütten im Tanus: Auvermann, 1892), 109~111쪽을 참조하라.

125 K. Bergbohm, *Jurisprudenz und Rechtsphilosophie*, 144쪽 이하; 오세혁, 《법철학사》(세창출판사, 2004), 218쪽을 참조하라.

126 G. Jellinek, *Allgemeine Staatslehre*(Berlin: Häring, 1900), 360~362쪽을 참조하라.

127 F. Laurent, "Préface", *Cours élémentaire de droit civil*, t. I, 9~74쪽; 김여수, 《법률사상사》, 105~106쪽에서 재인용.

128 J. Austin, *The Province of Jurisprudence determined*(1832); 김여수, 《법률사상사》, 111~112쪽을 참조하라.

129 자유법 운동의 생성과 발전에 대한 자세한 논의는 윤철홍, 〈칸토로
     비츠의 '법학을 위한 투쟁'에 관한 소고〉, 《법철학연구》 제8권 제2
     호(2005), 193~214쪽을 참조하라.

130 최종고, 《법률사상사》, 281쪽에서 재인용.

131 김여수, 《법률사상사》, 131쪽 주 10에서 재인용.

132 H. Kantorowicz, *Rechtswissenschaft und Soziologie*(Tübingen: Mohr,
     1911), 5쪽.

133 K. Muscheler, *Der Kampf um die Rechtswissenschaft*, XI쪽.

134 그가 주로 사용한 가명으로는 Hermann Burger, Kunno Zwymann,
     Cassander, Glossator, Hermann West, Georg Müller 등이 있다.

135 A. Voigt, "Das Leben um die Jahrhundertwende", H. J. Schoeps
     (Hrsg.), *Zeitgeist im Wandel*, Bd. 1(Stuttgart: Klett, 1967), 219쪽; K.
     Muscheler, *Der Kampf um die Rechtswissenschaft*, XII쪽.

136 K. Muscheler, *Der Kampf um die Rechtswissenschaft*, XII~XIII쪽.

1. 법철학 내지 법사상 개설서

〈들어가는 말〉에서도 언급했지만 국내에는 칸토로비츠의 저서가 한 권도 번역돼 있지 않다. 다만 법철학이나 법사상사, 법사회학에 대한 개설서나 교과서에서 칸토로비츠의 법사상에 대해 언급되고 있을 뿐이다. 정도의 차이는 있지만 많은 교과서가 칸토로비츠의 법철학이나 법사상에 대해 기술하고 있기 때문에 개괄적으로나마 그의 법철학이나 법사상을 접할 수는 있다. 이러한 교과서나 개설서를 몇 권 소개하면 다음과 같다.

김여수, 《법률사상사》(박영사, 1980)

1967년에 초판이 발행된 것으로, 초판 당시의 문체나 표현 방법 때문에 오늘날의 젊은 법학도들에게 생소할 수 있지만 고대 법사상에서부터 제2차 세계대전 후 논의되기 시작한 재생 자연법까지 비교적 자세히 언급하고 있다. 특히 역사법학파에 대한 서술은 자세하면서도 정리가 잘되어 있어 자유법 운동의 배경을 이해하는 데 도움이 될 것이다. 129쪽에서 173쪽에 이르는 현대 법사상 중 사회학파에 대한 기술은 자유법론을 중심으로 하여 그 후 발전된 법사회학을 대륙의 법사회학과 미국의 법

사회학으로 나누어 설명하고 있다. 개설서로서 설명이 대부분이지만 내용이 상당히 풍부하다. 자유법론에 대한 기술, 특히 키르히만과 칸토로비츠에 대한 설명은 일본 문헌을 많이 참고하여 원본의 번역상 오류가 그대로 인용되고 있는 것도 보이지만, 자유법론을 이해하기 위한 국내 개설서로서는 가장 자세한 것이기 때문에 꼭 한 번 읽어보아야 할 것으로 여겨진다.

오세혁, 《법철학사》(세창출판사, 2004)

법철학자가 쓴 법철학사 개설서로서, 고대 법철학에서부터 현대 법철학까지 빠짐없이 기술하고 있다. 원래 법사는 법제도사Institutions-geschichte와 이념사Ideengeschichte로 나눌 수 있는데, 이념사, 즉 법사상사도 역사이기 때문에 정확한 사료를 중심으로 그에 대한 역사적인 의미의 탐구가 중심이 되어야 한다. 앞서 소개한 개설서는 사상사라고는 하지만 이러한 차원에서는 미흡한 점이 많다. 따라서 법학 사조들에 대한 존재론적이고 가치 관계적이거나 가치 평가적인 분석을 주요 내용으로 한 법철학사적인 기술과 큰 차이가 없게 되었다. 그러나 이 책은 기본적으로 법철학 책이기 때문에 사상사적 기술과 다른 면을 강조하고 있는 점이 보인다. 제4부 〈근대 후기의 법철학〉에서 역사법학과 법실증주의에 포함되는 일반 법학, 프랑스의 주석학파 등에 대한 기술을 읽으면 자유법의 배경을 이해하는 데 도움이 될 것이다. 특히 자유법론에 대한 기술은 독일 자유법론과 프랑스 자유법론에 대해 아주 간결하게 요약 정리하여 설명해주고 있다.

최종고, 《법사상사》(박영사, 1992)

이 책은 고대에서 포스트모던 시대까지의 법사상을 아주 간결한 문체로 사진을 곁들여 설명하고 있는 개설서다. 제4장 〈19세기의 법사상〉에서 역사학파와 공리주의, 법실증주의 등에 대해 설명하고, 제5장 〈현대법사상〉에서 자유법론을 기술하고 있는데, 인물 중심으로 간결하게 소개해주고 있다. 자유법론에 대한 구체적인 내용이나 발전 과정 등 설명보다는 대표적인 학자들의 사상을 개괄적으로 소개하고 있는 것이 특징이다.

최태영, 《법철학》(숙명여대출판부, 1977)

이 책은 법철학 개설서라고 하기에는 분량이 많고 내용이 깊다. 또한 노학자의 글이기 때문에 일본식 한자가 많아 젊은 법학도가 읽기에는 생소하리라 여겨지며, 비매품이기 때문에 쉽게 구할 수 없다는 단점도 있다. 이 책 제5장 〈근대 및 경험주의 법이론〉에서는 독일의 역사학파, 영국의 공리주의 내지 실리주의법학, 영국의 분석법학 및 역사법학, 독일의 일반법학파 및 해석법학파, 사회학적 법학파에 대해 자세히 설명하고 있다. 특히 사회학적 법학파를 다룬 절(240~300쪽)에서는 자유법운동과 법사회학과 관련한 다양한 경향에 대해 아주 구체적으로 설명하고 있다. 내용은 상당히 풍부하지만 시각 자체에 독특한 점이 많고, 표현 방법이나 내용 편집 등에서 문제가 없지 않아 초학자들에게는 흥미를 반감시키지 않을까 염려되기도 한다.

2. 주변의 읽을거리

자유법론과 직접적인 관련은 없지만 법학을 이해하여 자유법론의 의미들을 되새겨볼 수 있는 저서들은 상당히 많다. 몇 편만 들어보기로 한다.

몽테스키외, 《법의 정신》(전 3권), 손석린 옮김(박영사, 2004)

이 책은 자유법론의 이해와 직접적인 관계는 없다. 자유법 운동이 본격적으로 시작된 것보다 50년 이상이나 먼저 저술된 것이기 때문이다. 그러나 몽테스키외는 프랑스 계몽주의를 대표하는 사상가로서, 인간 이성에 대한 절대적인 신뢰를 바탕으로, 인간이 스스로의 힘으로 사고하고 행동하며 결국 인간 사회를 진보시킬 수 있다고 생각했다. 따라서 구시대의 정치, 종교, 사회, 사상 등에 대해 비판적이었으며, 이러한 관점에서 1748년에 《법의 정신*De l'esprit des lois*》이라는 명저를 출간했다. 이 책의 핵심은 권력분립론에 있다. 이러한 권력분립에 대한 내용은 제11편에서 기술하고 있는데, 원래 제11편은 자유에 대해 기술했다. 몽테스키외의 '자유'에 대한 일면을 생각하게 하는 부분이다. 그에 의하면 자유란법이 허용하는 것을 행할 수 있는 권리로서, 권력분립론은 이러한 자유를 보장하기 위한 제도라는 것이다. 자유법론을 비판할 때 자유법론을 인정하게 되면 이러한 삼권분립을 침해한다고 하는데, 과연 그러한가? 그리고 자유법에서 말하는 자유란 무엇이고, 몽테스키외의 견해에 따르면 자유법론을 어떻게 이해할 수 있는가? 이 책을 읽다 보면 이런 근본적인 물음을 제기하게 될 것이다. 또한 몽테스키외의 법적 안정성과 독재 권력과의 관계도 생각할 수 있게 해준다.

예링, 《권리를 위한 투쟁》, 윤철홍 옮김(책세상, 2007)

이익설의 관점에서 '권리의 개념'을 정리한 명저로 법학을 공부하는 모든 이들의 필독서다. 법의 목적은 평화지만 그것을 위한 수단은 투쟁이라고 주장한 예링은 이 책에서 관념적이고 추상적인 법이론을 전개하는 것이 아니라 실천을 위한 이론을 정열에 찬 어조로 토해내고 있다. 예링에 의하면 권리란 싸워서 쟁취하는 것이지 결코 아무것도 요구하지 않는 자에게 편안히 주어지는 것이 아니라고 한다. 그 유명한 "권리 위에 잠자는 자는 보호받지 못한다"란 말도 이 책에서 유래했다. 여기서 투쟁이란 적법에 대한 부당한 투쟁이 아니라 불법에 대한 적법한 투쟁을 말한다. 이러한 관점에서 볼 때 자신의 권리를 포기하는 것은 자신의 권리만을 포기하는 것이 아니라 공동체의 의무를 위반하는 것이라고 한다. 칸토로비츠는 《법학을 위한 투쟁》을 저술하면서 제목에서부터 예링의 영향을 받았음을 고백하고 있다. 문고판인 이 저서를 통해 목적법학의 창시자로서 "목적은 모든 법의 창조자다"라고까지 주장하는 예링의 사상을 바로 이해할 수 있는 동시에, 자유법 운동의 선구자의 사상을 알 수 있을 것이다.

3. 국내 논문

장영민, 〈자유법론의 형성과 전개과정〉, 《법학논집》(이화여대 법학연구소, 2002)
자유법론에 대해 참고할 만한 논문은 의외로 없다. 쉽게 구해 읽을 수 있는 것으로, 장영민의 〈자유법론의 형성과 전개과정〉이 있다. 이 논문은 우선 서론에서 자유법론의 의의와 기본 입장, 그리고 자유법론의 선구적 이론을 소개한 다음 제2장에서는 자유법론의 강령적 문헌들을 소개하는 과정에서 에를리히, 칸토로비츠, 푹스의 저서를 분석하고 있다. 제3장에서는 자유법론과 이익법학의 관계, 제4장에서는 자유법론의 흠결론과 흠결 보충 방법에 대해 기술하고, 마지막 장에서 자유법론을 평가하고 있다. 자유법론에 대해서는 부정적인 평가를 내리고 있지만 자유법을 이해하는 데 많은 도움을 줄 것이다.

4. 외국 문헌

Eugen Ehrlich, *Grundlegung der Soziologie des Rechts*(1967)

오스트리아의 법사회학자인 에를리히는 이 책을 통해 그의 학문적 지위를 확고히 했다. 그는 어떤 책이든 그 책의 기본 사상을 한 문장으로 압축할 수 있어야 한다고 주장했다. 서문에서 그는 이 책의 핵심을 다음과 같이 요약했다. "법학 발전의 핵심은 모든 시대와 마찬가지로 오늘날에도 역시 입법이나 법이론 혹은 판례에 있는 것이 아니라 사회 그 자체에 존재한다는 것이다." 이러한 관점에서 실용적인 법 개념과 사회단체에서의 내부적 질서, 사회단체와 사회규범, 사회와 국가의 강제 규범 등의 분석을 통해 '살아 있는 법', 특히 관습법의 이론을 구체화하여 법사회학의 기초를 확립함으로써 법사회학에 관심을 가진 자에게는 필독서라고 할 수 있다.

Hermann Kantorowicz, *Rechtswissenschaft und Soziologie*(1911)

이 책은 칸토로비츠가 1911년 베를린에서 개최된 '독일 사회학자의 날'에 발표한 원고를 출간한 것이다. 당시 지정 토론자로 참여했던 막스 베버가 극찬했던 논문으로 법사회학의 기본 원칙과 연구 방향, 그리고 방법론까지 제시한 글이다. 특히 개념법학에 대한 '자동기계'라는 비유는 그 후 많은 이들에게 회자되었다.

Karlheinz Muscheler, *Hermann Ulrich Kantorowicz*(Freiburg: Freiburger Rechtsgeschichtliche Abhandlungen, 1984)

무셸러는 칸토로비츠의 자유법과 상대주의로 박사 학위를 취득한 후, 이어서 이 칸토로비츠의 평전을 저술했다. 또한 최근에《법학을 위한 투쟁》을 재출간할 때 해제를 쓰기도 했다. 현재 독일 보훔대학교에서 독일 법제사와 민법을 강의하면서 칸토로비츠에 대한 연구를 가장 활발하게 수행하고 있다. 이 칸토로비츠 평전은 총 11개 장으로 나뉘어 전 생애를 다루고 있는데, 법사학자답게 많은 자료들, 예컨대 개인적인 편지나 아주 작은 메모 형태의 기고문들을 수집하여 충실하게 정리하고 있다. 이 책만으로도 인간 칸토로비츠의 삶에 대해서는 어느 정도 파악할 수 있으리라 생각한다.

Luigi Lombardi Vallauri, *Geschichte des Freirechts*(1971)

이탈리아 법학자 발라우리는 이탈리아에서 자유법에 대한 방대한 연구를 수행했는데, 자신의 연구 중 일부를 독일어로 번역한 것이 바로 이 책이다. 외국인이 쓴 독일어이기 때문에 문체가 아주 간결하고 오히려 이해하기 쉬운 점이 장점이다. 이 책은 4개 장으로 구성돼 있는데, 제1장에서는 일반론적인 접근으로서 19세기 독일의 법학 방법론과 자유법의 구체적인 내용 및 한계를 기술하고 있다. 제2장에서는 운동으로서 자유법에 대해 설명하고 있는데, 자유법 운동은 학파가 아닌 운동이라는 사실을 강조하고 있다. 제3장에서는 개념법학의 형식 논리에 대해 비판하고 있다. 해석과 법률 논리학, 전체로서 전통적인 법학 방법론과 관련하여 삼차원적인 비판과 함께, 자유로운 법 발견의 전거들을 소개하고 있다. 마지막 제4장에서는 전체적인 평가를 내리고 있는데, 먼저 법이론과 운동의 차원에서 평가하고, 이어서 기본적인 결과들의 사회학적, 법학적, 정치학적 그리고 문화적인 요건들에 대해 평가한 후 법률현실주의와 법실증주의, 자연법의 관점에서 평가를 내리고 있다. 자유법의 역사에 대해 자세히 알 수 있는 수작이다.

윤철홍 yoonch@ssu.ac.kr

목포에서 고등학교를 졸업한 후, 1975년 당시 후기 대학인 숭실대학교에 입학했다. 집안 식구 중 많은 분들이 교직에 있는 관계로 교직이 싫어서 법대에 진학했다. 1학년 때는 전기 대학 실패의 충격을 잊고자 문학에 심취했는데 이때 밤을 새워 가며 읽은 시와 소설, 사회과학 서적은 평생의 윤기 있는 삶에 큰 자양분이 되었다. 당시 숭실대학교 법학과에는 젊고 유능한 네 분의 교수님이 계셨는데, 학문과 인생에 모두 귀감이 되는 훌륭한 분들이어서 대한민국 최고의 교육을 받을 수 있었다. 그래서 숭실대학교로 인도해주신 하나님께 감사드리며 만족스러운 대학 생활을 할 수 있었다.

저학년 때는 한동안 자신의 존재를 확인하기 위해 고시 준비를 생각해보기도 했으나, 3학년 때부터는 학문에 뜻을 두고 독일어 공부에 매진하면서 독일 유학을 준비했다. 이때부터 읽은 기초 법학(법철학, 법사학, 법사회학) 책들은 법학의 또 다른 묘미를 알 수 있게 했다. 그래서 전공을 법사학으로 정하려 했으나, 법사학만으로는 대학에서 밥을 먹을 수 없다고 판단해 기본법인 민법을 공부하면서 부전공으로 법사학을 하기로 결정했다. 군대 복무와 대학원을 마치고 1983년에 꿈에 그리던 독일 유학을 떠났다. 프라이부르크대학교에서 독일어 'Frei(자유)'의 참 의미를 만끽하면서 공부할 수 있었다. 그곳에서 독일 법제사와 민법을 전공하면서 주로 토지소유권의 역사를 살펴보았다.

1989년부터 광운대학교 법학과에 전임교수로 근무하던 중 1993년에 숭실대학교로 옮겨 재직하다 2020년에 정년퇴직했다. 그동안 사단법인 한국민사법학회 회장과 한국토지법학회 회장을 맡기도 했다. 토지소유권을 핵심 연구과제로 삼아 《소유권의 역사》, 《토지소유권에 대한 새로운 이해》, 《민사

특별법 연구》 등을 저술하고 학생들을 위한 강의 교재로 《채권각론》, 《채권총론》, 《물권법》을 썼으며, 막스 카저의 《로마법제사》, 예링의 《권리를 위한 투쟁》, 헤데만의 《일반조항으로 도피》 등을 번역해 20여 권의 저서와 역서를 출간했다. 현재는 숭실대학교 법과대학 명예교수로 활동하고 있다.

법학을 위한 투쟁

초판 1쇄 발행 2006년 4월 20일
개정 1판 1쇄 발행 2023년 5월 12일

지은이 헤르만 칸토로비츠
옮긴이 윤철홍

펴낸이 김현태
펴낸곳 책세상
등록 1975년 5월 21일 제2017-000226호
주소 서울시 마포구 잔다리로 62-1, 3층(04031)
전화 02-704-1251
팩스 02-719-1258
이메일 editor@chaeksesang.com
광고·제휴 문의 creator@chaeksesang.com
홈페이지 chaeksesang.com
페이스북 /chaeksesang   트위터 @chaeksesang
인스타그램 @chaeksesang   네이버포스트 bkworldpub

ISBN 979-11-5931-946-4 04080
      979-11-5931-221-2 (세트)

책세상문고 · 고전의 세계

산책 외
WALKING

책세상문고 · 고전의 세계

산책 외
WALKING

헨리 데이비드 소로 지음

·

김완구 옮김

책세상

일러두기

1. 이 책은 소로Henry David Thoreau의 〈산책Walking〉(1862), 〈겨울 산책A Winter Walk〉(1843), 〈야생 사과Wild Apples〉(1862)를 번역한 것이다. 번역 대본으로는 《월든과 에세이 선집Walden and Selected Essays》(Hend-ricks House, 1973)을 사용했다.
2. 원문에서 이탤릭체로 강조한 부분은 고딕체로 옮겼다.
3. 모든 주는 옮긴이주이며 후주로 처리했다.
4. 단행본은 《 》로, 논문, 단편, 강연 등은 〈 〉로 표시했다.
5. 주요 인명과 도서 및 자료명 등은 최초 1회에 한해 원어를 병기했다.

산책 외 | 차례

　소로Henry David Thoreau는 사람들에게 미국의 작가, 철학자 그리고 자연주의자 정도로 알려져 있다. 그리고 조금 더 자세히는 미국의 수필가, 시인, 가장 위대한 미국의 자연 문학가, 실천적 철학자 등으로 소개되기도 한다. 이렇듯 문학적, 사상적으로 중요한 업적을 남기고 후세에 많은 영향을 끼친 그는 사람들에게 '위대하다'고 평가받는다.

　하지만 사실 소로는 생전에 가까운 친구들과 뉴잉글랜드 지방의 초월주의자 집단 밖에서는 거의 알려지지 않은 인물이었고 죽은 뒤에도 오랫동안 세상에 알려지지 않았다. 그는 생전에 자신의 저술로 문학적 명성을 얻지도 못했고 금전적 성공을 이루지도 못했다. 하지만 월든 호숫가에서 2년여 동안 오두막을 짓고 야생의 삶을 실험했던 경험을 기록한 그의 저서 《월든Walden》은 훗날 자연의 가치를 평가하는 새롭고 강력한 시금석이 되었으며 미국 환경 운동의 발단이 된 중요한 책으로 평가받게 되었다.

또한 그가 멕시코와의 전쟁과 흑인 노예 제도를 두둔하는 정부의 정책에 저항하기 위해 세금 납부를 거절했다가 체포되어 하루 동안 감옥에 수감되었던 일을 계기로 쓴, 〈시민 불복종Civil Disobedience〉으로 알려진 〈시민 정부에 대한 저항 Resistance to Civil Government〉이라는 에세이는 톨스토이Lev Nikolaevich Tolstoi와 간디Mohandas Karamchand Gandhi를 비롯한 많은 사람들에게 읽혔다. 이 글을 읽은 사람들은 소로에게 많은 사상적 영향을 받아 비폭력 저항의 사상적 선구자로서 역사에 업적을 남겼을 뿐 아니라 소로를 유명 인사로 만드는 데도 기여하게 되었다. 그래서 이 에세이는 오늘날 세계를 뒤흔든 책으로 선정되고 소개되기도 한다.

이렇듯 오늘날 소로의 문학과 사상의 영향력은 날이 갈수록 커지고 있으며, 이제 소로는 19세기를 살았지만 21세기의 환경 의식을 지녔던 사람으로 새삼 주목받고 있다. 따라서 이 두 저작뿐 아니라, 그의 거의 모든 글의 출처인 일기와 그의 자연 에세이들이 다시 주목을 받게 되었다. 그의 유고들이 수집되어 전집으로 소개되거나 출판되었고 국내에도 그의 많은 중요한 글들이 번역, 소개되고 있다.

이 책에서 소개하고자 하는 세 편의 에세이도 소로의 중요한 글들 중 일부이다. 특히 〈산책Walking〉은 '야생 자연wilderness'에 대한 그의 사랑을 가장 잘 표현한 에세이로 평가되어, 소로의 글 모음집 외에 '환경 윤리 및 환경 철학' 논문 모음

집 등에 소개되기도 한다. 게다가 이 글은 이 책에 소개되는 또 다른 글 〈야생 사과Wild Apples〉와 더불어 소로가 생을 마감하기 전에 심혈을 기울여 쓴 것이기에, 그의 철학을 가장 핵심적으로 압축해 표현하고 있다고 할 수 있다. 그래서 어떤 이들은 《월든》을 읽기 전에 〈산책〉을 먼저 읽어보라고 권하기도 하고, 심지어 소로의 주저는 《월든》이 아니라 〈산책〉이라고 평가하기도 한다. 이러한 의미에서 이 에세이를 번역하여 소개하는 것은 소로 사상의 핵심을 만날 기회를 제공한다. 또 야생을 노래하는 그의 다른 유사한 글을 함께 읽는 것도 큰 의미가 있을 것으로 생각되어 각각의 장점이 있는 자연 에세이 〈겨울 산책A Winter Walk〉과 〈야생 사과〉를 같이 번역해 실었다.

여기에 실린 세 편의 에세이는 중요도나 발표 순서에 따라 배열되지 않았다. 원래 '고전의 세계' 시리즈에서 소로를 기획할 때 〈산책〉에 주안점을 두고 있었기에 이 글을 제일 앞에 놓았고 나머지는 임의로 배치했다. 따라서 독자들은 각자의 관심에 따라 배열 순서에 관계없이 읽어도 무방할 것이다.

소로의 이 에세이들은 모두 나름대로 뛰어나고 우리에게 상당히 많은 메시지를 전해주지만, '야생 자연'에 대한 철학적 입장을 짜임새 있게 소개하는 학술 논문은 아니다. 따라서 역자가 세 글에 표현된 소로의 사상과 입장을 명료하게 분석해 독자에게 따로 제시하기는 어려울 것 같다. 부족한 역자의 능력으로 그러한 작업을 어설프게 시도하는 것은 오히려 소로의 의도를 잘못 해석해 독자들을 오독으로 이끄는 것이 아닐까하는 염려 때문이다. 그리고 해석상의 문제는 없다 하더라도 그러한 해석이 여러 가지 풍부한 메시지를 품고 있는 생기 있고 강렬한 소로의 문구들을 편협하게 읽어내게 함으로써 독자들의 비판적이고 자유로우면서 창의적인 사고를 가로막지 않을까 하는 두려움 때문이다. 따라서 여기에서는 이 글들이 쓰인 배경 등을 간략하게 소개하는 것으로 만족하려 한다.

소로는 월든 호수에서 돌아온 후인 1847년경에 강연가와 작가로서의 명성을 확고히 하기 위한 시도를 하게 된다. 이 무렵 소로는 프리랜서로 측량 일을 하면서도 인근 문화 회관 등에서 "시민 불복종"이라는 제목의 강연을 비롯한 여러 강연을 자주 했던 것으로 알려져 있다. 〈산책〉은 원래 그 무렵에 소로가 한 강연의 원고에서 시작된 글이다. 소로는 1851년에 "산책, 혹은 야생Walking, or the Wild"이란 제목으로 강연을 두 번 했는데, 그 후 이것을 확장시켜 1852년에 "산책Walking"과 "야생The Wild"이라는 두 개의 강연으로 나누었다고 한다. 이 강연이 소로가 생의 마지막 무렵에 출판을 준비한, 지금 우리가 〈산책〉으로 알고 있는 에세이의 전신이다. 소로의 에세이 〈산책〉은 소로가 죽은 지 한 달 후인 1862년 6월에 《애틀랜틱 먼슬리Atlantic Monthly》지에 발표되었는데, 대부분의 내용이 1850~1852년에 쓰인 그의 일기에서 발췌된 것이라고 알려져 있다. 이 에세이에서 그는 야생에서의 산책과 야생 자연 그리고 그것과의 조화로운 삶에 대해 이야기한다.

1841년의 일기에서 처음 시작된 것으로 알려진 〈겨울 산책〉은 1843년 10월, 소로에게 막대한 영향을 미친 친구이자 후원자 에머슨Ralph Waldo Emerson의 엄격한 편집을 거친 후 《다이얼Dial》지에 처음으로 게재되었다. 이것은 소로가 비교적 젊은 나이에 쓴 글이지만 현대의 독자들에게는 소로의 작품 중 특히 훌륭한 것으로 평가받는다. 또한 그의 자연에 대한 통찰력과 자연 묘사 능력이 뛰어났음을 보여주는 대표적인 글이기도 하다. 〈겨울 산책〉은 그가 고향 마을인 매사추세츠 콩코드에서 온종일 산책했던 일을 강렬한 문체로 현장감 있게 세밀히 묘사하고 있다. 이 글을 읽다 보면 소로와 같이 겨울 벌판을 거닐고 있다는 착각에 빠질 수도 있을 것이다.

〈야생 사과〉는 수상록familiar essay의 가장 성공적인 시도로 꼽히는 글이다. 이것은 원래 1860년 2월 8일 콩코드 문화 회관에서의 강연을 위해 쓰인 원고로, 1857~1860년의 일기에서 발췌된 내용도 포함하고 있기는 하지만 대부분 1850~1852년에 쓴 일기에서 나왔다고 한다. 소로는 그것을 계속해서 손질했고, 그가 죽던 해인 1862년에 비로소 《애틀랜틱 먼슬리》지에 발표했다. 이후 〈야생 사과〉는 빈번하게 명문집에 수록되는 에세이들 중의 하나가 된다. 소로의 〈야생 사과〉

는 그가 말년에 건강이 악화된 상태에서 쓰고 정리한 것이라고 믿기 어려울 정도로 힘이 있고 명료한 글로, 이 글에서 소로는 야생 사과를 아주 놀라우리만큼 세밀하게 묘사하고 찬양하면서 야생의 모습들이 스러져가는 것을 안타까워한다.

이 글들은 각각 다른 주제와 소재를 통해 많은 메시지를 전달하고 있지만, 이 모두가 사실 자연, 말하자면 야생 자연의 모습과 가치를 찬미한다는 점에서 공통된 주제를 다룬다고 볼 수도 있다. 특히 〈산책〉과 〈야생 사과〉는 앞서 말한 바와 같이 소로가 말년에 잡지에 싣기 위해 심혈을 기울여 손질한 글로서, 야생 자연에 대한 그의 성숙하고 응축된 생각을 잘 표현하고 있다는 점에서 중요하다. 말하자면 이 글들에는 야생 자연에 대한 그의 철학이 가장 잘 표현되어 있다. 또한 이 글들은 그저 야생 자연을 묘사하고 그 아름다움의 가치를 찬미하는 것을 넘어, 우리의 삶에 전하고자 하는 어떤 메시지도 포함하고 있다. 특히 우리가 야생 자연에 대해 취해야 할 태도나 자세 그리고 야생과 좀처럼 어울리지 않는 인간과 문명에 대해서까지도 고민하고 있다. 다시 말하자면 이 글들은 야생 자연에 대한 일방적인 사랑을 노래하는 것이 아니라 나와 야생 자연, 인간과 야생 자연, 그리고 문명과 야생 자연의 이상적인 조화를, 또 이를 통해 그 모든 것이 자연과 하나가 되는 참된 실재, 즉 참된 삶의 모습을 찾아갈 것을 독자들에게 요구하고 있다는 생각이 든다.

그런데 사실 이러한 것들은 소로보다는 현재를 사는 우리가 더 심각하게 고민해야 하는 문제이다. 특히 물질문명의 발전으로 인한 환경 파괴뿐 아니라 정신적 가치의 파괴로 인한 가치 전도에도 직면해 있는 우리 시대에는 우리가 추구해야 하는 진정한 가치 혹은 진정한 실재가 무엇이어야 하는지에 대한 깊은 성찰과 고민이 필요하다. 아마 소로가 그렇게 강조하는 야생 자연은 잘못된 문명에 의해 오염되거나 파괴되지 않은 이상적인 야생 자연 환경을 의미하기도 하겠지만, 무엇인가에 의해 오염되거나 파괴되지 않아 왜곡되거나 변질되지 않은 우리의 정신 혹은 정신 상태, 마음가짐, 태도 등을 의미하기도 할 것이다. 소로가 말하는 야생이란 그것이 자연적이든 인위적이든 간에 바로 그러한 것들이 조화를 이루는 진정한 세상의 모습일 것이다. 그러한 세상이 어떤 것인지 밝히고 그것을 찾아내는 일, 그래서 그곳에서 우리의 삶을 추구하는 일이 우리가 할 일인 것 같다. 소로를 흉내 내어 표현하자면, 우리는 우리 자신의 원래의 삶인 야생 자연, 즉 진정한 삶의 모습을 찾기 위한 사유의 산책을 떠나야 할 것이다. 우리는 나태한 일상의 의식, 즉 상식이나 전통 같은 것을 벗어나 정신세계의 야생성을 찾아 여기저기 떠도는 사유의 여행을 떠나야 한다. 이는 우리에게 주어진 현실이기도 하지만 의무이기도 하다.

소로가 혼자서 생각만 하는 것에 그치지 않고 글을 쓰거나 강연을 하는 일을 즐긴 것은 아마 자신뿐 아니라 우리 모두가 그러한 고민을 같이 하기를 바랐기 때문일 것이다. 물론 소로의 글에서 표현된 생각은 완결된 것이나 결정적인 것이 아닐 수도 있다. 또 거기에는 진정한 우리의 삶의 길이 없어 그러한 길을 우리가 찾지 못할 수도 있다. 하지만 혹여 그렇다 하더라도 우리는 그가 사유를 끝마친 지점에서 야생의 가치가 무참하게 파괴되는 위기의 시대를 헤쳐나갈 새로운 생각을 끄집어내려 노력할 필요가 있다. 즉 우리 모두는 소로의 글을 통해 현재 우리에게 요구되는 진정한 삶의 의미와 가치가 무엇인지를 되새겨볼 필요가 있다.

물론 실행하기 쉽지 않은 거창한 역자의 요구에 걸맞지 않게 이 책에서는 번역상의 오류를 포함한 여러 문제점이 드러날 수도 있을 것이다. 그러한 문제점은 모두 역자의 불찰로, 독자들이 따끔하게 질책해주면 보완해나가도록 할 것이다. 마지막으로, 게으르기도 하려니와 미숙하고 빈약한 생각을 짜내며 고심하느라 약속 기한을 훨씬 넘긴 채 노심초사하던 역자를 격려하며 기다려주고, 상처투성이의 부족한 원고를 어루만지고 다듬어 말쑥한 책으로 만들어준 책세상 편집부에 감사의 말을 전한다.

2009년 10월

옮긴이 김완구

산책

나는 인간을 사회의 한 구성원으로 보기보다는 오히려 자연의 거주자 혹은 자연의 주요한 일부분으로 간주하기 위해, 단순하게 일상적으로 사용하고 있는 자유나 문화와 대조되는 것으로서의 자연Nature, 즉 절대적인 자유와 야생wildness에 대해 한마디 하고 싶다. 나는 극단적인 진술을 하고 싶다. 그리고 가능하다면 단호하게 이야기할 수도 있다. 왜냐하면 성직자나 교육 위원 같은 문명의 투사들이 충분히 있으며 여러분 모두도 문명을 무엇보다 소중하게 여길 것이기 때문이다.

　나는 평생 산책Walking의 기술을 이해하고 있는 사람, 말하자면 산책하는 데 타고난 자질을 갖춘 사람을 그저 한둘밖에 만나보지 못했다. 소요逍遙sauntering[1]라는 말은 고상하게도 '중세 시대에 성지Saint Terre로 간다는 구실로 시골을 떠돌면서 자선을 구하던 한가한 사람'에게서 유래했다. 중세 때는 심지어 아이들이 '저기 세인트 터러Sainte-Terrer가 간다'라고, 즉 '손터러Saunterer'[2]가, 즉 성지 사람이 간다고 외칠 정도였다. 시늉만 하고 결코 걸어서 성지에 가지 못하는 사람들은 실제로는 게으름뱅이나 방랑자에 지나지 않았지만, 거기에 가는 사람들은 좋은 의미에서의 소요객들이다. 하지만 몇몇 사람들은 소요라는 단어의 기원을 땅이나 집이 없다는 의미의 'sans terre'에서 찾는데, 이는 좋은 의미로 본다면 특정한 집은 없지만 어느 곳이나 다 집이 된다는 것을 뜻할 것이다. 왜냐하면 이것이 성공적인 소요의 비결이기 때문이다. 언제나 집에만 앉아 있는 사람들이 가장 근사한 방랑자일 수도 있다. 그러나 상식적으로 바다로 가는 가장 짧은 행로를 내내 부지런히 찾고 있는 굽이쳐 흐르는 강이 방랑자가 아닌 것처럼 소요객도 방랑자가 아니다. 그러나 나는 가장 그럴듯하게 보이는 첫 번째 것을 선호한다. 왜냐하면 모든 산책은 우리들 안에 있는 은자隱者 베드로Peter the Hermit[3]에게 설복되어 밖으로 나가 이교도들의 손아귀로부터 성지를 탈환하는 일종의 십자군 원정이기 때문이다.

우리는 사실 꾸준하고 결코 끝날 것 같지 않은 일들에는 손을 대려고 하지 않는 나약한 십자군 전사들, 바로 오늘날의 산책가들이다. 우리의 원정은 그저 짧은 여행일 뿐이다. 그래서 우리는 저녁이 되면 우리가 떠난 원래의 가정으로 다시 돌아온다. 산책의 절반은 온 길을 되돌아가는 것이다. 우리는 오로지 우리의 방부 처리된 심장만을 유품으로 쓸쓸한 왕국에 돌려보낼 각오를 하고, 아마 그치지 않는 모험심으로, 결코 돌아오지 않을 가장 짧은 여행을 떠나야 한다. 만일 여러분이 아버지와 어머니, 형제자매, 부인과 자식 그리고 친구들을 남겨두고 떠나 다시는 보지 않을 각오가 되어 있다면, 다시 말해 빚도 갚고 유언장도 만들고 모든 용무를 다 처리해 자유인이 되었다면, 여러분은 산책을 떠날 준비가 된 것이다.

내 경험에 따르면, 가끔 동료와 산책하는 동안 동료와 나는 우리가 새로운, 아니 더 정확히 말하자면 오래된 기사단의 기사라고 상상하는 것을 즐긴다. 다시 말해 고대 로마의 기병 부대Equestrian나 중세 프랑스의 기사들Chevaliers 그리고 독일어권의 기사들Ritters이나 기수들이 아니라, 더 오래되고 명예로운 계급에 속하는 산책가 집단의 기사들이라고 상상하는 것을 즐긴다. 한때 기사의 것이었던 기사도 정신과 영웅심 같은 것은 이제 기사가 아니라 모험을 찾아 여기저기 돌아다니는 산책가에게 귀속되거나 스며들어 있는 것처럼 보인다. 산책가는 교회와 국가 그리고 백성들 외의 일종의 제4계급이다.

우리는 우리가 이 근처에서 이러한 고상한 기술을 연마한 거의 유일한 사람들이라고 생각해왔다. 그런데 사실, 마을 사람들의 주장이 받아들여질 수 있다면 우리 마을 사람들 대부분은 내가 하는 것과 같은 방식으로 산책하기를 간절히 바라고 있을 수도 있겠지만, 그들은 그렇게 할 수가 없다. 이러한 직업의 자본이 되는 필수적 여가와 자유 그리고 자립심은 어떠한 재화나 재물로도 살 수가 없다. 그것은 오로지 신의 은총에 의해 이루어진다. 산책가가 되기 위해서는 신으로부터의 직접적인 분배가 요구된다. 여러분은 산책가 집단Walkers의 가족으로 태어나야 한다. 산책가는 태어나는 것이지 만들어지는 것이 아니다. 우리 마을의 어떤 사람들은 십 년 전에 한 산책, 숲속에서 반 시간 동안이나 길을 잃어버릴 지경으로 그렇게 즐거웠던 산책을 기억하고 나에게 설명해주기도 한다. 하지만 아무리 그들이 은총을 받은 선택된 부류에 속하는 것처럼 가장한다 해도, 나는 그들이 그 이후 지금까지도 여전히 탄탄대로highway에만 국한되어 있다는 것을 안다. 아마도 그들은 자신들이 산사람과 무법자이던 이전의 생활 모습을 회상함으로써 잠깐 동안 의기양양해 있었을 것이다.

즐거운 아침에,
그가 푸른 숲으로 들어갔을 때,
거기에서 그는 즐겁게 지저귀는
작은 새 울음소리를 들었다.

로빈 후드는 말한다.
"내가 여기에 왔던 것은 오래전인데,
갈색 사슴을 겨냥하는 것은

나를 잠시 기쁘게 한다."[4]

　나는 하루에 적어도 네 시간을, 보통은 이보다 더 많은 시간을, 속세의 모든 일에서 완전히 벗어나 숲을 가로지르고 언덕을 넘고 들판 여기저기를 어슬렁거리면서 돌아다니지 않고는 내 건강과 정신을 온전하게 보전할 수 없을 것이라고 생각한다. 여러분이 내 생각에 대해 뭐라고 말해도 좋다. 이따금 많은 장인들과 가게 주인들이 마치 자기 다리는 서거나 걷기 위해서가 아니라 앉아 있기 위해서 만들어지기라도 한 것처럼 다리를 꼰 채로 오전은 물론 오후까지도 내내 자기 가게에 머무르고 있는 것이 생각날 때면, 나는 그들 모두 오래전에 자살을 하지 않은 것만으로도 칭찬받을 일이라고 생각한다.

　무력해지지 않는 한 단 하루라도 방구석에 틀어박혀 있을 수 없는 나는, 이따금 11시 혹은 밤의 그림자가 이미 햇빛과 섞이기 시작해 낮을 되돌리기에는 너무 늦은 오후 4시에 몰래 밖으로 나갈 때면 마치 속죄해야 할 죄를 짓기라도 한 듯한 기분이 들었다. 이를테면 나는 이웃들의 도덕적인 무감각은 물론이려니와 일주일이나 한 달 그리고 1년 내내 온종일 가게나 사무실에 틀어박혀 지내는 그들의 인내력에 놀랐다. 오후 3시에도 마치 오전 3시인 것처럼 거기에 앉아 있는 그 사람들은 도대체 무엇으로 만들어진 사람들인지 모르겠다.

보나파르트[5]라면 오전 3시에 용기에 대해 이야기할 수도 있다. 그러나 그것은 동정이라는 강력한 끈으로 여러분들과 묶여 있는 수비대에 보급 물자를 차단해 항복시키기 위해, 여러분이 오전 내내 알고 있던 자기 자신과 마주 보며 오후의 이 시간에 기분 좋게 앉아 있을 수 있는 용기에 비하면 아무것도 아니다. 이때쯤에, 말하자면 조간신문은 너무 늦고 석간신문은 너무 이른 오후 4시와 5시 사이에 수많은 낡아빠지고 집 안에서 생겨난 어리석고 일시적인 생각들에 바람을 쐬기 위해 사방으로 흩뿌리는(말하자면 악은 그렇게 치료된다) 일상적인 폭발음이 거리 여기저기에서 들리지 않는 것이 이상하다.

남성들보다는 더욱더 집 안에 틀어박혀 있는 여성들이 어떻게 그것을 견디는지 나는 이해하지 못하겠다. 하지만 나에게는 그 사람들 대부분이 전혀 그것을 견디지 못한다고 의심할 근거가 있다. 여름날 오후 일찍 우리가 마을의 흙먼지를 옷자락에서 털어내면서 앞면이 순수 도리스 양식이나 고딕 양식으로 되어 있는 평온한 외양을 한 집들을 서둘러 지날 때면, 나의 동료는 아마 지금쯤 마을 주민들은 모두 잠자리에 들었을 거라고 작은 소리로 말한다. 그때 나는, 결코 잠들지 않고 언제나 밖에서 똑바로 서서 잠꾸러기들을 계속해서 지켜봐주는 건축물의 아름다움과 화려함을 감상한다.

확실히 기질과도 관계가 있겠지만 무엇보다도 나이가 훨

씬 더 그것과 관계가 있다. 사람은 나이가 들어감에 따라 가만히 앉아 실내에서 일하는 능력이 증대된다. 또 인생의 만년이 가까워짐에 따라 저녁에 활동하는 습성이 생겨난다. 그래서 마침내 그는 해가 지기 바로 전에 나타나서는 자신에게 필요한 산책을 반 시간 만에 해치우게 된다.

그러나 내가 얘기하는 산책은 이른바 환자가 정해진 시간에 약을 먹거나 아령이나 의자를 흔들어대는 운동을 하는 것과는 유사한 점이 전혀 없다. 그것은 그 자체로 하루의 중요하고 모험적인 기획이자 진기한 경험이다. 만일 여러분이 운동할 마음이 있다면 생명의 샘물을 찾아 나서라. 아직 찾지 않은 저 먼 목초지에서 샘물이 솟아오르고 있는데도 사람들이 건강을 위해 아령을 흔들어대고 있는 것을 생각해보라.

게다가 여러분은 걸으면서 되새김질을 하는 유일한 짐승이라는 낙타처럼 걸어야 한다. 한 여행자가 워즈워스William Wordsworth의 하녀에게 주인의 연구실study을 보여달라고 요구하자 그 하녀는 "여기는 그의 서고이고 그의 연구실은 집 밖에 있습니다"라고 대답했다.6

태양과 바람을 맞으며 주로 집 밖에서 생활하게 되면 분명 어느 정도는 성격이 거칠어질 것이다. 다시 말하자면 그것은 얼굴과 손이 그렇듯이, 혹은 힘든 육체노동이 손이 지니는 촉각의 섬세함을 어느 정도 앗아가듯이, 우리 본성의 비교적 정교한 몇몇 특질이 보다 두꺼운 표피로 뒤덮이도록 만들 것이다. 다른 한편 집에서 머무르게 되면 피부가 얇아진다고까지는 말하지 못하더라도 어떤 느낌들에 대한 민감성이 증대됨으로써 부드러워지거나 매끄러워질 수도 있다. 만일 태양이 약간 덜 비치고 바람이 약간 덜 분다면 아마도 우리는 우리의 지적이고 도덕적인 성장에 중요한 영향을 미치는 것에 보다 더 민감할 것이다. 그리고 확실히 두꺼운 피부와 얇은 피부의 균형을 잡는 것은 신중을 요하는 어려운 문제이다. 그러나 내가 생각하기에 그것은 필요한 만큼 충분히 줄기차게 떨어져나가게 될 얇은 비늘이나 딱지와 같은 것이다. 다시 말하자면 자연적인 치유책은 밤과 낮, 여름과 겨울, 사유와 경험이 지니는 조화 속에서 발견된다. 우리의 생각 속에는 그만큼 더 좋은 공기와 햇빛이 있을 것이다. 노동자의 굳은 손바닥은 나태로 인한 기력 없는 손가락보다는 그 촉감이 가슴을 떨리게 하는 자존심과 영웅적 자질의 보다 미세한 조직들과 관계가 있다. 그것은 낮에 잠자리에 누워 스스로를 순수하다고 생각하는 단순한 감상일 뿐이지 경험을 바탕으로 한 피부의 그을림이나 피부 경결과는 거리가 먼 것이다.

산책을 할 때면 우리는 당연히 들판이나 숲으로 간다. 그런데 만약 정원이나 나무 그늘이 있는 산책길만을 걸었다면 우리는 어떻게 되었을까? 심지어 몇몇 철학자들은 자신들이 숲에 가지 않기 때문에 자신들에게 숲을 가져와야 할 필요가 있다고 생각했다. '그들은 플라타너스 가로수 길을 조성했다.' 그리고 그들은 탁 트인 주랑 현관portico7에서 짧은 산책subdiales ambulationes을 했다. 만일 숲이 우리를 숲으로 이끌지 않는다면 우리가 숲으로 발길을 돌리는 것은 아무 소용이 없다. 나는 내가 몸소 숲으로 1마일이나 걸어갔는데도 정신적으로는 이루어낸 것이 아무것도 없을 때 당혹감을 느꼈다. 오후 산책에서 나는 오전에 있었던 일과 사회에 대한 책무를 모두 잊고 싶다. 그러나 내가 마을 사람들을 떨쳐버리지 못하는 경우가 이따금 있다. 일에 대한 생각이 머릿속으로 밀려들고 나는 내 몸이 있는 곳에 있지 않게 된다. 말하자면 나는 제정신이 아닌 것이다. 산책을 하면서 나는 제정신으로 되돌아가고 싶다. 만일 내가 숲속에서 숲 밖의 어떤 일에 대해 생각한다면 숲속에 있는 것이 무슨 소용이 있겠는가? 나는 내가 심지어 좋은 일에 결부되어 있다는 것을 깨달을 때도 의아해하고 몸서리치지 않을 수 없다. 그런데 이러한 일은 이따금 일어날 수도 있다.

인근에는 좋은 산책 길이 많다. 그런데 여러 해 동안 거의 매일 그리고 이따금은 여러 날 동안 계속해서 산책을 해왔지만, 나는 아직 그 길을 다 섭렵하지 못했다. 아주 새로운 경치는 커다란 행복을 가져다주고, 나는 어떤 오후에든 그 행복에 이를 수 있다. 두세 시간 정도 산책을 하면 나는 일찍이 보고 싶어 했던 낯선 시골에 이르게 될 것이다. 내가 이전에 보지 못한 외딴 농가는 때때로 다호메8 왕의 영토만큼이나 홀륭하다. 사실 반경 10마일 이내 또는 오후 동안에 할 수 있는 산책의 한계 이내에 있는 풍경과 70세의 인간 수명 사이에서는 일종의 조화를 발견할 수 있다. 그것은 여러분에게 그리 익숙하지 않을 것이다.

오늘날 주택 건설이라든가 숲이나 큰 나무의 벌목 같은 개발은 어리석게도 풍경을 훼손하고 있고 풍경을 점점 더 단조롭고 시시하게 만들어버린다. 울타리를 태우기 시작하고 숲을 그대로 두는 사람이라! 나는 반쯤 타버리고 대초원의 중간에서 그 끄트머리가 사라져버린 울타리를 보았다. 그리고 약삭빠른 속세의 수전노가, 자기 주변에 천국이 있는데도 측량 기사와 함께 자신의 경계를 찾고 있는 것을 보았다. 그는 이리저리 돌아다니고 있는 천사를 보지 못했고 대초원의 한가운데서 울타리의 말뚝을 세우려고 뚫어놓은 오래된 구멍을 찾고 있는 중이었다. 다시 바라다보니 그는 늪이 많은 음침한 소택지 한가운데서 악마들에게 둘러싸여 서 있었다. 그리고 그는 의심의 여지 없는 자신의 영역, 즉 세 개의 작은 돌멩이를 찾아냈다. 그런데 거기에는 말뚝 하나가 박혀 있었고 좀 더 가까이에서 보니 마왕Prince of Darkness이 바로 그의 측량 기사임을 알았다.

나는 우리 집 문 앞에서 시작해 어느 집도 들르지 않고, 또 여우와 밍크가 가로지른 길을 제외하고는 어느 길도 가로지르지 않고 10마일, 15마일, 20마일, 그 몇 마일이라도 쉽게 걸을 수 있다. 처음에는 강을 따라 걷고 그다음에는 시내, 또 그다음에는 풀밭과 숲 언저리를 따라 걷는다. 우리 집 인근에는 거주자들이 없는 지역이 수 제곱마일이나 있다. 수많은 언덕에서 나는 저 멀리의 문명사회와 사람들의 주거지를 바라볼 수 있다. 농부들과 그들이 일하는 모습이 우드척다람쥐 woodchuck[9]와 그것의 은신처보다 더 두드러지게 보이지는 않는다. 인간과 인간사, 교회와 국가와 학교, 교역과 거래, 제조업과 농업, 심지어 가장 걱정스러운 정치까지, 나는 이것들이 풍경 속에서 얼마나 작은 공간을 차지하고 있는지를 보는 것이 즐겁다. 정치는 그저 좁은 영역에 지나지 않는다. 그래서 저쪽의 훨씬 더 좁은 도로가 그곳으로 인도한다. 나는 때때로 여행자를 그쪽으로 향하게 한다. 만일 여러분이 정치적인 세계로 가고자 한다면 큰길을 따라가라. 다시 말해 시장 사람이 일으키는 먼지를 눈에 뒤집어쓰며 그를 따라가면 여러분은 곧장 거기에 이르게 될 것이다. 왜냐하면 정치 또한 그저 그것의 자리를 가질 뿐이지 모든 공간을 차지하지는 못하기 때문이다. 나는 콩밭을 지나가듯이 그곳을 지나 숲으로 간다. 그리고 그곳은 잊게 된다. 한 시간 반이면 나는 인간이 한 해 동안을 지속해서 살 수 없는 지구상의 어떤 장소로 떠나갈 수 있다. 그런데 거기에는 결국 정치는 없다. 왜냐하면 그것은 그저 인간의 담배 연기 같은 것에 지나지 않기 때문이다.

마을은 강의 호수처럼 도로가 그곳을 향해 뻗어 있는 그런 장소이다. 말하자면 도로의 확장인 것이다. 그것은 도로가 팔과 다리가 되는 몸체이다. 다시 말해 평범한 장소 혹은 네 갈래로 나누어진 장소, 여행자들의 통로 그리고 여행자들의 일상이다. 마을이라는 단어는 라틴어 'villa'에서 왔는데, 바로 Marcus Terentius Varro[10]는 'villa'의 어원을 길이라는 의미의 'via' 또는 보다 더 거슬러 올라가 'ved'와 'vella'와 함께 '실어 나르다'라는 의미를 가진 'veho'에서 찾는다. 왜냐하면 'villa'는 물건들이 실려나가고 실려 들어오는 장소이기 때문이다. 여러 마리의 짐승을 수레에 매서 물건을 실어 나르며 생계를 꾸리던 사람들은 'vellaturam facere'라고 불렸다. 그러므로 라틴어의 'vilis'라는 단어 그리고 영어의 'vile'(비열한)과 'villain'(악한)이라는 단어도 여기에서 유래를 찾을 수 있다. 이것은 마을 사람들이 어떤 식으로 타락하기 쉬운지를 암시해준다. 그들은 스스로 여행을 하지 않아도 여행자들이 자신들을 잠시 방문해서 시찰하는 여행에 지쳐 있다.

어떤 이들은 전혀 산책을 하지 않는다. 그리고 또 어떤 이들은 대로를 산책하기도 하고 몇 안 되는 일부 사람들은 지름길을 이용해 걷기도 한다. 도로는 말이나 장사하는 사람들을 위해 만들어진다. 나는 그런 길로 비교적 많이 다니지는 않는다. 왜냐하면 나는 그 길에서 통하는 선술집이나 식료 잡화점 혹은 말 보관소 혹은 정거장에 서둘러 가지 않아도 되기 때문이다. 나는 여행하기 위한 좋은 말이지 선택된 도로용 승용마는 아니다. 풍경화가는 도로를 표시하기 위해 사람의 모습을 이용한다. 그는 내 모습을 그런 식으로 이용하지 못할 것이다. 나는 오래된 예언자와 시인, 이를테면 마누[11], 모세, 호메로스[12], 초서Geoffrey Chaucer가 걸어 들어갔던 자연으로 나다닌다. 여러분은 그것을 아메리카라고 부를 수도 있지만 그것은 아메리카가 아니다. 아메리쿠스 베스푸치우스Americus Vespucius[13]도 콜럼버스Christopher Columbus도 그 밖의 어떤 사람도 아메리카의 발견자가 아니었다. 내가 본 미국에 대한 참된 설명은 소위 미국의 역사가 아니라 신화에 있다.

하지만 득을 보고 걸을 수 있는 길이 조금 있다. 그것은 마치 거의 끊긴 길 어딘가로 이어져 있는 것 같다. 오래된 말버러 길Old Marlborough Road이 있는데, 내가 생각하기에는, 그것이 나를 이르게 하는 곳이 말버러가 아닌 한 이제 그것은 말버러로 가는 길이 아니다. 나는 감히 여기에서 그것에 대해 이야기할 수 있다. 왜냐하면 나는 그런 길이 마을에 한두 개씩은 있다고 생각하기 때문이다.

오래된 말버러 길

그들이 한때 돈을 위해 파헤쳤으나,

결코 어떤 것도 찾지 못했던 곳,

그리고 이따금 군신軍神 마일스Martial Miles가

홀로 지나가는 곳,

그리고 일라이저 우드Elijah Wood,

나는 쓸모없는 사람을 걱정하나니,

그것은 일라이셔 두건Elisha Dugan 이외의

다른 사람이 아니다.

오 야생의 습성을 가진 사람,

자고새와 토끼들,

덫을 놓는 일 외에는

어떤 관심도 없고,

몹시 곤궁하게

달랑 혼자서만 살아가는 사람,

그리고 삶이 가장 유쾌한 곳에서

끊임없이 먹는 사람.

봄이 돌아다니기 위한 본능으로

나의 혈기를 자극할 때

나는 오래된 말버러 길에서

충분한 자갈을 얻을 수 있다.

아무도 그것을 써서 낡게 만들지 않기 때문에

아무도 그것을 수리하지 않는다.

기독교인들이 말하듯이

그것은 살아가는 방식이다.
아일랜드인 퀸의
손님을 제외한다면
거기에 들어가는 이는
많지 않다.
그것은 무엇인가, 그것은 무엇인가,
그저 저쪽 방향
그리고 어디론가 간다는
그저 단순한 가능성일 뿐인가?
돌로 된 커다란 길 안내판,
그러나 여행자들은 아무도 없고,
도시의 기념비
그 꼭대기에는 이름이 적혀 있다.
그것이 있을 수 있는 곳을
보러 가는 것도 가치 있다.
어떤 왕이
그 일을 했는지
나는 여전히 호기심을 가지고 있다.
어떻게 혹은 언제
어떤 도시 행정 위원이 세웠을까,
구거스인가 리인가,
클라크인가 다비인가?

그것은 끊임없이 어떤 것이 되기 위한
위대한 노력이다.
그리고 공란의 석판에는
여행객이 괴로워하면서
한 문장으로
알려진 모든 것을 새길 수도 있다.
그런데 그것은 다른 사람이
극도로 어려운 때에 읽었는지도 모른다.
나는 이러한 것을 한두 줄 알고 있는데,
그것은 지면 도처에 서 있는 문헌이다.
그런데 사람들은 다가오는 12월까지는
그것을 기억할 수 있고,
해동 후의 봄에는
그것을 다시 읽을 수 있다.
만일 여러분이 펼쳐진 상상력을 가지고
여러분의 거처를 떠난다면,
여러분은 오래된 말버러 길을 거쳐서
세상을 돌아볼 수 있다.

현재 이 근처에서 가장 좋은 땅은 사유 재산이 아니다. 풍
경은 소유되지 않고 산책가는 상대적인 자유를 누린다. 그러
나 아마 그것도 이른바 쾌락의 장으로 구획되고 거기에서 소

수의 사람들만이 한정된 독점적 쾌락을 누리게 될 날이 올 것이다. 다시 말해 담장이 늘어나고 사람들을 공공 도로에만 가둘 유혹의 함정과 여타의 다른 수단들이 고안될 날이 올 것이다. 그리고 신의 대지 위를 산책하는 것이 몇몇 지위 높은 사람들의 땅을 침범하는 것으로 생각될 날이 올 것이다. 사물을 독차지하는 것은 보통 여러분 자신을 그것의 진정한 즐거움에서 배제하는 것이다. 그렇다면 불운한 날들이 오기 전에 우리의 기회를 늘리자.

때때로 어디로 산책할지 결정하는 일을 힘들게 하는 것은 무엇일까? 나는 자연에는 포착하기 힘든 자력이 있다고 생각한다. 만일 우리가 무의식적으로 그것을 따른다면, 그것은 우리에게 바르게 길을 가르쳐줄 것이다. 그것은 우리가 어느 길로 산책하든지 우리에게 무관심하지 않다. 올바른 길이 있다. 하지만 우리는 부주의와 어리석음으로 잘못된 길을 가기가 아주 쉽다. 우리는 우리가 현실 세계에서는 선택하지 않는 길을 기꺼이 선택하는데, 그 길은 우리가 좋아하는, 내적이고 이상적인 세계에서 여행하는 바로 그런 길을 표상한다. 그리고 때때로 확실히 우리는 방향을 선택하기가 어렵다는 것을 알게 된다. 왜냐하면 아직 우리의 생각 속에 방향이 뚜렷하게 존재하지 않기 때문이다.

산책을 위해 집을 나섰는데도 아직 발길을 어디로 돌려야 할지가 불확실해서 본능에 따라 나에게 유리하게 결정을 할 때면 나는, 이상하고 묘하게 보일지도 모르지만, 결국은 남서쪽의 어떤 숲이나 초원 혹은 황량한 목초지나 언덕으로 방향을 잡는다. 나의 나침은 자리를 잡는 데 너무나 느리다. 다시 말해 각도가 약간 차이가 있고 사실 항상 남서쪽을 정확히 가리키지도 않는다. 그리고 이러한 편차에 충분한 근거가 있기는 하지만 그것은 항상 서쪽과 남남서쪽 사이에 자리하고 있다. 나에게 미래는 그쪽에 있으며 지구는 그쪽 방향이 고갈되지 않고 보다 더 풍부한 것 같다. 내 산책 길의 윤곽을 그리면 그것은 원이 아니라 포물선이거나 혹은 더 정확히 말하면 귀환하지 않는 곡선으로 생각되어온 혜성 궤도 중 하나와 같을 것이다. 그런데 이 경우에는 서쪽 방향이 열려 있고 그 안에 우리 집이 태양과 같은 자리를 차지하고 있을 것이다. 나는 때로 15분 동안이나 망설이며 주위를 빙글빙글 돌다가 마침내 남서쪽이나 남쪽으로 산책할 것을 결정한다. 나는 동쪽 방향으로는 강제적인 경우에만 가지만, 서쪽 방향으로는 자유롭게 간다. 하지만 볼일이 있어서 그쪽으로 가는 것은 아니다. 나는 동쪽의 지평선 저 너머에서 탁 트인 아름다운 풍경 혹은 충분한 야생 자연과 자유를 발견하리라고 생각하지 않는다. 나는 그쪽으로 산책할 기대감에 흥분하지는 않는다. 그렇지만 내가 서쪽 지평선에서 보는 숲은 지는 해를 향해 막힘없이 내뻗는다. 그리고 거기에는 나를 방해할 만큼 영향력 있는 마을도 도시도 없다. 이쪽 편에 도시가 있

고 다른 쪽 편에 야생 자연이 있는 곳에서 내가 원하는 곳에
살라 한다면, 나는 점점 도시를 떠나 계속해서 야생 자연 쪽
으로 물러나고 있을 것이다. 만일 내가 이런 것이 우리나라
사람들의 지배적인 경향이라고 생각하지 않았다면, 나는 이
러한 사실을 그렇게 강조하지 않았을 것이다. 나는 유럽 쪽
이 아니라 오리건 쪽으로 산책해야 한다. 그리고 나라가 그
쪽 방향으로 움직이고 있고 인류가 동쪽에서 서쪽으로 전진
한다고 이야기할 수도 있다. 몇 년 사이에 우리는 오스트레
일리아의 식민지 안에서 사람들이 남서쪽으로 이주하는 현
상을 목격해왔다. 하지만 우리는 이것을 퇴행적인 움직임으
로 생각했고, 오스트레일리아의 첫 이주 세대를 도덕적, 신
체적 특성으로 판단하건대 아직 그것이 성공적인 실험이라
고 할 수 없을 것이다. 동쪽의 타타르 사람들은 티베트를 넘
어 서쪽에는 아무것도 없다고 생각한다. '세계는 거기에서
끝'이고 '그 너머에는 끝없는 바다 이외에는 아무것도 없다'
고 그들은 말한다. 그들이 사는 곳이 완전한 동쪽이라는 것
이다.

　우리는 역사를 실현하고 예술과 문학 작품을 연구하기 위
해 인류의 발자국을 거슬러 올라가면서 동쪽으로 간다. 마찬
가지로 우리는 진취적인 기상과 모험심을 가지고 미래로 발
을 들여놓듯이 서쪽으로 간다. 대서양은 우리가 그 통로 위
에서 구세계Old World[14]와 그 제도를 잊을 기회가 있었던 레

테의 강이다. 만일 우리가 이번에 성공하지 못한다면, 지옥의 강Styx가 도착하기 전에 아마도 인류에게 남겨진 기회가 한 번 더 있을 것이다. 그런데 그것은 세 배나 더 넓은 태평양이라는 레테의 강에 있다.

나는 개인의 아주 별 볼 일 없는 산책도 인류의 일반적인 이동과 일치하는 것이 얼마나 중요한지 또 얼마나 기이한 일의 증거가 될지 알지 못한다. 하지만 나는, 몇몇의 경우에서 다람쥐들에게 일반적이면서도 이유를 알 수 없는 이동, 그러니까 사람들 말에 따르면 다람쥐들이 아주 폭이 넓은 강을 각자의 나무토막을 타고 항해를 위해 꼬리를 치켜든 채 건너기도 하고, 보다 폭이 좁은 개울에서는 자기들의 사체를 가지고 다리를 놓기도 하는 것으로 보이는 그러한 이동이 일어나게끔 영향을 미친 것으로 알려진 새와 네발짐승의 이주 본능과 같은 어떤 것, 그리고 봄에 집에서 기르는 소에게 영향을 미치는, 소 꽁무니에 있는 벌레와 관련 있는 격렬한 흥분 상태 같은 어떤 것이 장시간 계속해서 혹은 때때로 인류와 개인 모두에게 영향을 미친다는 것을 안다. 기러기 떼들은 우리 마을에서는 꽥꽥 울지 않지만 그것은 어느 정도는 여기 있는 부동산의 가치를 불안하게 한다. 그래서 내가 중개인이라면 아마 그러한 소동을 고려해야 할 것이다.

그때 사람들은 순례 여행을 떠나기를 간절히 바라고

전문 순례자들은 낯선 땅을 찾기를 간절히 바란다.[15]

　나는 일몰을 바라볼 때마다 해가 지는 곳처럼 멀고도 아름다운 서부로 가고 싶어진다. 해는 매일 서쪽으로 이동하면서 우리에게 따라오라고 유혹하는 것처럼 보인다. 그것은 인류가 따르는 개척자 그레이트 웨스턴 호[16]이다. 우리는 지평선에 있는 그 산마루들이 단지 햇살에 마지막 금빛을 발했던 덧없는 환상일 수 있더라도 밤새 그것에 대한 꿈을 꾼다. 아틀란티스 섬[17]과 일종의 지상 낙원인 헤스페리데스[18]의 정원과 섬은 신비와 시로 둘러싸인 고대인들의 그레이트 웨스트 Great West처럼 보인다. 해가 넘어가는 하늘을 바라보면서 상상 속에서 헤스페리데스의 정원과 이 모든 신화의 기초를 보지 못한 사람이 누가 있겠는가?

　콜럼버스는 어느 누구보다도 서부로 향하는 성향을 강하게 느꼈다. 그는 그러한 성향을 따랐고 카스티야[19]와 레온[20]을 위해 신세계New World를 발견했다. 그 당시에 인간 무리들은 멀리서도 신선한 풀밭의 냄새를 구별했다.

　그리고 이제 태양은 모든 언덕에 뻗어 있었고
　이제 서쪽의 산림으로 둘러싸인 초원 아래로 떨어진다.

그리고 마침내 그는 일어나서 자신의 푸른색 망토를 와락 잡
아당긴다.
내일 숲과 목초지를 새롭게 만들기 위해서.[21]

지구상의 어디에서 이렇게 우리 미국의 대부분에 의해 점
유된 곳만큼 넓은 지역, 그토록 비옥하고 그토록 생산물이
풍부하고 다채로운 지역, 그러면서도 유럽인들이 거주할 수
있는 지역이 발견될 수 있을까? 그것의 일부를 잘 알고 있던
미쇼André Michaux[22]는 다음과 같이 말한다. 이를테면 "큰 나
무종들은 유럽보다는 북아메리카에 훨씬 더 많다. 미국에는
키가 30피트를 넘는 것이 140여 종 이상 있지만, 프랑스에는
이 정도 크기에 이르는 것이 30종 있을 뿐이다". 이후의 식물
학자들은 그의 관찰 결과를 충분히 확인해준다. 훔볼트Alex-
ander von Humboldt[23]는 열대 식물에 대한 젊은이다운 꿈을 실
현하기 위해 미국에 왔다. 그리고 자신이 그렇게 웅변적으로
기술해온, 지구에서 가장 거대한 야생 자연인 아마존의 원시
림에서 가장 완벽한 상태에 있는 열대 식물들을 보았다. 유
럽의 지리학자 기요Arnold Henry Guyot[24]는 더 멀리 갔는데,
이를테면 내가 따라갈 각오가 되어 있는 것보다도 더 멀리
갔다. 그런데도 그가 다음과 같이 말할 때는 그렇지 않다. 이
를테면 "식물이 동물을 위해 만들어지듯이, 다시 말해 식물
계가 동물계를 위해 만들어지듯이, 아메리카는 구세계를 위

해 만들어진다…구세계 사람은 그의 노정을 시작한다. 아시아의 고지를 떠나 그는 차츰차츰 유럽을 향해 내려오고 있다. 각각의 단계는 이전보다 우월한 새로운 문명을 통해, 말하자면 개발이라는 보다 더 큰 힘에 의해 기록된다. 대서양에 도착했을 때 구세계 사람은 그 끝을 알지 못하는, 알려지지 않은 대양의 해안에서 잠시 멈추고 일순간 발을 돌린다". 그 구세계 사람은 유럽의 풍부한 토양을 고갈시키고 다시 활기를 띠게 되었을 때, "옛날처럼 서쪽을 향해 모험적인 질주를 다시 시작한다". 기요는 이 정도이다.

대서양이라는 장벽을 만난 서쪽의 충격에서 근대의 상업과 기업이 생겨났다. 미쇼의 아들은 〈1802년의 앨러게니 산맥 서쪽 여행Travels West of the Alleghanies in 1802〉에서 새로 정착한 서부에서 흔히 있는 질문은 "당신은 세계의 어느 지역에서 왔습니까?"라고 말한다. "마치 이 광대하고 비옥한 지역들이 당연히 지구상의 모든 주민들이 만나는 공동의 장소라도 되는 것처럼" 말이다.

폐어가 된 라틴어를 사용해서 말하면 'Ex Oriente lux; ex Occidente FRUX'이다. 동쪽에서 불을 켜고 서쪽에서 열매를 맺으라는 것이다.

영국의 여행가이자 캐나다의 총독이었던 프랜시스 헤드Francis Head 경은 우리에게 다음과 같이 말한다. "신세계의 북반구와 남반구 모두에서 자연은 보다 대규모로 그 작품의 윤곽을 그렸을 뿐 아니라 그것이 구세계를 묘사하고 아름답게 하는 데 사용했던 것보다 더 밝고 값비싼 색깔로 전체 그림에 색을 칠했다…아메리카의 하늘은 끝없이 더 높아 보이고 하늘빛은 더 푸르며 공기는 더 신선하고 추위는 더 매섭다. 그리고 달은 더 커 보이고 별들은 더 반짝이며 천둥소리는 더 우렁차고 번개는 더 선명하다. 바람은 더 세차고 비는 더 거세며 산은 더 높고 강은 더 길며 숲은 더 크고 평원은 더 광대하다." 이러한 진술은 적어도 세계의 이 부분과 그 생산물에 대한 뷔퐁Georges-Louis Leclerc Buffon[25]의 설명과 비교될 것이다.

린네Carl von Linné[26]는 오래전에 다음과 같이 말했다. "Nescio quae facies laeta, glabra plantis Americanis(나는 아메리카 식물의 모습에 마음을 기쁘게 하고 호감을 주는 그 무엇이 있는지 모르겠다)." 그리고 나는 이 나라에는 로마 사람들이 'Africanae bestiae'라고 불렀던 아프리카의 짐승이 없고 또는 있더라도 아주 적다고 생각하고, 또한 이는 사람이 거주하기에는 특히 적합한 점이라고 생각한다. 우리는 싱가포르의 이스트인디언 시를 중심으로 3마일 이내에서 주민들 몇몇이 해마다 호랑이에게 목숨을 잃는다는 얘기를 들었다. 그러나 북아메리카에서는 여행자가 야생 동물에 대한 두려움 없이 거의 어느 곳에서나 잠을 잘 수 있다.

이러한 것은 고무적인 증거이다. 만일 달이 유럽에서보다 여기에서 더 크게 보인다면 아마 태양도 더 크게 보일 것이다. 만일 아메리카의 하늘이 끝없이 더 높아 보이고 별들이 더 반짝여 보인다면 나는 이러한 사실들은 그 거주민들의 철학과 시와 종교가 언젠가 치솟아 오를 수도 있는 높이를 상징하는 것이라고 생각한다. 마침내 아마 무형의 하늘이 아메리카인의 마음에 그만큼 더 높은 것으로 보일 것이고 그 하늘을 별로 장식하는 암시들intimations도 그만큼 더 반짝일 것이다. 왜냐하면 나는, 산속 공기 중에 정신에 양식을 공급하고 영감을 주는 것이 있는 것처럼, 풍토가 인간에게 그렇게 작용한다고 생각하기 때문이다. 인간은 이러한 영향 아래서 지적으로는 물론이고 육체적으로도 보다 더 완전하게 성장하지 않을까? 혹은 그의 인생에서 안개 낀 날이 얼마나 되는지는 중요하지 않은 것인가? 나는 우리가 보다 상상력이 풍부해질 것이고 우리의 생각도 우리의 하늘처럼 더 뚜렷해지고 신선해지며 보다 영묘해질 것이라고 생각한다. 다시 말해 우리의 이해력도 우리의 평원처럼 광범위해지고 포괄적이게 될 것이고, 우리의 지성도 우리의 천둥과 번개 그리고 우리의 강이나 산, 숲과 같이 전반에 걸쳐 더욱 대규모가 될 것이며 우리의 마음도 폭과 깊이 그리고 웅대함에 있어서 우리의 내해와 대등하게 될 것이다. 아마 여행자들에게는 우리의 얼굴에 있는, 마음을 기쁘게 하고 차분하게 하는 어떤 것, 하지만 그들은 그것이 무엇인지 잘 모르는 그 어떤 것이 보이게 될 것이다. 그렇지 않다면 세계가 어떤 목적을 향해 나아가겠으며 아메리카는 어떤 이유로 발견되었겠는가?

아메리카인들에게 나는 다음과 같이 말할 필요는 없다.

제국의 별은 서쪽으로 방향을 잡는다.

진정한 애국자로서 나는 낙원에 있는 아담이 이 나라의 미개척지에 사는 사람들보다 전반적으로 더 좋은 자리를 차지하고 있다고 생각한 것을 부끄러워해야 한다.

매사추세츠에서의 공감들은 뉴잉글랜드에만 한정되지 않는다. 우리는 비록 남부와는 사이가 틀어질 수 있다 하더라도 서부와는 공감하고 있다. 스칸디나비아 사람들 중 어떤 이들이 바다를 상속 재산이라고 생각했듯이 거기에는 보다 어린 아들들의 안식처가 있다. 히브리어를 공부하기에는 너무 늦었고 오늘날의 통용어를 이해하는 것이 더욱더 중요하다.

몇 달 전에 나는 라인강의 전경을 보러 갔다. 그것은 중세의 꿈과 같은 것이었다. 나는 상상보다 더한 어떤 것에 젖어 그것의 역사적 흐름을 따라 떠돌아다녔다. 로마인들이 건설하고 후에 영웅들이 수리한 다리 아래로, 그리고 그 이름들이 내 귀에는 음악이었고 그것들 각각으로서 전설의 주제가 되었던 도시와 성곽들을 지나서 떠돌아다녔다. 거기에는 내가 역사 속에서만 알고 있었던 에렌브라이트슈타인과 롤란트제

크와 코블렌츠[27]가 있었다. 그것들은 주로 나의 관심을 끈 유적들이었다. 그 강물과 덩굴을 덮어쓴 언덕과 계곡에서는 성지로 떠나는 십자군의 음악처럼 조용한 음악이 흘러나오는 것 같다. 나는 마치 영웅의 시대로 유배되어 기사도의 공기를 호흡하기라도 한 것처럼 마법의 주문에 걸려 떠돌았다.

이내 나는 미시시피의 전경을 보러 갔다. 그리고 내가 오늘날을 생각하면서 그 강을 애써 올라가고, 목재를 싣고 가는 기선을 보기도 하고, 발전하고 있는 도시를 헤아려보기도 하며 노부의 새로운 유적을 응시하기도 했을 때, 그리고 그 강을 가로질러 서쪽으로 가는 인디언을 바라보기도 하고, 또 전에 내가 모젤강을 방문했을 때처럼 지금은 오하이오강과 미주리강을 방문하고 더뷰크[28]와 웨노나의 절벽에 대한 전설을 여전히 과거나 현재보다는 미래에 대해 보다 많이 생각하면서 들었을 때, 나는 그 강이 이제 성곽의 기초가 쌓이고 유명한 다리가 그 위에 놓여야 하는 다른 종류의 라인강이라고 생각했다. 그리고 영웅은 보통 가장 단순하고 알기 어려운 사람이기 때문에 우리가 비록 그것을 알지는 못하더라도 지금이 바로 영웅의 시대라는 느낌이 들었다.

내가 이야기하는 서부는 야생의 또 다른 이름일 뿐이다. 그리고 내가 말하려고 해온 바는 세계의 보존이 야생 자연에 달려 있다는 것이다. 모든 나무는 야생을 찾아 그 수염뿌리를 뻗는다. 도시들은 어떤 값을 치르더라도 그것을 가져온다. 사람들은 그것을 위해 힘들여 나아가고 그것을 향해 출범한다. 사람들을 기운 나게 만드는 강장제와 나무껍질이 숲과 야생 자연에서 나온다. 우리의 조상들은 야만인이었다. 늑대의 젖을 먹고 자란 로물루스와 레무스[29]의 이야기는 의미 없는 우화가 아니다. 저명해진 국가 수립자들은 그들의 양분과 활기를 그러한 야생이라는 원천에서 얻었다. 제국의 아이들이 바로 북쪽 숲의 아이들에게 정복당하고 추방당한 것도 바로 그들이 늑대의 젖을 먹고 자라지 못했기 때문이다.

나는 곡식이 자라는 숲과 초원과 밤을 믿는다. 우리의 차茶에는 북미산 솔송나무나 서양측백나무를 우려낸 즙이 필요하다. 체력을 위해 먹고 마시는 것과 단순히 폭식을 위해 먹고 마시는 것은 차이가 있다. 호텐토트족[30]은 얼룩 영양은 물론이고 다른 영양의 골수까지 당연히 날것으로 게걸스럽게 먹어치운다. 우리나라의 북쪽에 있는 몇몇 인디언들도 북극 순록의 골수와 다른 다양한 부위들까지 날것으로 먹는다. 그리고 부드럽기만 하다면 뿔의 끄트머리까지 먹어치운다. 이에 비추어본다면 그들은 파리의 요리사들을 앞질러왔다. 그들은 보통 불에 연료를 공급하듯 영양가 있는 것을 수확한다. 이것은 아마도 틀림없이 축사에서 길러 살이 찐 쇠고기와 도살장의 돼지고기보다는 사람을 더 훌륭하게 만들 수 있을 것이다. 마치 우리가 얼룩 영양의 골수를 날것으로 먹어치우면서 살았던 것처럼, 어떠한 문명도 그것의 섬광을 견딜 수 없는 그러한 야생을 나에게 달라.

북아메리카 동부산 개똥지빠귀 변종들과 접경하는 몇몇 지역들이 있는데 이곳은 내가 이주하려고 했던 곳이다. 즉 그곳은 어떤 개척자도 정착하지 않았던 야생 지대이다. 그리고 생각건대 나는 이미 그곳에 익숙해져 있는 것 같다.

아프리카의 사냥꾼 커밍Roualeyn Gordon-Cumming[31]은 방금 죽은 일런드영양[32]의 가죽은 물론이고 대부분의 다른 영양의 가죽은 나무와 풀잎의 가장 향기로운 냄새를 뿜어낸다고 우리에게 얘기한다. 나는 모든 사람들이 자연의 중요한 일부인 야생 영양을 좋아하도록 만들고 싶다. 그래서 어떤 사람의 몸체가 순조롭게 그의 존재에 대한 우리의 느낌을 드러내 보이고, 우리에게 그가 가장 많이 왕래하는 자연의 부분을 상기시키게 하고 싶다. 덫 사냥꾼들의 외투가 사향뒤쥐의 냄새를 풍기더라도 나는 그것을 빈정댈 의향이 없다. 그것은 나에게 보통 상인이나 학자의 외투에서 나는 냄새보다 더 달콤한 냄새이다. 내가 그들의 옷장으로 가서 그들의 옷을 만져보아도, 그들이 자주 들렀던 녹색의 평원이나 꽃으로 뒤덮인 초원은 떠오르지 않고 오히려 먼지투성이인 상인의 교환물과 장서들이 생각날 뿐이다.

햇볕에 그을린 피부는 존경할 만한 사람 이상의 어떤 것이다. 그리고 아마 올리브색은 흰색보다 인간, 즉 숲의 거주민에게 더 어울리는 색일 것이다. '창백한 백인이로군!' 나는 아프리카 사람들이 백인을 불쌍히 여긴 것을 이상하게 생각하지 않는다. 자연주의자인 다윈Charles Robert Darwin은 "타히티 섬 사람 곁에서 목욕하고 있는 백인은 훤히 트인 광활한 벌판에서 원기왕성하게 자라고 있는 아주 짙은 녹색의 식물과 비교되는, 정원사의 기교로 표백된 식물과 같았다"라고 말한다.

벤 존슨Ben Jonson[33]은 다음과 같이 외친다.

공평한 것은 선善과 얼마나 가까이에 있는가!

그래서 나는 다음과 같이 말할 것이다.

야생적인 것은 선과 얼마나 가까이에 있는가!

생명은 야생과 일치한다. 가장 활동적인 것은 가장 야생적인 것이다. 아직 인간에게 정복되지 않았지만 그 존재는 인간을 기운 나게 만든다. 끊임없이 서둘러 나아갔고 결코 노동을 그치지 않았던 사람, 즉 빠르게 성장했고 생명을 끝없이 요구했던 사람은 항상 자신이 새로운 지역이나 야생 자연 속에서 생명의 원료에 둘러싸여 있다는 것을 발견할 것이다. 그는 원시 산림수의 포복성 줄기 위를 타고 넘을 것이다.

나에게 희망과 미래는 잔디밭이나 경작된 벌판, 즉 시내와 도시에 있는 것이 아니라 손상되지 않고 흔들리는 습지에 있다. 이전에 내가 구입하려고 생각했던 약간의 농지에 대한 나의 기호를 분석했을 때, 나는 흔히 내가 그 농지의 한구석에 있는 자연적인 웅덩이인, 손상되지 않았고 깊이를 헤아릴 수 없는 몇 제곱로드[34]의 소택지에만 관심이 있다는 것을 깨달았다. 그것은 나를 현혹시키는 보석이었다. 나는 마을의 경작된 곡창 지대보다는 토착 마을을 둘러싸고 있는 습지에서 더 많은 생계 수단을 손에 넣는다. 내가 보기에는 지구 표면의 부드러운 장소를 덮고 있는 왜소 식물 진퍼리꽃나무cassandra calyculata의 조밀한 화단보다 더 풍부한 정원은 없다. 식물학은 모두 흔들거리는 물이끼 사이에 서 있는 하이블루베리high-blueberry, 패니클드 안드로메다panicled andromeda, 램킬lambkill, 진달래, 북아메리카산 철쭉과 같이 거기에서 자라는 관목의 이름들만을 나에게 알려줄 수 있을 뿐이다. 나는 종종 다른 꽃밭과 그 테두리, 옮겨 심은 가문비나무와 잘 다듬어진 회양목, 심지어 자갈이 깔린 샛길까지 모두 빼버리고 내 집이 또렷하지 않은 붉은빛의 덤불 더미를 정면으로 향하게 하고 싶다는 생각을 한다. 즉 나는 내 집 창문 아래에 단지 지하실을 팔 때 버려진 모래를 덮어버리기 위해서 퍼 온 몇 수레 분량의 흙 따위가 아니라 풍요로운 장소를 갖고 싶다는 생각을 한다. 내 집, 즉 내 거실을 내가 내 집 앞마당이라고 부르는 진기한 물건의 빈약한 수집물들 뒤에, 즉 초라한 명색뿐인 자연과 인공의 뒤에 두는 대신에 이러한 부지 뒤에 두는 것은 어떨까? 그것은, 비록 그 안에 거주하는 사람뿐 아니라 지나가는 사람들을 위해서 이루어지는 것이긴 하지만, 목수와 석수가 떠났을 때 깨끗이 치워지고 보기 싫지 않은 모습으로 만들기 위한 노력이기도 하다. 가장 멋들어진 앞마당 울타리는 나에게는 결코 마음에 드는 연구 대상은 아니었다. 그리고 가장 정교한 장식들, 즉 도토리깍정이 같은 것들도 곧 나를 싫증나고 불쾌하게 만들었다. 여러분의 창문턱을 습지의 가장자리와 마주 보게 하라. 그러면 (비록 그것이 물기 없는 지하실을 위해서는 최선의 장소가 아닐 수도 있겠지만) 그쪽에는 일반인들이 접근하지 않을 것이다. 앞마당이라는 것은 걸어 들어가도록 만들어지지 않고 기껏해야 구경하면서 지나가는 곳으로 만들어지고, 여러분은 뒷길로 들어갈 수 있다.

자, 여러분은 나를 별난 사람이라고 생각할 수도 있겠지만, 만일 인간의 기술로 설계한 가장 아름다운 정원의 인근에 살라는 제의와 디즈멀 대습지 인근에 살라는 제의가 있다면, 나는 틀림없이 습지에 살기로 결정할 것이다. 그렇다면 일반인들인 여러분의 모든 노력은 나에게는 얼마나 헛된 것인가!

나의 기분은 아주 확실하게 바깥쪽의 쓸쓸함에 비례하여 고조된다. 나에게 대양이나 사막, 야생 자연을 달라! 사막에서는 순수한 공기와 고독이 수분과 비옥함의 결핍을 벌충해 준다. 여행가 버턴Burton은 그것에 대해서 다음과 같이 말한다. "당신의 의욕은 고조된다. 그리고 당신은 솔직하고 따뜻하고 호의적이고 성실한 사람이 된다…사막에서 알코올이 함유된 음료는 불쾌감을 자극할 뿐이다. 단순한 동물적 생활 방식에는 말할 수 없는 즐거움이 있다." 타타르 지역의 대초원에서 오랫동안 여행을 해온 사람들은 다음과 같이 말한다. "경작된 땅에 다시 들어서자마자 곧 문명의 동요와 혼란, 소란이 우리를 괴롭히고 숨 막히게 했다. 그리고 공기는 우리에게 도움이 되지 않는 것처럼 보였고 우리는 매 순간 질식해 죽을 것만 같은 느낌이 들었다." 기분 전환을 하고자 할 때, 나는 가장 어두운 숲과 가장 울창하고 긴, 일반인에게는 가장 쓸쓸한 습지를 찾는다. 나는 유대 신전의 지성소 같은 신성한 장소로서의 습지로 들어간다. 거기에는 자연의 골수와도 같은 힘이 있다. 자연림은 미개척된 옥토를 뒤덮고 있다. 그리고 이 같은 토양은 인간뿐 아니라 나무에도 좋다. 농장이 많은 양의 거름을 필요로 하는 만큼 인간의 건강도 전망 좋은 수많은 초원을 필요로 한다. 거기에는 그가 먹고 사는 많은 음식물이 있다. 마을은 그 안에 거주하는 정의로운 사람들이 보호하기도 하지만 오히려 그 마을을 둘러싸고 있는 습지가 보호하기도 한다. 하나의 원시림이 위에서 물결을 이루고 아래에서는 또 다른 원시림이 썩어 없어지는 지역,

그러한 지역의 마을은 옥수수나 감자를 기르기에 적합할 뿐 아니라 다가오는 시대를 위한 시인과 철학자를 기르는 데도 적합하다. 그러한 토양에서 호메로스와 공자 그리고 그 밖의 여러 사람들이 자랐고, 그러한 야생 자연에서 메뚜기와 야생 벌꿀을 먹는 개혁가가 나온다.

야생 동물을 보호한다는 것은 일반적으로 그것들이 거주하거나 의지하기 위한 숲을 만들어낸다는 것을 의미한다. 그것은 인간에게도 마찬가지이다. 수백 년 전에 인간은 숲에서 벗겨낸 나무껍질을 거리에서 팔았다. 원시적인 우툴두툴한 나무의 모습에는 인간의 생각의 힘을 단련하고 강화한 무두질의 원리가 있었다는 생각이 든다. 아! 이미 나는 여러분이 충분히 두꺼운 나무껍질을 잔뜩 모을 수 없는, 더 이상 타르와 송진을 생산하지 못하는 나의 고향 마을의 타락을 보며 이 시대에 몸서리친다.

그리스, 로마, 영국 같은 문명국들을 유지시켜준 것은 그것들이 서 있는 자리에서 옛날에 썩어 없어진 원시림이었다. 그들은 토양이 고갈되지 않는 한 살아남는다. 아 —— 인간의 문화여! 식물의 땅이 고갈되면 국가에 기대할 것이라고는 거의 없게 된다. 그리고 조상의 뼈로 거름을 만들지 않을 수 없다. 거기에서 시인은 단순히 자신의 남아도는 지방으로 스스로를 유지하고 철학자는 무릎을 꿇는다.

'미개척된 땅을 경작하는 것'은 아메리카인의 임무이며

'농업은 여기에서 이미 그 밖의 어느 곳에서도 알려지지 않은 몫을 떠맡는다'고 얘기된다. 나는 인디언들이 초원을 되찾고, 그래서 스스로를 더 강하게, 그리고 어떤 점에서는 더 자연적으로 만들었다는 바로 그 이유 때문에 농부가 그 인디언들을 쫓아냈다고 생각한다. 나는 며칠 전에 어떤 사람을 위해서 습지를 가로질러 직선으로 132로드나 되는 거리를 측량했는데 어쩌면 그 입구에는 단테Alighieri Dante[35]가 지옥의 입구에서나 읽었을 법한 문구들, 이를테면 '그대들이여 모든 희망(언젠가 다시 나오리라는 희망 같은 것들)은 버려두고 들어가라'와 같은 문구들이 쓰여 있을지도 모른다는 생각이 들었다. 그런데 거기에서 일찍이 나는 여전히 겨울인데도 불구하고 나에게 측량을 맡긴 사람이 자신의 소유지에서 정말 목만 내놓고 살려고 헤엄치고 있는 것을 보았다. 그는 완전히 물에 잠겨 있어서 내가 전혀 측량할 수 없는 또 다른 유사한 습지를 가지고 있었다. 그럼에도 불구하고 이 세 번째 습지는 내가 멀리서 측량을 했는데, 그는 자신의 천성대로, 그곳에는 진창이 많기 때문에 그것을 돈을 받고는 내놓을 수 없다고 내게 말했다. 그리고 그 사람은 40개월 동안 띠 모양으로 둘러싸는 배수로를 사방으로 파고 가래의 마법으로 그것을 매립하려고 한다. 나는 그를 단지 한 부류의 전형으로서 언급하는 것이다.

자자손손 가보로 전해져야 하는, 우리에게 가장 중요한 승리를 안겨온 무기는 칼과 창이 아니라 많은 초원의 피에 녹슬고 많은 치열한 들판의 먼지로 지저분해진 낫과 잔디깎기, 가래, 괭이이다. 바람은 인디언의 옥수수 밭을 초원으로 날려 보냈고 인디언이 따라갈 재간이 없는 행로를 가리켰다. 그가 땅에서 자기 몸을 지키는 도구로 대합조개 껍질보다 더 좋은 수단은 없다. 그러나 농부는 쟁기와 가래로 무장하고 있다.

문학에서 우리를 매혹하는 것은 오로지 야생뿐이다. 활기가 없다는 것은 길들었다는 것의 또 다른 이름에 지나지 않는다. 우리를 매우 즐겁게 하는 것은 학교에서 배운 것이 아니라 《햄릿Hamlet》이나 《일리아스Ilias》 같은 성전과 신화에 있는 문명화되지 않은 자유롭고 야생적인 생각이다. 야생 오리가 길든 오리보다 더 날렵하고 아름답듯이 이슬을 떨어뜨리면서 소택지 위로 날아가는 청둥오리 같은 야생적인 사유도 아름답다. 참으로 좋은 책이란 서부의 대초원이나 동부의 정글에서 발견되는 야생화처럼 자연스럽고, 또 의외로 설명할 수 없이 아름다우며 완벽한 어떤 것이다. 천재는 아마도 지식 자체의 전당을 산산이 부수는 번갯불처럼 어둠을 밝게 해주는 빛일 것이다. 그런데 이것은 보통 낮의 빛 앞에서는 무색해지는 난로에서 빛나는 희미한 빛은 아니다.

초서와 스펜서Edmund Spenser, 밀턴John Miolton, 그리고 심지어 셰익스피어William Shakespeare까지 포함하는 음유 시인의 시대에서 호반 시인의 시대에 이르기까지, 영국 문학은 전혀 싱싱하게 살아 있지 않으며 이러한 의미에서 야생적 기질이 없다. 그것은 본질적으로 그리스와 로마를 반영하는 길들고 문명화된 문학이다. 그러한 문학에서의 야생 자연은 녹림greenwood[36]이고 그러한 문학에서의 야생 인간은 로빈 후드이다. 자연의 온화한 사랑에 대해서는 많이 다루어지지만 자연 자체에 대해서는 그렇게 많이 다루어지지 않는다. 그러한 문학에서의 연대기는 야생 동물이 언제 멸종하게 되었는지에 대해서는 우리에게 알려주지만 야생의 인간들이 언제 사라지게 되었는지는 알려주지 않는다.

홈볼트의 과학과 시는 별개의 것이다. 오늘날의 시인은 엄청난 과학의 발견과 인류의 축적된 지식에도 불구하고 호메로스를 능가하지 못한다.

자연을 표현하는 문학은 어디에 있는가? 바람과 시내를 인용해서 자신을 대변할 수 있는 사람, 농부들이 추위에 부풀어 올라온 말뚝을 봄에 눌러 박듯이 단어를 그 본원적인 의미에 고정시키는 사람, 단어를 사용할 때마다 그 유래를 찾아 그것들을 뿌리에 흙이 묻은 그대로 자신의 책에 옮겨 심는 사람을 시인이라고 할 수 있을 것이다. 그리고 시인의 단어는 너무도 진실하고 신선하고 자연적이어서, 비록 도서관에서 곰팡내 나는 두 책장 사이에서 반쯤은 질식된 상태로 있기는 하지만, 그래도 봄의 길목에 있는 봉오리들처럼,

언제나 나름대로 충실한 독자를 위해, 둘러싸고 있는 자연과 동조하여 거기에서 꽃을 피우고 열매를 맺기 위해 부풀어 오르고 있을 것이다.

나는 야생에 대한 이러한 열망을 적절하게 표현한 인용할 만한 어떤 시도 알지 못한다. 이러한 면에서 볼 때 가장 좋은 시는 길들거나 문명화된 것이다. 나는 이미 알고 있는 그러한 자연에 대한 나를 만족시킬 만한 설명을, 고대의 문학이든 근대의 문학이든 그 어떤 문학에서 찾아야 할지 알지 못한다. 여러분은 내가 아우구스투스 황제 시대도 엘리자베스 여왕 시대도 제공할 수 없는, 말하자면 그 어떤 문화도 제공할 수 없는 것을 요구한다고 생각할 것이다. 신화는 그 어떤 것보다도 그것37에 보다 가까이 있다. 자연은 영국 문학보다는 그리스 문학에 훨씬 더 풍부하게 뿌리를 두고 있지 않은가! 신화는 그 토양이 고갈되기 전에, 공상과 상상력이 마름병에 걸리기 전에 구세계가 만들어낸 수확이다. 그런데 그것은 옛날의 활기가 약해지지 않은 곳에서는 어디서나 여전히 열매를 맺고 있다. 다른 문학들은 오로지 우리의 집을 그늘지게 하고 있는 느릅나무처럼 지속되고 있을 뿐이다. 그러나 이런 다른 문학들은 인류만큼이나 오래된 서부의 작은 섬의 거대한 용혈수38 같다. 그리고 이것들은 정말로 그렇든 그렇지 않든 오래도록 지속될 것이다. 왜냐하면 다른 문학의 부패는 그것이 번성하는 토양을 만들어주기 때문이다.

서양은 동양의 우화에 자신들의 우화를 더하려고 하고 있
다. 갠지스강, 나일강, 라인강의 유역들은 그 수확물을 만들
어왔지만 아마존강, 라플라타강, 오리노코강, 세인트로렌스
강, 미시시피강이 무엇을 생산할 것인지는 여전히 두고 보아
야 한다. 아마 여러 세대 후 미국의 자유가 과거의 허구가 되
었을 때(그것이 어느 정도까지는 현재에도 허구인 것처럼) 세계
의 시인들은 아메리카의 신화에 영감을 받을 것이다.

야생 인간의 가장 야생적인 꿈들은, 비록 그것들이 오늘날
의 영국인과 미국인 사이에서 가장 일반적인 의식[39]에 내맡
겨지지는 않을지도 모르지만, 그래도 역시 진실한 것이다.
상식에 내맡겨지는 것이 모두 진리는 아니다. 자연에는 양
배추를 위한 자리뿐 아니라 야생 으아리[40]를 위한 자리도 있
다. 진리에 대한 표현에는 상기시키는 것도 있고, 문자 그대
로 단순하게 느낄 수 있는 것도 있고, 또한 예언적인 것도 있
다. 어떤 형태의 질병은 심지어 건강을 예언해줄 수도 있다.
지질학자들은 뱀이라든가 그리핀,[41] 하늘을 나는 용, 또 다
른 공상적인 문장紋章 장식물 형상들은 그것의 원형이 인간
이 창조되기 전에 멸종된 화석이 된 종種의 모양에 있으므로
'유기체의 이전 상태에 대한 어렴풋하고 희미한 지식을 은연
중에 보여준다'는 것을 알았다. 인도 사람들은 땅은 코끼리
에게 의지하고 코끼리는 거북에게 의지하며 거북은 뱀에게
의지한다고 상상했다. 그리고 우연의 일치인지는 모르겠지

만, 최근 아시아에서 코끼리를 지탱하기에 충분할 만큼 커다란 거북 화석이 발견되었다는 것을 여기에서 말하는 것이 그리 부적절하지는 않을 것 같다. 나는 시간과 발전의 순서를 초월하는 이러한 야생적인 상상을 몹시 좋아한다는 것을 고백한다. 그것들은 지성의 가장 숭고한 재현물이다. 자고새는 완두콩을 좋아하지만 자신과 함께 냄비 속으로 들어가는 완두콩들은 좋아하지 않는다.

요컨대 모든 좋은 것들은 야생적이고 자유롭다. 악기에 의한 것이든 인간의 목소리에 의한 것이든(여름밤의 군용 나팔 소리를 예로 들어보라) 음악의 선율 속에는 무언가가 있다. 그런데 단도직입적으로 말하자면, 그것은 그 야성으로 인해, 야수들이 자신들의 숲에서 내는 울음소리를 생각나게 한다. 그것이 야성을 지니고 있다는 것을 나는 알 수 있다. 나의 친구와 이웃을 위해, 길든 인간들이 아닌 야생의 인간을 보내 달라. 미개인의 야성은 선한 사람들과 연인들이 마주하는 두려운 야성(상태)의 희미한 상징일 뿐이다.

나는, 이웃의 암소가 봄에 일찍이 목장을 탈출하여 눈이 녹아 물이 불어 폭이 25에서 30로드나 되는 차갑고도 흐린 강물을 대담하게 헤엄쳐 건널 때처럼, 가축들이 자기의 본래적인 야생의 습성과 활기를 완전히 잃지는 않았다는 증거를 보여주며 자기의 타고난 권리를 거듭 주장하는 것을 보는 것도 좋아한다. 그것은 미시시피강을 건너는 아메리카 들소들이다. 이러한 행위는, 소들은 이미 위엄을 갖추고 있기는 하지만, 내 눈앞에 있는 소의 무리에게 약간의 위엄을 부여한다. 본능의 씨앗은 땅 밑에 있는 씨앗처럼 언제까지나 소나 말 같은 짐승의 두꺼운 피부 밑에 간직되어 있다.

소가 장난하며 노는 것은 전혀 예상치 못한 일이다. 나는 어느 날 수십 마리의 황소와 암소 떼가 거대한 쥐나 새끼 고양이처럼 이리저리 경중경중 뛰어다니고 까불어대며 꼴사납게 노는 것을 보았다. 그 녀석들은 머리를 뒤흔들어댔고 꼬리를 곤두세우기도 했으며 언덕 위아래로 돌진하기도 했다. 그리고 나는 녀석들의 행동뿐 아니라 뿔도 보고 그것들이 사슴류와 관련이 있다는 것을 알게 되었다. 그런데 아, 슬프게도! 별안간의 워! 하는 큰 소리가 순식간에 그것들의 열기를 꺾어놓았을 수도 있고, 그것들을 사슴 고기에서 소고기로 변형시켰을 수도 있으며, 그것들의 옆구리 살과 근육을 기관차처럼 뻣뻣하게 경직시켰을 수도 있다. 악마가 아니라면 누가 인간에게 '워!'라고 큰 소리로 외쳤겠는가? 실제로 소의 삶은 인간의 삶과 같이 그저 기관차와 같다. 그리고 그들은 한 번에 한쪽을 움직이고 인간은 기계에 의해 말과 소와 적절히 타협한다. 채찍이 닿았던 부분은 어느 부분이라도 그때부터 마비가 된다. 도대체 어느 누가 소고기의 옆구리 살에 대해 얘기하는 것처럼 유연한 고양이의 옆구리에 대해서 생각하겠는가?

나는 말과 수송아지가 인간의 노예로 만들어지기에 앞서 길들여져야 한다는 것과 인간이 사회에 순응하는 구성원이 되기에 앞서 젊은 혈기로 방탕한 생활을 할 수 있다는 것이 기쁘다. 확실히 모든 사람들이 동등하게 문명에 딱 어울리는 주체는 아니다. 그리고 개나 양처럼 절대 다수가 물려받은 성향 때문에 유순하다고 해서 이것이 다른 사람들도 그들의 본성을 길들여 똑같은 수준으로 변형되어야 하는 이유가 되지는 않는다. 사람들은 대개는 매우 비슷하다. 하지만 그들은 다양해질 수 있도록 따로따로 만들어졌다. 만일 저급한 사용 목적이 충족되려면, '갑'이라는 사람은 '을'이라는 사람 못지않게 혹은 '을'이라는 사람만큼만 잘하면 될 것이다. 그리고 만일 고급의 사용 목적이 충족되려면, 개개의 탁월성이 중시되어야 한다. 어떤 사람이든 구멍을 막아 바람을 피할 수 있다. 하지만 누구나가 이 사람이 한 만큼 훌륭하게 사용 목적을 충족시킬 수는 없다. 공자는 다음과 같이 말한다. "호랑이와 표범의 가죽도 무두질을 하면 무두질한 개나 양의 가죽과 같다." 하지만 양을 사납게 만드는 것이 진정한 문화의 역할이 아닌 것처럼 호랑이를 길들이는 것도 진정한 문화의 역할은 아니다. 그리고 신발을 만들기 위해 그것의 가죽을 무두질하는 것도 그것을 최선으로 사용하는 것은 아니다.

군 장교나 특정 주제로 글을 써온 작가의 이름처럼 외국어로 된 사람들의 이름 목록을 훑어볼 때면, 나는 다시 한번 이름에는 어떤 것도 없음을 깨닫게 된다. 예를 들어 멘시코 프라는 이름 속에는 내가 보기에는 인간적인 것은 털끝만큼도 없다. 게다가 그것은 쥐의 이름일 수도 있다. 폴란드 사람과 러시아 사람의 이름이 우리에게 그렇듯이 우리의 이름도 그들에게는 그러할 것이다. 그들은 마치 어린이의 시시하고 장황하게 지껄이는 말들, 이를테면 'Iery wiery ichery van, tittle-tol-tan'과 같은 말로 이름이 지어진 것 같다. 나는 마음속으로 야생 동물 떼가 지구에 몰려들고 목동이 그 자신만의 통용어로 그것들 각자에게 귀에 거슬리는 이상한 소리를 덧붙여주는 것을 생각해본다. 물론 인간의 이름도 보즈와 트레이 같은 개 이름처럼 시시하고 무의미하다.

만일 인간들이 알려진 대로 단지 전체로 이름이 지어졌다면 철학에는 약간 유리할 것이라 생각된다. 개인을 알기 위해서는 단지 속屬 그리고 아마도 유類나 변종을 알기만 하면 될 것이다. 우리는 로마 군대의 모든 사병들이 자신의 이름을 가지고 있었다고 믿을 준비가 되어 있지 않다. 왜냐하면 우리는 그 사병들 각자가 그 자신의 특성을 가졌다고 생각하지 않기 때문이다.

현재 우리의 진정한 이름은 별명뿐이다. 나는 특별한 힘 때문에 친구들에게 '파괴자Buster'라고 불리던 소년을 알고 있는데 이 별명은 그의 세 명 대신에 적절하게 쓰였다. 어떤 여행자들이 우리에게 말하기를 인디언은 처음에는 이름이 없고 나중에 이름을 얻게 되는데, 그럴 경우 그의 이름은 명예가 되었고, 어떤 부족의 인디언은 위업을 달성할 때마다 매번 새로운 이름을 얻었다는 것이다. 이름도 명예도 얻지 못한 사람이 단순히 편의를 위해 이름을 지닌다면 그것은 처량한 일이다.

나는 나를 위해 구별을 위한 단순한 이름을 허용하지 않고 여전히 그들 모두를 위해 사람들을 떼거리로 볼 것이다. 귀에 익은 이름이라고 해서 어떤 사람이 나에게 덜 생소한 것은 아니다. 그런 이름이 숲속에서 얻은 그 자신의 야생의 직함을 비밀스럽게 간직하고 있는 미개인에게 주어질 수도 있다. 우리 안에 야생의 미개인wild savage이 있고 미개인의 이름은 아마 우리의 이름처럼 어디엔가 기록되어 있을 것이다. 나는 윌리엄이나 에드윈 같은 익숙한 별명이 있는 이웃 사람들이 양복저고리와 함께 그것을 벗어버리는 것을 본다. 그것은 그들이 잠들거나 노하거나 혹은 어떤 열정이나 영감에 자극받았을 때는 그들에게 들러붙지 않는다. 그런 때에 어떤 친족이 발음하기 어려운 혹은 다른 아름다운 선율의 말투로 언명하는 원시적인 야생의 이름이 들리는 것 같다.

광대하고 미개하고 쓸쓸한 우리의 어머니인 대자연이 표범 같은 아름다움과 자식에 대한 애정을 가지고 여기 사방에 펼쳐져 있다. 그럼에도 우리는 일찌감치 자연으로부터 젖을 떼고 사회로 들어가 오로지 인간들끼리만 상호 작용하는 문화에서 살아간다. 그것은 일종의 근친 교배로, 기껏해야 단순하게 영국 귀족을 만들어낼 뿐이고 빠른 종말이 예정된 문명을 만들어낼 뿐이다.

인간이 만든 최고의 제도인 사회 속에서 어떤 조숙함을 발견하기는 쉽다. 우리는 여전히 자라고 있는 어린이들이어야 하는데도 이미 보통 사람이 되어 있다. 가열하는 거름에 의존하고 개량된 도구와 문화 양식에만 의존하는 문화 말고, 초원에서 많은 거름을 가져오고 토양을 깊게 하는 문화를 나에게 달라!

아픈 눈을 가진 가엾은 학생들이 많다고 들었는데, 그 학생들이 그렇게 아주 늦게까지 잠을 자지 않는 대신에 허용된 만큼 마음껏 편하게 잠을 잔다면 지적으로나 육체적으로 더 빨리 성장할 것이다.

유익한 빛조차 지나치게 과도할 수 있다. 니엡스 Joseph Nicéphore Niepce[42]라는 프랑스 사람은 화학적 효과를 만들어내는 태양 광선 속에서 동력을 공급하는 '화학선 작용'을 발견했다. 그런데 화강암, 석조물, 금속 상들은 "모두 햇빛이 비치는 동안은 똑같이 파괴적으로 반응하는데, 그 어느 것 못지않게 훌륭한 자연의 대비책이 없었더라면, 그것은 가장 미묘한 우주의 힘에 의한 부드러운 접촉으로도 바로 사라졌을 것이다". 그러나 그는 "낮 동안 이러한 변화를 겪은 물체들에는 이러한 자극이 더 이상 영향을 미치지 못하는 밤 시간 동안에 원래 상태로 회복하는 힘이 있다"는 것을 알게 되었다. 그러므로 "밤과 잠이 유기물계에 필요하다고 우리가 알고 있듯이 무기물계에는 어둠의 시간이 필요하다"고 추단되어왔다. 달도 매일 밤 빛을 발하지는 않고 어둠에 그 자리를 양보한다.

나는, 지구의 모든 토지가 경작되게 하지 않는 것과 마찬가지로, 모든 사람 혹은 사람들의 모든 자질이 양성되게 하지 않을 것이다. 즉 일부는 경작지로 존재하겠지만, 더 큰 부분은, 바로 직접 이용될 뿐 아니라 그것이 부양하는 식물의 연례적인 부패를 통해 먼 미래를 대비하기도 하는 초원과 숲으로 존재할 것이다.

카드모스[43]가 고안한 문자 외에도 아이들이 배워야 하는 다른 문자들이 있다. 스페인 사람들에게는 야생의 어스레한 지식을 표현하기 위한 'Gramatica parda'라는 좋은 말이 있다. 이것은 최고의 문법을 의미하는 것으로, 내가 앞서 언급한 바로 그 표범에서 유래한 일종의 타고난 지혜이다.

우리는 유용한 지식의 확산을 위한 협회Society for the Diffusion of Useful Knowledge[44]라는 것에 대해 들어 알고 있다. 지식은 힘과 같은 것이라고들 얘기한다. 나는 유용한 무지를 확산시키기 위한 협회도 똑같이 필요하다고 생각한다. 그것은 우리가 훌륭한 지식이라고 부르게 될 것, 즉 보다 고차적인 의미에서 유용한 지식이다. 우리가 자랑했던 소위 지식이라는 것의 대부분이 우리에게서 실제적인 무지의 장점을 빼앗아 가는, 그저 우리가 어떤 것을 안다는 자부심에 지나지 않는 것이 아니라면 도대체 무엇이란 말인가? 소위 지식이란 종종 우리의 적극적인 무지이고, 무지란 소극적인 지식이다. 인간 들은 오랜 세월에 걸친 끈질긴 연구와 신문 구독을 통해서(과 학의 장서들이라는 것은 그저 신문지철에 불과하지 않겠는가?) 무 수한 사실을 축적하고 기억 속에 저장한다. 그리고 나서 그들 인생의 봄날에 사유의 큰 벌판을 여기저기 어슬렁거리며 돌 아다닐 때면, 그들은 마치 말처럼 마구간 안에 자신의 모든 마구들을 남겨둔 채 풀밭으로 나간다. 나는 유용한 지식의 확 산을 위한 협회에 때때로 '풀밭으로 나가라'라고 말한다. 여 러분은 건초를 오랫동안 충분히 먹었다. 봄은 녹색 농작물을 가지고 찾아왔다. 비록 자신의 소를 헛간에 가두어놓고 1년 내내 건초만 먹이는 이상한 농부가 있다는 것을 들어서 알고 있기는 하지만, 소도 5월이 끝나기 전에는 시골의 목초지로 몰려난다. 그런데도 유용한 지식의 확산을 위한 협회는 종종 가축을 이상한 농부처럼 그렇게 다룬다.

인간의 무지는 때때로 유용할 뿐 아니라 아름답기까지 하 다. 그런데 인간의 지식이라는 것은 종종 아무 쓸모가 없을 뿐 아니라 추악하기까지 하다. 어느 쪽이 상대하기 가장 좋 은 사람인가? 이를테면, 아주 드문 경우이긴 한데, 주제에 관 해 아무것도 모르지만 자신이 아무것도 모른다는 것을 아는 사람이 좋은 사람인가, 아니면 그것에 관해 실제로 약간은 알고 있지만 자신이 모든 것을 안다고 생각하는 사람이 좋은 사람인가?

지식에 관한 나의 욕구는 간헐적이지만, 일어서서 미지의 대기를 머리에 가득 채우고자 하는 나의 욕구는 영원하고 한결같다. 우리가 도달할 수 있는 최고의 것은 지식이 아니라 지적 존재와의 교감이다. 나는 보다 고차적인 지식이, 전에 우리가 지식이라고 일컬었던 모든 것들이 불충분하다는 갑작스러운 폭로로 인한, 말하자면 우리가 철학 속에서 꿈꾸던 것보다 더한 것들이 세상에 있다는 발견으로 인한 진기하면서도 엄청난 경이보다도 더 명확한 것인지는 알지 못한다. 그 것은 햇빛에 의해 안개가 걷히는 것과 같다. 사람들은 이보다 더 고차적인 의미까지는 알 수 없다. 이것은 태양을 정면으로 마주해서는 차분하고 무난하게 바라볼 수 없는 것과 같다. 말하자면 칼데아의 성서Chaldean Oracles[45]에는 다음과 같이 적혀 있다. "Ὡς τι νοων, ου κεινον νοηδειζ.", 즉 "너희는 특정한 것을 인식하는 것처럼 그것을 인식하지는 못할 것이다".

우리가 복종해도 좋은 법을 탐구하는 습성에는 무언가 비굴한 면이 있다. 우리는 편리한 때에 편의상 문제의 법을 탐구할 수도 있지만, 성공적인 삶은 법이 무엇인지도 모르는 것이다. 전에는 우리가 얽매여 있다는 것을 알지 못했는데 이제 와서 우리를 얽매는 법을 발견한다는 것은 확실히 불행한 일이다. 자유롭게 살아라, 안개의 자식들아. 그리고 지식과 관련해서는 우리 모두가 안개의 자식들이다. 삶의 자유를 획득한 사람들은 입법자와의 관계 덕택으로 모든 법을 초월한다. 《비슈누 푸라나》[46]에는 다음과 같이 적혀 있다. "그것은 적극적인 의무이지 우리를 속박하기 위한 것이 아니다. 그리고 그것은 우리의 자유를 위한 지식이다. 말하자면 다른 모든 의무는 단지 권태에 효과적일 뿐이고, 다른 모든 지식은 단지 예술가의 영민함일 뿐이다."

우리 역사에 사건이나 위기가 얼마나 적었는지를 보면 놀랄 만하다. 그리고 우리가 정신을 얼마나 단련하지 않았으며 얼마나 경험을 조금 했는지를 보아도 놀랄 만하다. 비록 나의 성장이 단조롭고 지루한 평정을 교란시키더라도, 다시 말해 그것이 길고 어둡고 후덥지근한 밤이나 우울한 계절 내내 투쟁과 함께 이루어진다고 해도, 나는 내가 빠르고 무성하게 성장하고 있다고 확신하고 싶다. 그것은, 만일 우리의 모든 삶이 평범한 희극이거나 익살극보다는 신성한 비극이었다면 잘되었을 것이다. 단테나 버니언John Bunyan[47] 그리고 그 밖의 다른 사람들은 우리보다 더 정신을 단련했던 것으로 보인다. 즉 그들은 지방의 학교와 대학이 심사숙고하지 않는 종류의 문화에서 영향을 받았다. 많은 사람들이 그 이름을 듣고 비명을 지를 수도 있겠지만, 마호메트[48]조차 사람들이

보통 가지는 목적보다 살기 위한, 또 죽기 위한 목적을 훨씬
더 많이 가졌다.

　아마 선로 위를 걷는 중에 간헐적으로 어떤 생각이 떠오르
면, 열차가 지나가도 정말로 그 소리를 못 듣는 경우가 있을
것이다. 그러나 곧 엄연한 법칙에 의해 우리의 인생은 지나
가고 차는 되돌아온다.

　보이지 않게 돌아다니고
　바람이 센 골짜기의 여행자인
　폭풍 부는 루아르강 부근에서 엉겅퀴를 구부리는
　부드러운 산들바람,
　그대는 왜 내 귀를 그렇게 일찍 떠났는가?

　거의 모든 사람들이 자신들을 사회로 끌어당기는 유혹을
느끼는 반면, 자연에 강하게 마음이 끌리는 사람은 조금밖에
없다. 내가 보기에는 자연에 반응하는 데 있어 사람들은 대체
로 그들의 수완에도 불구하고 동물들보다 못하다. 동물의 경
우와 같이 아름다운 관계를 맺는 경우가 흔치 않다. 우리 중
에는 풍경의 아름다움을 감상하는 사람들이 얼마나 적은가!
우리는 그리스 사람들이 세계를 코스모스*κοσμος*, 즉 아름다
움 혹은 질서라고 불렀다고 들었지만, 왜 그들이 그렇게 불렀
는지는 명확하게 알지 못한다. 그리고 우리는 기껏해야 그것

을 그저 미묘한 철학적 사실로만 생각한다.

나로 말하자면, 자연과 관련해서, 나는 일종의 접경의 삶을 살고 있다는 생각이 든다. 즉 내가 이따금 그리고 일시적으로만 진출하는 세계의 경계에서 살고 있다는 생각이 든다. 그리고 내가 그 영토 안으로 물러나는 것처럼 보이는 그 국가에 대한 나의 애국심과 충성심은 늪지의 산적moss-trooper[49]의 그것과 같다. 내가 자연적이라고 부르는 삶에 이를 때까지 나는 기꺼이 도깨비불이라도 따라가 상상조차 할 수 없는 수렁과 진창길을 통과할 것이다. 그러나 어떤 달빛도 어떤 반딧불이도 나에게 거기에 이르는 둑길을 가르쳐주지 않았다. 자연이라는 것은 너무도 광대하고 보편적인 존재여서 우리는 자연의 얼굴을 한 군데도 보지 못했다. 내 고향 마을 주위 여기저기에 퍼져 있는 벌판에서 산책하는 사람은 때때로 소유자의 증서에 그려진 것과는 다른 땅에 있는, 말하자면 실제 콩코드의 경계에서 약간 먼 벌판에 있는 자신을 발견한다. 그런데 거기에서는 이제 콩코드의 관할 구역도 끝나고, 콩코드라는 단어가 연상시키는 인상도 더 이상 연상되지 않게 된다. 내가 직접 측량했던 이 농장들, 즉 내가 설정해놓았던 이 경계들은 여전히 안개를 뚫고서 어슴푸레하게 나타난다. 하지만 그러한 것들에는 응고시키기 위한 화학적 성질이 없다. 그리고 그것들은 유리 표면에서부터 서서히 자취를 감춘다. 그러고는 화가가 그렸던 그림이 아래에서부터 희미하게 튀어나온다. 우리가 일반적으로 알고 있는 세계는 흔적을 남기지 않는다. 그리고 그것은 기념일도 없을 것이다.

얼마 전 오후에 나는 스폴딩 농장으로 산책을 나갔다. 나는 위풍당당한 소나무 숲 반대편에서 불타고 있는 석양을 보았다. 그 황금색의 광선은 웅장한 현관의 넓은 방으로 흩어져 들어가듯 숲의 통로로 흩어져 들어갔다. 나는 마치 옛날 옛적의 아주 훌륭하고 화려한 가문이 콩코드라는 땅의 그곳에 자리를 잡은 듯한 인상을 받았다. 그런데 그곳은 나에게는 전혀 알려져 있지 않은 곳이었다. 왜냐하면 태양은 나를 위해 일했고, 나는 마을 공동체의 일원이 되지 않았으며, 나를 찾아주는 사람도 없었기 때문이다. 나는 숲 저쪽 너머 스폴딩의 덩굴월귤[50] 풀밭에 있는 공원과 놀이터를 보았다. 소나무는 자라서 그들에게 박공지붕[51]을 마련해주었다. 그들의 집은 시야에 분명하게 들어오지 않았고 나무는 그 집 여기저기에서 자라고 있었다. 나는 내가 억눌린 즐거움이 내는 소리를 들었는지 못 들었는지 모르겠다. 그들은 햇살에 의지하는 것 같았다. 그들은 자식을 두고 있다. 그들은 아주 건강하다. 때때로 물웅덩이의 진흙 바닥이 반사된 하늘을 통해 보이듯, 그들의 현관의 넓은 공간으로 직접 통하는 농부의 마찻길도 그들을 내쫓지는 못했다. 나는 스폴딩이 집을 통과해 한 떼의 동물을 몰고 가면서 휘파람을 부는 소리를 들었으나, 그들은 스폴딩에 대해 전혀 듣지 못했고, 그가 이웃이라는 것도 알지 못한다. 어떤 것도 그들의 삶의 평온함에 필적할 수 없다. 그들의 문장紋章은 수수하게 지의류 식물이다. 나는 소나무와 참나무에 문장이 장식되어 있는 것을 보았다. 그들의 고미다락은 나무 꼭대기에 있었다. 그들에게는 정치가 없다. 거기에는 노동의 소음도 없었다. 나는 그들이 천을 짜거나 실을 잣고 있는 것을 보지 못했다. 하지만 나는 바람이 잠잠해지고 들리는, 거리가 멀어지면 상상할 수 있는 가장 멋진 달콤한 음악의 윙윙대는 소리를 감지했다. 이를테면 오월에 멀리 있는 벌통에서 들려오는 희미한 소리 같은 것인데, 그것은 아마도 그들이 생각하는 소리였을 것이다. 그들은 한가한 생각을 하지 않았고, 곁에서는 아무도 그들의 작업을 볼 수 없었다. 왜냐하면 그들의 노동은 혹과 이상 생성물52 속에 가둬지는 것이 아니기 때문이다.

그러나 나는 그것들을 기억하기가 어렵다는 것을 안다. 그것은 지금 내가 이야기하고 있는 동안에도 그리고 그것을 생각해내려고 마음을 가라앉히고 있는 동안에도 돌이킬 수 없이 내 마음에서 사라져간다. 나는 최선의 생각을 다시 기억해내기 위한 길고도 진지한 노력이 있은 다음에야 다시 그들의 공동 거주자를 알아차리게 된다. 이와 같은 가족들이 없다면 나는 내가 콩코드를 떠나야 한다고 생각한다.

뉴잉글랜드에서는 비둘기들이 매년 점점 적게 찾아오는 것이 일반적인 현상이 되었다. 우리의 숲은 그것을 위해 돛

대를 마련해주지 못한다. 해마다 자라나는 사람에게 찾아오려는 생각이 점점 줄어드는 것도 마찬가지인 것 같다. 왜냐하면 우리의 마음속에 있는 작은 숲도 황폐해졌기 때문이다. 비둘기들이 내려앉을 나뭇가지는 야망이라는 불필요한 불꽃을 피우기 위해 팔려 나가거나 제재소에 보내져 거의 남아 있지 않다. 그것은 더 이상 우리와 함께 둥지를 짓지도 않고 새끼를 기르지도 않는다. 아마도 보다 온화한 계절에 희미한 그림자가 마음의 풍경을 가로질러서 스쳐 지나가지만, 다시 말해 봄철이나 가을철의 이동시에 희미한 그림자가 사유의 날개에 의해 드리워지지만, 올려다보면 우리는 사유 자체의 실체를 감지할 수 없다. 날개 달린 사유는 가금으로 바뀌었다. 그것들은 더 이상 날아오르지 않으며, 단지 상하이와 코친차이나[53]의 고상함에 이를 뿐이다. 여러분이 소문으로 듣는 그런 위대한gra-a-ate 생각들, 그런 위대한gra-a-ate 사람들!

우리는 대지에 들러붙어 있다. 우리는 어찌하여 좀처럼 올라가지 않는가! 나는 우리가 약간 더 올라가도 좋다고 생각한다. 적어도 우리는 나무에는 올라가도 좋다. 언젠가 한번 나무에 올라간 것이 나에게 유익했던 적이 있다. 그것은 언덕 위에 있는 키 큰 스트로부스소나무whitepine[54]였다. 그리고 나는 비록 거꾸로 떨어지기는 했지만 그에 대한 대가는 충분히 받았다. 왜냐하면 나는 지평선에서 내가 전에 결코 보지 못한 새로운 산, 즉 더욱 많은 땅과 하늘을 발견했기 때문이다. 나는 어쩌면 70년 동안 나무 밑동 근처에서만 돌아다녔을 수도 있었을 텐데, 만약 그랬다면 분명 나는 그것을 아직 볼 수 없었을 수도 있다. 그러나 무엇보다도, 6월 말경에 나는 맨 꼭대기의 가지 끝에만 달려 있는 잘고도 섬세한 원뿔 모양의 붉은 꽃, 즉 하늘을 보고 있는 스트로부스소나무의 수정된 꽃 몇 송이를 내 주변에서 발견했다. 나는 즉시 맨 꼭대기의 가는 줄기를 마을로 가지고 가서 때마침 재판 주간이었기에 길을 지나던 낯선 배심원에게 보여주기도 하고, 농부, 목재상, 벌목꾼, 사냥꾼들에게 보여주기도 했다. 그런데 사람들은 전에 그와 같은 것을 본 적이 없는 것이 결코 아닌데도, 그것이 떨어진 별이라도 되는 양 호기심을 가졌다. 기둥 꼭대기에서도 보다 낮고 보다 눈에 띄는 곳에서 만큼이나 공사를 완벽하게 마치는 고대의 건축가들에 대해 말해보라! 자연은 처음부터 숲의 잘디잔 꽃들이 인간의 머리 위에서 인간에 의해 관찰되지 않는 하늘을 향해서만 피도록 만들었다. 우리는 초원에서 우리의 발치에 있는 꽃들만을 본다. 소나무들은 오랫동안 매년 여름 그 섬세한 꽃들을 자연의 흰 아이들 머리 위에서뿐 아니라 붉은 아이들 머리 위에서도 나무의 가장 높은 잔가지들에 피워왔다.

무엇보다도 우리는 현재 속에서 살지 않을 수 없다. 모든 인간 중에서 과거를 회상하면서 현재의 삶을 한순간도 낭비하지 않는 사람이 축복을 받는다. 우리의 철학이 우리의 시계 범위에 있는 모든 농가의 안뜰에서 수탉 울음소리를 듣지 못하는 한, 철학은 뒤떨어지게 된다. 그 소리는 일반적으로 사유의 활동과 사유의 습관이 점점 무디어지고 구식이 되어가고 있다는 것을 깨닫게 해준다. 그의 철학은 우리의 철학보다 더 최근의 것이 된다. 거기에는 시사하는 바가 있는데 그것은 바로 보다 새로운 신약 성서, 즉 이 순간에 맞는 복음이다. 그는 뒤떨어지지 않았다. 그리고 그는 일찍 일어났으며, 일찍 쇠약해지지 않았다. 그리고 그가 지금 여기 있다는 것은 때맞추어 있다는 것, 즉 시간적으로 가장 앞서 있다는 것이다. 그것은 만천하의 자랑거리인 자연의 건강함과 건전함의 표현이다. 즉 시간의 이 마지막 순간을 축하하기 위해 갑자기 나타난 봄의 건강함과 같은 것, 다시 말해 뮤즈의 신들[55]의 새로운 샘물과 같은 것이다. 그가 사는 곳에서는 탈주노예법도 제정되지 않는다. 그 울음소리를 마지막으로 들은 후 지금까지 자기 주인을 여러 번 배반하지 않은 사람이 누가 있겠는가?

이러한 새의 노래의 가치는 모든 애처로움에서 해방시켜준다는 데 있다. 노래하는 사람은 우리를 감동시켜 울거나 웃게 할 수 있다. 그러나 우리에게 순수한 아침의 기쁨을 불러일으킬 수 있는 자는 어디에 있는가? 일요일에 쓸쓸하고 우울한 기분으로 나무로 된 보도의, 혹은 아마도 초상집에서 밤샘하는 사람의, 경외를 일으키는 정적을 깨트릴 때, 나는 멀리에서 혹은 가까이에서 수평아리의 울음소리를 듣고, 마음속으로 '하여간 우리 중 하나는 건강하게 잘 살고 있다'고 중얼거린다. 그러고는 갑자기 감정이 복받쳐서 제정신으로 돌아온다.

지난 11월 어느 날 우리는 대단한 일몰을 보았다. 나는 조그마한 시내의 발원지인 초원을 걷고 있었다. 그런데 그때마침 일몰 바로 직전의 태양이 춥고 쓸쓸한 하루가 지난 후 지평선에 있는 선명한 지층에 도달해 있었다. 그리고 가장 부드럽고 가장 빛나는 아침 햇빛이 반대편 지평선에 있는 마른 풀과 나무줄기 그리고 산허리에 있는 키 작은 참나무 이파리에 내려 깔렸다. 반면 그림자들이 동쪽을 향해 풀밭 위로 길게 뻗쳐 있다. 그것은 마치 우리가 그 광선들 속에 있는 유일한 티끌인 것처럼 보이게 한다. 그것은 바로 조금 전에는 우리가 상상할 수 없었던 빛이었다. 그리고 대기 또한 너무나 따뜻하고 잔잔해서 그 초원을 낙원으로 만드는 데 모자랄 것은 아무것도 없었다. 이것이 다시는 일어나지 않을 유일한 현상이 아니고 수없이 많은 저녁때마다 영구히 일어날 것이며 그곳을 최근에 걸었던 아이에게도 기운을 북돋아주고 격려해준다는 데 우리 생각이 미치자 그것이 더욱더 영광스러워 보였다.

태양은, 도시에 아낌없이 주었던 모든 영광과 광휘와 더불어, 아마도 전에는 결코 저물지 않았던 것처럼, 집 한 채 보이지 않는 한적한 초원으로 기운다. 그런데 거기에는 그저 태양 빛으로 인해 날개가 금빛으로 빛나게 된 쓸쓸한 개구리매만이 있을 뿐이다. 혹은 사향뒤쥐가 빠끔하게 뚫린 쥐구멍 밖을 기웃거리고 있다. 그리고 거기 습지 한가운데에는 서서히 흐르기 시작해서 썩어가고 있는 그루터기 주위로 천천히 굽이쳐 흐르는, 검은 결이 있는 몇몇 작은 개울이 있다. 우리는 부드럽고 잔잔하게 빛나는 시든 풀잎과 나뭇잎을 금빛으로 물들이고 있는 맑고 선명한 빛 속으로 들어갔다. 그러고나서 나는 잔물결이나 졸졸거리는 소리 하나 없는 황금빛으로 비치는 조명에 일광욕을 한 적이 없었다는 생각을 했다. 모든 나무와 오르막의 서쪽 면은 엘리시온[56]의 경계처럼 미광을 발하고 있었고, 우리 등 뒤에 있는 태양은 저녁에 우리를 집으로 들이모는 친절한 목동과 같았다.

어느 날 태양이 이제껏 그래온 것보다 더 환하게 빛날 때까지, 아마 태양이 우리의 정신과 마음속을 비출 때까지, 그리고 가을날 둑길의 경사면에서처럼 따듯하고 평온한 황금빛의 위대한 각성의 빛으로 우리의 온 삶을 밝게 해줄 때까지, 그렇게 우리는 성지를 향해 걸어간다.

겨울 산책

바람은 차일을 한들한들 흔들어대거나 깃털처럼 부드럽게 창문을 향해 훅 불기도 했다. 그러고는 이따금 낙엽을 죽 밀어 올리면서 여름 산들바람처럼 한숨짓듯 밤새 살랑거리기도 했다. 들쥐는 아늑한 땅굴 속에 잠들어 있고 올빼미는 습지 깊은 곳에 있는 속 빈 나무 안에 앉아 있고 토끼, 다람쥐, 여우 이 모든 것들도 자기 거처에 틀어박혀 있었다. 집 지키는 강아지는 난롯가에 조용히 누워 있고 소는 외양간 한쪽에 묵묵히 서 있었다. 도로 표지판이나 목조 주택 문짝의 돌쩌귀가 가냘픈 삐걱 소리(금성과 화성 사이에서 유일하게 깨어 있는 소리)를 내면서 한밤중에 일하고 있는 고독한 자연을 응원할 때, 그리고 그것들이 한데 모이는, 하지만 인간이 서 있기에는 몹시 쓸쓸한, 먼 내부의 온기, 신성한 갈채, 그리고 친교를 우리에게 드러내 보일 때를 제외하고 대지 자체는 잠을 자고 있었다. 말하자면 마지막 잠이 아닌 최초의 잠을 자고 있었다. 그러나 대지가 잠을 자면서 시간을 보내고 있는 동안 모든 공기는 마치 북쪽 하늘의 케레스[57]가 몇몇 은빛 알갱이를 온 벌판에 뿌리면서 널리 퍼지듯이, 하강하고 있는 깃털 같은 얇은 조각의 상태로 살아 있었다.

우리는 잠들고, 마침내 겨울 아침의 고요한 실재를 깨닫는다. 눈은 솜처럼 포근하게 쌓여 있거나 창틀에 내려앉아 있다. 넓은 창틀과 성에 낀 창유리는 어스레하고 은밀한 빛을 받아들여 내부의 아늑한 기운을 높여준다. 아침의 정적은 인상적이다. 우리가 약간 투명한 공간을 통해서 마당을 널리 바라보기 위해 창문으로 다가갈 때면 마룻장은 발밑에서 삐거덕거리는 소리를 냈다. 우리는 무거운 눈덩이를 이고서 있는 지붕을 본다. 처마와 울타리에는 눈으로 된 종유석이 매달려 있고 마당에는 석순들이 무엇인가 숨겨진 웅어리를 덮고 서 있다. 나무와 덤불은 하늘을 향해 흰 팔을 사방으로 들어 올린다. 그리고 벽과 담장이 있던 곳에서 우리는 마치 조물주가 인간의 예술을 위한 모델로서 야음을 틈타 자신의 새로운 설계를 벌판에 흩뿌려놓기라도 한 것처럼, 어스레한 풍경 저쪽에서 신바람 나게 까불거리며 뛰어노는 환상적인 형태들을 본다.

우리는 바람에 날아와 쌓인 것들이 그냥 떨어져 내리도록 내버려둔 채 조용하게 문짝의 빗장을 열고 살을 에는 공기를 쐬기 위해 문밖으로 걸음을 옮긴다. 이미 별들은 광채를 잃었고, 희미하면서도 묵직한 안개가 시계를 둘러싸고 있다.

동쪽의 짙은 놋쇠 빛깔의 광선은 낮이 다가오고 있음을 알린다. 서쪽의 풍경은 여전히 어스레하고 유령 같으며, 그늘진 곳처럼 어둠침침한 지옥의 Tartarean[58] 빛으로 덮여 있다. 여러분이 듣는 것은 오로지 수탉 울음소리, 개 짖는 소리, 나무 베는 소리, 암소 우는 소리 같은 지하의 소리들이다. 이 모두는 플루톤[59]의 앞마당에서 스틱스[60]를 건너서 오는 것 같다. 그것들이 지하의 소리인 것은 그것들이 가져온 우울함 때문이 아니라 그것들의 새벽녘 소동이 대지를 위해서는 너무 엄숙하고 신비한 것이기 때문이다. 안마당에 새겨진 여우나 수달의 새로 난 발자국은 밤새도록 사건들이 가득했다는 것을, 그리고 원시 자연이 여전히 작동하며 눈 위에 흔적을 남기고 있다는 것을 우리에게 알려준다. 대문을 열어젖히고 우리는 말라서 파삭파삭해진 눈을 저벅저벅 밟아대면서 기분 좋게 인적 드문 시골길을 따라 걷는다. 나무토막과 그루터기 한복판에서 헛되이 시간을 보내며, 주춧돌을 오랫동안 내리누르고 있던 먼 옛날 농장주의 문에서부터 방금 먼 시장을 향해 출발한 나무 썰매의 날카롭고 투명한 삐걱 소리에 흥분되기도 한다. 그리고 멀기는 하지만, 바람에 날리는 눈과 가루가 흩뿌려진 창문 너머에서 우리는 희미해진 별과 같이, 마치 엄숙한 힘이 거기 아침 기도에 있기라도 했던 것처럼 외롭게 빛을 발하는 농부의 이른 아침 촛불을 본다. 그리고 차례로 연기가 나무와 눈 한가운데에 있는 굴뚝에서 피어오르기 시작한다.

　게으르고 굼뜬 연기는 깊은 골짜기로부터 소용돌이치는데,
경직된 공기는 동틀 녘에 탐험을 하고,
낮과 천천히 아는 사이가 되어가며
이제 하늘을 향한 행로를 늦추고 있고,
난로 옆에서 반쯤 깬 주인처럼
불확실하고 느린 행위로,
빈들거리는 원을 이루어 움직이는데,
여전히 선잠을 자고 있는 그의 마음과 게으른 생각들은
아직 새로운 날의 전진하는 흐름으로 들어오지 못했다.
그리고 이제 그것은 나무꾼이 똑바른 걸음걸이로 가서,
그리고 일찌감치 도끼질을 하려는 동안,
끊임없이 아득히 계속된다.
맨 먼저 어스레한 새벽에 지붕으로부터
그는 자신의 초기 정찰병이고 밀사인 연기를
그 가장 이른, 가장 최근의 신참을
쌀쌀한 공기를 느끼고 낮을 보고하도록 하기 위하여
밖으로 내보낸다.
그리고 그가 여전히 난로 곁에서 웅크리고 앉아 있는 동안,
혹은 문짝의 빗장을 열 용기를 내지 못하는 동안,
그것은 가벼운 바람과 함께 골짜기로 내려갔고,

또 평야 위에서 대담하게 소용돌이치며 올라가,
나무 꼭대기에 걸치고 언덕에서 천천히 움직이다가는
일찌감치 일어난 새들의 날개를 따뜻하게 덥힌다.
그리고 이제, 아마도, 상쾌한 공중 높은 곳에서
대지의 가장자리 저편 낮의 광경을 포착했고,
보다 높이 있는 어떤 찬란한 구름으로,
그 주인의 낮은 문간에서 그의 눈에 띈다.

　파도가 가장 순수하고 농도가 낮은 액체에서 가장 빠르게
잠잠해지는 것과 같이, 비록 엷고 쌀쌀한 공기가 오로지 큰
물체가 바닥으로 가라앉는 짧고 감미롭게 진동하는 보다 더
미세한 소리의 조각만을 우리의 귓가에 전달해주기는 하지
만, 우리는 꽁꽁 언 대지 저 멀리 농부의 집에서 도끼질해대
는 소리와 개 짖는 소리, 멀리서 들려오는 수탉의 낭랑한 울
음소리를 듣는다. 그것은 청아한 벨 소리처럼 들린다. 지평
선 저 멀리의 어렴풋하고 귀에 거슬리는 장애물이 여름보다
는 더 적은 것처럼 보인다. 땅은 잘 마른 나무처럼 낭랑한 소
리를 낸다. 그리고 시골의 일상적인 소리조차 선율이 아름답
다. 또 나무에 매달린 얼음 덩어리의 짤랑거리는 소리는 곱
고 맑다. 대기 중에는 습기가 최대한 적다. 모든 것이 말라붙
었고 얼어붙었다. 그리고 그것에는 즐거움의 원천이 되는 극
도의 희박함과 탄력이 있다. 움츠러들어 팽팽한 하늘은 성당

의 측면 복도처럼 궁륭[61]을 이룬 것 같았다. 그리고 마치 그 안에 얼음 수정이라도 떠돌아다니고 있는 양 광택 있는 공기의 섬광이 있는 것 같다. 그것은 마치 그린란드에 살고 있는 사람들이 우리에게 다음과 같이 묘사하는 것과 같다. "바다는" 얼어붙을 때 "불타는 잔디밭처럼 연기를 내뿜는다. 그리고 서리 안개[62]라 불리는 농무나 연무가 발생한다. 그런데 살을 에는 연기는 종종 얼굴과 손에 발진을 일으킨다". 그러나 이러한 맑고도 매서운 추위가 폐에는 특효약이다. 그런데 찬 공기에 의해 정제되고 순화된다면 얼어붙은 안개보다는 결정結晶된 한여름 안개가 낫다.

태양이 마침내 먼 숲 사이로 떠오른다. 마치 살짝 부딪혀 흔들리는 심벌즈의 소리를 머금은 채 그 광선으로 공기를 녹이면서 빠른 걸음으로 아침 여행을 하듯이, 이미 그 빛은 멀리 있는 서쪽의 산을 미끄러지듯 지나간다. 그동안 우리는 서둘러 내부의 열기로 따뜻해진 푸석푸석한 눈을 거쳐 쭉 걸음을 옮기고 여전히 생각과 느낌에 점점 열중하면서 인디언 서머[63]를 즐겁게 맛본다. 아마 우리의 삶이 자연에 보다 순응해 있다면 우리는 자연의 더위나 추위를 막을 필요가 없을 테지만, 우리는 자연이 식물과 네발짐승에게처럼 우리에게도 변치 않는 충실한 보모이자 친구임을 깨닫는다. 만일 우리의 몸이 자극적이고 따뜻한 음식물 없이 순수하고 단순한 원소로도 부양된다면, 우리의 몸은 잎이 없는 잔가지 이상의 어떤 추위를 대비한 목초지 같은 것이 필요 없을 것이고, 그럼에도 겨울조차 자신들이 자라기에 온화하다는 것을 알고 있는 나무처럼 잘 자랄 수 있을 것이다.

이러한 계절에 자연의 경이적인 청결함은 가장 기분 좋은 일이다. 썩은 나무 그루터기, 이끼 낀 돌과 난간, 말라 죽은 가을 낙엽은 모두 냅킨 같은 깨끗한 눈 속에 숨겨져 있다. 휑 뎅그렁한 들과 딸랑딸랑거리는 숲속에서 미덕이 살아남아 있는 것을 본다. 제일 춥고 살을 에는 장소에서도 제일로 따뜻한 자비가 여전히 확고한 발판을 유지하고 있는 것이다. 몸 구석구석까지 스며드는 찬바람은 모든 전염병을 몰아낸 다. 어떤 미덕을 지니지 않는 것은 어떤 것이라도 그러한 전염병을 견뎌낼 수 없다. 따라서 우리가 산꼭대기같이 춥고 살을 에는 장소에서 무엇과 마주치든 우리는 일종의 불굴의 완강한 순결, 즉 청교도적인 강인함을 존중하는 것이다. 게다가 모든 사물은 은신처로 불러들여지는 것 같다. 그리고 끝까지 남아 있는 것은 우주의 본래적인 뼈대의 일부여야 하고 신 자신과 같은 용맹의 일부여야 한다. 정화된 공기를 빨아들이는 것은 원기를 돋우는 것이다. 그것의 보다 더 대단한 미세함과 청정함이 눈에 보인다. 그리고 기꺼이 우리는 오랫동안 그리고 늦게까지 머물러 있곤 한다. 실바람은, 이파리 없는 나무 사이를 관통하듯이 우리들 사이에서도, 살랑거릴 수도 있고 우리에게 겨울 준비를 시킬 수도 있다. 마치 우리가 우리에게 모든 계절에 도움이 될 순수하고 확고부동한 미덕을 빌리기 위해 그렇게 희망하기라도 했던 것처럼 말이다.

자연에는 결코 꺼지지 않고 어떤 찬 공기도 식힐 수 없는, 휴면 상태에 있는 지하의 불이 있다. 그것은 마침내 광대한 눈을 녹인다. 그리고 1월이나 7월에는 두껍거나 얇은 덮개 아래 가려져 있다. 가장 추운 날에 그것은 어디론가 흘러가고 눈은 모든 나무 주변에서 녹는다. 가을에 늦게 싹이 터 빠르게 눈을 녹이는 겨울 호밀 밭은 불이 매우 얇게 덮여 있는 곳이다. 우리는 그것으로부터 온기를 느낀다. 겨울철에 온기는 모든 미덕을 대표한다. 그리고 우리는 생각에 잠겨, 햇빛에 빛나는 돌이 있는 졸졸 흐르는 실개천으로 간다. 그리고 토끼나 울새만큼의 대단한 열망을 가지고 숲속의 따듯한 샘물을 찾아간다. 습지와 물웅덩이에서 피어오르는 수증기는 우리에게 있는 주전자에서 피어오르는 수증기만큼이나 소중하고 가정적인 것이다. 풀밭 생쥐들이 벽면 옆으로 나타나고 박새가 숲의 좁은 골짜기에서 속삭일 때, 대체 어떤 불이 겨울 낮의 햇빛에 필적할 수 있을까? 온기는 태양에서 직접 오며, 여름철처럼 땅에서 발산되지 않는다. 그리고 우리가 눈으로 덮인 골짜기를 걸으면서 등 뒤의 그 광선을 느낄 때, 우리는 어떤 특별한 친절에 감사하고 저쪽 옆길로 우리를 따라온 태양을 찬미한다.

이러한 지하의 불은 사람들 각자의 가슴에 제단을 두고 있다. 왜냐하면 가장 추운 날에 바람받이 언덕에서 여행자는 걷어 올린 외투 자락 안에 난로에서 달아오른 화염보다 더 따듯한 불을 고이 간직하기 때문이다. 실제로 건강한 사람은 계절의 보완물이다. 겨울에는 여름이 그의 마음에 있다. 그곳은 남쪽이다. 모든 새와 곤충은 저쪽으로 이동했다. 그리고 그의 가슴속에 있는 따뜻한 샘 주위에 울새와 종다리가 모여든다.

마침내 숲의 가장자리에 도착했고 나돌아 다니는 마을 사람들이 안 보이게 되었기에, 우리는 마치 천장에 눈이 온통 덕지덕지 붙어 있고 둑 모양으로 쌓여 있는 오두막의 지붕 아래에서 그 문턱을 넘듯이 그들의 은신처 안쪽으로 들어간다. 그것들은 여전히 찬란하고 따뜻하다. 그리고 여름철처럼 겨울에도 온화하고 생기발랄하다. 우리가 미로로 향하는 작은 통로를 헤치며 나아가고 있는 어른거리는 얼룩얼룩한 불빛 속의 소나무들 한가운데에 서 있을 때면, 우리는 일찍이 마을 사람들이 그 소나무들의 하찮은 이야기를 들어온 것이 아닐까 하고 생각한다. 우리가 볼 때는 일찍이 어떤 여행자도 그 소나무들을 탐구하지 않았던 것 같다. 과학이 매일 다른 곳에서 들추어내는 경이로운 현상에도 불구하고 누가 그것들의 역사에 귀 기울이고 싶어 하지 않을까? 그것들이 기여한 것은 바로 평원에 있는 변변찮은 우리의 작은 마을이다. 우리는 숲에서 피난처가 되는 널빤지를 빌리고 우리를 따듯하게 하는 나뭇가지를 빌린다. 1년 내내 시들지 않는 여름의 일부인 그것들의 상록수는 겨울에게는 얼마나 중요한 것인가! 그래서 간단하게 그리고 비용을 적게 들이면서도 지구의 표면은 다채로워진다. 인간의 삶에 숲과 같은 자연적인 장소들이 없다면 어떨까? 산꼭대기에서 보면 그것은 말끔하게 깎인 잔디밭처럼 보인다. 그러나 이런 보다 키가 큰 풀밭에서 우리는 어디로 갈 것인가?

일년생 관목들로 뒤덮인 빈터에서 은빛의 먼지가, 다양한 톤으로 색의 결핍을 벌충하기라도 하려는 듯 무한하고 호사스러운 모양으로, 각각의 시든 잎과 잔가지에 어떻게 쌓여 있는지를 보라. 각 줄기 주변의 작은 생쥐 발자국과 삼각 모양의 토끼 발자국을 관찰해보라. 마치 순결한 겨울 추위에 정제되고 수축되어 여름 하늘의 불순물이 하늘에서 땅으로 걸러지기라도 한 것처럼 맑고 부드러운 하늘이 모든 것을 뒤덮었다.

자연은 이 계절에는 여름철의 특성들을 혼동한다. 하늘은 지구에 더 가까이 있는 것처럼 보인다. 고유의 환경들은 보다 준비가 덜 되었으며 덜 명확하다. 물은 얼음이 되고 비는 눈이 된다. 낮은 그저 스칸디나비아의 밤일 뿐이다. 겨울은 북극의 여름이다.

여전히 고통스러운 밤을 견디는 보드라운 털로 뒤덮인 생명들, 자연의 생명들은 얼마나 더 활기가 넘치는가, 그리고 서리와 눈으로 뒤덮인 벌판과 숲의 한가운데서 태양이 떠오르는 것을 보라!

먹을 것이 없는 야생 지역은
그 갈색의 거주자들을 쏟아붓는다.

회색 다람쥐와 토끼는 추운 금요일 아침인데도 외딴 골짜기에서 팔팔하고 활달하다. 여기는 라플란드[64]이고 래브라도[65]이다. 그리고 에스키모와 크리족Kniste-naux, 도그리브족 Dogribbed Indians, 노바젬블레이트Novazemblaites, 스피츠베르겐 사람들Spitzbergeners[66]에게는 얼음 자르는 사람과 나무꾼, 여우, 사향뒤쥐, 밍크가 없는가?

여전히 북극의 한낮에 우리는 여름의 퇴로를 추적하고 얼마간 당시의 생활을 공감할 수도 있다. 동결된 초원의 한가운데서 개천에 다다르면 우리는 날도래의 유충인 물여우[67]의 물속 작은 집을 관찰할 수 있다. 그런데 그들의 몸통을 둘러싸고 만들어진 작은 원통 모양의 상자는 칼 모양의 잎사귀, 막대기, 풀잎 그리고 시든 나뭇잎, 껍질, 조약돌로 이루어졌기에 모양새와 색깔이 바닥에 어지러이 흩어져 있는 난파선의 잔해와 같다. 그것들은 이제 자갈투성이의 바다 위를 쭉 떠돌다가 작은 소용돌이 속에서 빙빙 돌기도 하고 가파른 폭포로 돌진해 떨어지기도 하고 물 흐름에 따라 재빠르게 휙 지나가버리기도 하며 그 밖에도 풀잎이나 뿌리 끝에서 앞뒤로 흔들거리기도 한다. 머지않아 그것들은 물속 보금자리를 떠나 식물의 줄기나 표면으로 기어 올라가거나, 혹은 각다귀처럼 이제 완전한 곤충으로서 수면 위에서 퍼덕거리기도 한다. 또 저녁에는 우리의 촛불 속에서 짧은 생을 바치기도 한다. 저기 작은 골짜기 아래 관목은 무거운 짐을 짊어지고 축 처져 있다. 그리고 붉은 오리나무 열매는 흰색의 지면과 대조를 이룬다. 여기에는 이미 널리 퍼져 있는 무수한 발자국이 있다. 태양은 센강이나 티베르강의 계곡 위로 떠오르듯이 그렇게 당당하게 그 골짜기 위로 떠오른다. 그리고 그것은 그들이 결코 본 일이 없는 순결하고 자기 존립적인 용기의 소재지처럼 보인다. 그런데 그 용기는 결코 패배나 두려움을 알지 못했다. 여기에서는 원시 시대의 단순함과 순수함, 그리고 마을 사람들이나 도시 사람들과는 아주 거리가 먼 건강과 희망이 군림한다. 바람이 나무에 있는 눈을 흔들어 떨어뜨리는 동안 숲속 멀리서 완전히 홀로 서 있다 보면, 그리고 유일한 사람의 흔적만을 뒤로 남겨두며 가다 보면, 우리는 도시 사람들의 삶보다 더 풍부한 변화의 그림자를 발견하게 된다. 박새와 동고비는 정치가나 철학자보다 영감을 더 잘 불러일으키는 집단이다. 그리고 우리는 보다 평범한 동료들에 관해서는 이러한 결말로 돌아갈 것이다. 경사지를 졸줄 흘러내리는 개울에는 주름 잡힌 얼음과 갖가지 색깔의 결정들이 있고 가문비나무와 솔송나무가 양쪽에 서 있다. 그리고 개울에는 골풀과 말라빠진 야생 귀리가 있는데 이러한 외로운 골짜기에서 우리의 삶은 더 조용하고 명상할 가치가 있다.

낮이 진행되면서 태양의 열기는 산허리에 의해 반사된다. 그리고 우리는 희미하지만 감미로운 음악을 듣는다. 거기서는 속박에서 풀려난 실개천이 흐르고 고드름이 나무에 매달려 녹고 있으며, 동고비와 자고새가 보이고 지저귀는 소리도 들린다. 남풍은 오후의 눈을 녹이고, 잇달아 휑뎅그렁한 지면이 시든 풀 그리고 나뭇잎과 함께 드러난다. 그리고 우리는 강렬한 음식 냄새에 의해서 그러하듯이 그것들이 내뿜는 향기에 의해서 원기를 돋운다.

버려진 나무꾼의 오두막으로 들어가 그가 거기에서 긴 겨울밤을 어떻게 보냈는지, 또 짧고 날씨가 험악한 낮 시간을 어떻게 보냈는지 보자. 왜냐하면 여기 이 남쪽 산허리 아래에서 사람이 살아왔으며, 그곳은 문명화된 공적인 장소처럼 보이기 때문이다. 우리는 여행객들이 팔미라[68]나 헤카톰 로스의 옛터에 멈추어 설 때와 같은 연상을 하게 된다. 우연히 노래하는 새와 꽃이 여기에 나타나기 시작했다. 왜냐하면 잡초는 물론이고 꽃도 인간의 발자국을 따르기 때문이다. 이 솔송나무는 그의 머리 위에서 살랑살랑 소리를 내며 속삭였고, 이 히코리나무[69]는 그의 땔감이었고, 송진을 채취할 수 있는 소나무 뿌리는 그의 불을 타오르게 했다. 그리고 엷고 공기같이 가벼운 수증기가 언제나처럼 바쁘게 올라가고 있는 저기 계곡에서 증발하고 있는 실개천은, 비록 이제는 그가 멀리 떨어져 있기는 하지만, 그의 우물이었다. 솔송나무의 큰 가지와 도드라진 단 위의 밀짚은 그의 침대였다. 그리고 깨진 접시에는 그의 음료가 담겼다. 그러나 그는 이 계절에 여기 있지 않았다. 왜냐하면 지난여름 딱새들이 이 선반 위에다 둥지를 틀었기 때문이다. 그가 막 외출하기라도 한 듯, 나는 깜부기불이 약간 남아 있는 것을 발견한다. 거기에서 그는 콩 항아리를 구웠고, 저녁에는 담배설대가 없고 대통이 재 속에 묻혀 있는 담배 파이프를 뻐끔거리면서, 만일 동료가 있었다면, 자신의 유일한 동료와 함께 이미 집 밖에서 빠르고 굵게 내리고 있는 눈이 이튿날이면 얼마나 두껍게 쌓일 것인지에 대해 잡담을 했을 것이다. 또는 바로 전에 난 소리가 올빼미의 높고 날카로운 울음소리인지 큰 가지가 삐걱거린 소리인지 아니면 그저 상상의 소리인지를 두고 논쟁을 했을 것이다. 그리고 늦은 겨울 저녁에는 밀짚 위에 대자로 눕기에 앞서 자신의 넓은 굴뚝 입구를 통해 위를 올려다보면서 폭풍의 진행 상황을 알아보기도 했다. 그리고 자신을 밝게 내리비추고 있는 빛나는 카시오페이아의 의자Cassiopeia's Chair[70]를 바라보면서 만족스럽게 잠이 들었다.

나무꾼의 역사를 알 수 있는 흔적이 얼마나 많은지를 보라! 이 그루터기에서 우리는 그가 사용한 도끼의 날카로움을 미루어 짐작할 수 있다. 그리고 한 방 내려찍은 자국의 경사면을 보고 그가 서 있던 쪽이 어디인지, 그가 둘레를 여기저기 돌아다녔는지, 혹은 손을 바꾸어 잡았는지를 짐작할 수 있다. 그리고 지저깨비가 휜 모양을 보고 우리는 그것이 어떤 식으로 쓰러졌는지도 알 수 있다. 이 지저깨비 한 조각은 거기에 새겨진 나무꾼과 세계의 전全 역사를 포함한다. 아마 그의 설탕과 소금을 담고 있었거나 그의 총의 충전물 재료[71]로 쓰였을 이 오려낸 신문지 조각에서 우리는, 숲속의 통나무에 걸터앉아 무언가 흥미를 가지고, 도시의 가십 기사, 말하자면 번화가와 브로드웨이의 이처럼 텅 비어 있는 세놓을 보다 큰 오두막에 대한 가십 기사를 읽는다. 박새과의 여러 새들이 소나무에서 혀 짧은 소리로 지저귀고 있는 동안, 단순한 지붕의 남쪽 면 처마에서는 물방울이 떨어지고 있고, 출입문 주위의 태양의 온화한 온기는 다소 친절하고 인간적이다.

두 계절이 지난 뒤에도 이러한 조잡한 거처는 이러한 정경을 바꾸지 않는다. 이미 새들은 둥지를 틀기 위해 거기에 자주 드나들고 여러분은 네발짐승의 발자국을 그 입구까지 추적할 수 있다. 그래서 오랫동안 자연은 인간의 침입과 불경을 눈감아준다. 숲은 여전히 기분 좋게 의심 없이, 나무들을 베어 넘어뜨리는 도끼질 소리를 메아리치게 한다. 그리고 나무들이 거의 없거나 드문 동안에 나무들은 야생 자연의 질을 향상시킨다. 그리고 모든 고유의 환경들은 소리를 자연적인 것으로 만들려고 노력한다.

이제 우리는 점점 이 높은 언덕의 꼭대기로 올라간다. 우리는 가파른 남쪽 면에서 숲과 들과 강 그리고 멀리 있는 눈 덮인 산까지 폭넓은 지역을 훑어볼 수 있다. 저쪽 어떤 보이지 않는 농가에서 피어올라 숲을 통과해 소용돌이치며 올라가는 엷은 한 줄기 연기를 보라. 그리고 어떤 시골 농장 위로 올라가는 깃발을 보라. 저 아래 분명 보다 따뜻하고 보다 온화한 장소, 이를테면 우리가 나무 위의 구름을 형성하는, 샘에서 피어오르는 수증기를 발견하는 곳 같은 장소가 있을 것이다. 숲속의 언덕에서 이러한 공기 기둥을 발견하는 여행객과 그 아래 앉아 있는 사람 사이에는 얼마나 좋은 관계가 성립되는가! 연기는 수증기가 잎에서 발산되듯이 조용하고 자연스럽게 위로 올라간다. 그리고 아래 난로 곁의 반짇고리같이 소용돌이 모양을 짓느라 바쁘다. 그것은 인생의 상형 문자이고, 솥단지가 끓는 것보다 더 심오하고 중요한 것을 시사한다. 연기의 엷은 기둥이 깃발처럼 숲 위로 상승하고 있는 곳에는 인간 생명이 자리를 잡아왔다. 그리고 그러한 것은 아메리카 대륙의 대초원에서든 아시아의 평원에서든 로마의 시작이고 예술의 정착이며 제국의 창설이다.

그리고 이제 우리는 구릉지의 우묵한 곳에 있는 이 산림 지대 호수의 가장자리로 다시 내려간다. 호수는 구릉지들이 짜낸 국물, 해마다 거기에 잠기는 낙엽의 국물과 같다. 겉보기에는 출구도 입구도 없지만 여전히 그 물결의 흐름 속에, 기슭에 있는 둥근 조약돌 속에, 물가에 널브러져 자라 있는 소나무 속에 그것의 역사가 있다. 그것은 앉아 있어도 게으르지는 않았고, 아부 무사Abu Musa[72]처럼 '늘 집에 앉아 있는 것은 하늘의 길이고 밖으로 나가는 것은 속세의 길'이라는 것을 가르쳐준다. 그러나 그것은 증기의 상태로 어디까지든 멀리 여행을 한다. 여름에 그것은 눈물 글썽한 지구의 눈이고 자연의 가슴속에 있는 거울이다. 나무의 죄는 그 속에서 씻긴다. 숲이 어떻게 그것을 둘러싸고 원형 경기장을 형성하는지 보라. 그것은 자연의 온화함을 위한 경기장이다. 모든 나무는 여행자를 그 가장자리로 향하게 한다. 모든 길은 거기로 가고, 새는 거기로 날아가고, 네발짐승들은 거기로 몰려가고, 땅까지도 거기로 기울어진다. 그곳은 자연의 응접실, 자연이 화장대를 마주하고 앉았던 곳이다. 자연의 조용한 질서와 정결함을 생각해보라. 그리고 어떻게 태양이 매일 아침 그 증기를 몰고 와서 그 표면의 먼지를 휩쓸어가는지 생각해보라. 신선한 표면이 끊임없이 솟아오르고 있다. 그리고 해마다 여기에 그것이 무엇이든 불순물이 쌓인 후 봄에 그 투명함이 다시 나타난다. 여름에는 조용한 음악이 그 표면을 휩쓸고 지나가는 것 같다. 그러나 이제 바람이 휘몰아쳐 얼음을 드러낸 곳을 빼고는 판판한 한 겹의 눈이 그 표면을 가린다. 그리고 말라빠진 이파리들이 그들의 작은 항해에서 지그재그로 침로를 바꾸고 바람 불어가는 쪽으로 돌면서 가장자리에서부터 가장자리로 미끄러지듯 날아다닌다. 여기에 호숫가에 있는 조약돌에 방금 부딪혀 뒤집어엎어져 마치 다시 출발하기라도 할 듯 흔들거리는 마른 호숫가의 잎이 있다. 생각건대 그 잎이 어미 줄기에서 떨어져 나온 이래로 숙련된 기술자는 그 행로를 예측했는지도 모른다. 그러한 계산에 필요한 모든 요소들이 여기에 있다. 그것의 현재 위치, 바람의 방향, 연못의 높이뿐 아니라 훨씬 더 많은 것들이 주어진다. 흠집이 생긴 나뭇잎 모서리와 잎맥에는 그것의 운행 기록이 나타나 있다.

우리는 보다 큰 집의 내부에 있다는 생각이 든다. 연못의 표면은 전나무 널빤지 탁자이거나 모래투성이가 된 마루이다. 그리고 숲은 시골집의 벽처럼 갑자기 가장자리부터 오르막이다. 작은 강꼬치고기pickerel[73]를 잡기 위해 얼음을 뚫고 놓여 있는 낚싯줄은 보다 큰 요리의 준비물처럼 보이고 사람들은 숲의 세간처럼, 하얀 바닥 위에 여기저기 서 있다. 우리가 얼음과 눈 위의 반 마일[74]이나 되는 거리에서 본 이 사람들의 행동은 마치 우리가 역사에서 알렉산드로스의 공적을 읽을 때와 같은 인상을 준다. 그것은 경치로서의 가치가 없지는 않은 것 같고, 또 왕국의 정복만큼이나 결정적인 것 같다.

또다시 우리는 마치 태양이 알고 있는 것과 다른 어떤 더 미묘한 힘에 의해 움직이듯이, 강의 저쪽 평지에서 들려오는 얼음의 먼 울림 소리가 이쪽에서 들릴 때까지 아치의 숲을 뚫고 돌아다녔다. 그것은 나에게 멀고 웅대한 친족의 목소리처럼 오싹거리게 하는 고향의 야릇한 소리였다. 온화한 여름 태양이 숲과 호수 위에 비친다. 그리고 많은 작은 가지에는 푸른 이파리가 달랑 한 개만 매달려 있지만 그래도 자연은 평온한 건강을 향유하고 있다. 모든 소리에는 지금 일월에 큰 가지가 삐걱거리는 소리는 물론이고 7월에 바람이 부드럽게 윙윙거리는 소리와도 똑같이 건강에 대한 신비한 확신으로 가득 차 있다.

겨울이 모든 큰 가지에
자신의 환상적인 화환으로 술을 달 때
그리고 이제 아래의 이파리를
침묵으로 봉인할 때

처마의 물이
꾸르륵거리며 제 갈 길로 흘러갈 때
생쥐들이 겨울의 회랑에서
풀밭의 마른 풀을 조금씩 갉아 먹을 때

아마 여름은 그 풀밭 생쥐가 지난해 황야의 관목 안에
몰래 웅크리고 있었던 것처럼
여전히 가까이에 있고
아래 숨어서 잠복한다.

그리고 만일 박새가 이내 혀짤배기소리로
가냘픈 울음소리를 내기라도 한다면,
눈은 스스로 걸치고 있는
여름의 덮개가 된다.

예쁜 꽃들이 기운찬 나무를 장식하고
눈부신 과일이 매달린다.
북쪽 바람은 살을 에는 듯한 추위를 피하기 위하여
여름 바람을 살랑거리고

내가 온통 귀를 기울이고 있는 동안
겨울 걱정이 필요 없는
평온한 영원의 희소식을
내게 가져온다.

곧 잠잠한 연못에서는 불안정한 얼음이
쩍쩍 갈라지고

연못 요정들은 귀를 먹먹하게 하는 고문 속에서도
즐거운 장난을 한다.

자연이 잊기 어려운 고급 향연을
어떻게 베풀었는지에 대해
마치 놀라운 소식을 들은 것처럼 갈망하는 나는
골짜기로 서둘러 간다.

저마다의 새로운 날카로운 소리가 즐거운 호수를 가로질러
순식간에 돌진할 때,
나는 나의 이웃 얼음과 공명하는 진동으로
장난을 한다.

바다의 낮은 의자
그리고 난로의 장작 다발과 함께 있는 사람은
집 안의 시끄러운 소리를 숲길을 따라
울려 퍼지게 한다.

저녁 전에 우리는, 오두막의 화롯불 곁에 겨울 내내 앉아
있는 사람들에게는 신기해 보일 이 굽이쳐 흐르는 강의 행로
를 따라, 마치 극지의 얼음 위에 있는 것처럼, 페리 선장이나
프랭클린 선장과 함께 스케이트로 여행을 할 것이다. 이제

구릉지 한가운데를 흐르고 평평하고 넓은 초원으로 퍼지며 소나무와 솔송나무가 아치를 이룬 가지각색의 만과 골짜기를 형성하고 있는 개울의 굴곡을 따라갈 것이다. 강은 마을의 뒤로 흐르고 우리는 새롭고 보다 야생적인 시각으로 모든 것을 본다. 들과 정원은 그것이 탄탄대로에서는 지니지 못하는 허식으로부터 공공연하게 자유로워진다. 그것은 지구의 표면이고 가장자리이다. 극단적인 차이가 우리 눈에 거슬리지는 않는다. 농부의 울타리 맨 끝 가로대는 여전히 그 생생함을 유지하고 있는 약간 기울어진 버드나무 가지인데, 여기에서 모든 울타리가 마침내 멈춘다. 그리고 우리는 더 이상 어떤 도로도 가로지르지 않는다. 우리는 당장 언덕을 오르지는 않지만 고지의 초원으로 올라가는 넓은 평지를 거쳐 시골의 가장 한적하고 평탄한 길을 따라 더 멀리 갈 수도 있다. 그것은 순종하는 법을 보여주는 아름다운 예, 즉 강물의 흐름의 아름다운 예이고 병자를 위한 통로이며 도토리깍정이가 짐을 싣고 흘러 내려갈 수 있는 탄탄대로이다. 그 절벽이 풍경을 다채롭게 하지는 않을 아주 드물게 있는 경사면은 옅은 연무와 물보라로 세상에 알려지고 여기저기에서 여행자를 유인한다. 먼 내부에서부터 그 흐름은 그것을 넓고 느릿한 걸음으로 혹은 보다 더 완만한 경사면을 거쳐서 바다로 안내한다. 그래서 지면의 거칠음에 일찌감치 그리고 계속해서 굴복함으로써 그것은 가장 편안한 길을 확보한다.

자연의 어떤 영역도 인간에게 항상 완전히 닫혀 있지는 않다. 그리고 이제 우리는 물고기의 제국에 가까이 다가간다. 우리의 발은 여름에 낚싯줄이 메기와 농어를 유혹했던 곳이기도 하고 위엄 있는 강꼬치고기가 큰고랭이bulrush⁷⁵로 이루어진 긴 통로에서 잠복하고 있던 곳이기도 한, 깊이를 알 수 없는 깊은 곳 위를 빠르게 미끄러져 나아간다. 왜가리가 걸어서 건너갔고 알락해오라기bittern⁷⁶가 웅크리고 앉았던 깊고 발을 들여놓을 수 없는 습지는 마치 무수한 선로가 만들어지기라도 했던 것처럼 우리의 날렵한 썰매날을 통과시켰다. 단 한 번의 추진으로 우리는 가장 초기의 정착자인 사향뒤쥐의 오두막에 이르게 되고 사향뒤쥐가 부드러운 털로 덮인 물고기처럼 투명한 얼음 아래에서 강기슭의 굴로 달아나는 것을 본다. 그리고 우리는 초원의 풀과 뒤섞인 덩굴월귤층을 통과해 최근에 '풀 베는 사람이 낫을 갈던' 초원 위로 미끄러지듯 빠르게 나아간다. 우리는 찌르레기 무리, 딱새, 왕산적딱새kingbird가 물 위로 매달아놓은 둥지, 그리고 말벌이 습지에 있는 단풍나무에 지어놓은 둥지 가까이까지 미끄러져 나아간다. 얼마나 많은 명랑한 휘파람새들이 태양을 지켜보면서 자작나무와 엉겅퀴 관모의 이 둥지에서 기쁨을 발산해왔겠는가! 습지의 바깥쪽 가장자리에는 발길이 닿지 않았던 초대형 선박 마을super marine village이 붙어 있었다. 이 속이 빈 나무에서는 큰 오리가 새끼 오리를 돌보고 매일 저쪽 습지에서 식량을 찾기 위해 미끄러지듯이 지나갔다.

겨울에 자연은 자연의 질서에 따라 적절한 위치에서 말려진 표본으로 가득 찬 진기한 것들의 진열장이다. 초원과 숲은 식물 표본집이다. 나뭇잎과 풀잎들은 비틀림이나 병적인 수액 분비 없이 공기와 이상적으로 접촉하며, 새들의 둥지는 인위적인 잔가지에 매달려 있는 것이 아니라 그들이 만들었던 곳에 있다. 우리는 울창한 습지에서 여름에 일어났던 일을 면밀히 살피기 위해서 신발을 적시지 않고도 이리저리 돌아다닌다. 그리고 오리나무, 버드나무, 단풍나무가 얼마나 성장했는지를 본다. 이것은 햇빛이 얼마나 따뜻했으며 이슬과 소나기가 얼마나 그것을 풍부하게 했는지를 증명하는 것이다. 풍요로운 여름에 큰 가지가 어떻게 활보하는지를 보라. 즉 잠자고 있는 봉오리들이 머지않아 하늘을 향해 위로 한 뼘 더 자라오를 것이다.

이따금 우리는 눈 덮인 벌판을 뚫고 지나간다. 그 아래는 상당한 넓이를 차지하는 강바닥이고, 우리가 거의 예기치 못했던 곳에서 오른편 왼편의 바닥이 다시 나타나기도 한다. 그런데 그 아래서는 곰과 마멋처럼 마치 동면이라도 했던 것처럼 그 강이 어렴풋하게 식식거리고 우르르 울리는 소리를 내면서 여전히 행로를 유지하고 있다. 그리고 우리는 눈과 얼음에 파묻혔던 곳까지 그 희미한 여름의 흔적을 따라갔다. 처음에 우리는 강이 한겨울에는 비어 있고 말라붙어 있을 것이라고 생각했을 것이다. 아니면 봄이 그것을 녹일 때까지 단단히 얼어붙어 있을 것이라고 생각했을 것이다. 그러나 외부의 한기가 그 표면에 다리를 놓기 때문에 그 부피는 조금도 줄어들지 않았다. 호수와 개울에 물을 공급하는 수많은 샘은 여전히 솟고 있다. 몇 안 되는 지표의 샘의 출구만이 막혀 있다. 그런데 그것들은 깊은 저수지의 물을 채운다. 자연의 샘들은 서릿발 아래에 있다. 여름의 시내는 눈 녹은 물로 채워지지 않고, 또한 풀 베는 사람은 그것만으로 자신의 갈증을 해소하지 못한다. 시냇물은 봄에 눈이 녹을 때 불어 오른다. 물이 그 알갱이가 덜 부드럽고 덜 둥글게 생긴 얼음이나 눈으로 변하면서 자연의 작업이 지연되어왔기 때문에, 시냇물이 자신들의 적정 수준을 그렇게 재빠르게 찾아내지 못하기 때문이다.

빙판 너머 저 멀리, 솔송나무 숲과 눈 덮인 언덕 사이에 강꼬치 낚시꾼이 한적한 강굽이에 낚싯줄을 드리운 채 마치 핀란드 사람인 양 두꺼운 외투 주머니에 팔을 찔러 넣고 서 있다. 그는 자신이 지느러미 없는 물고기이며, 그래서 지금 자기 종족과 불과 몇 인치 떨어진 곳에 서 있다는, 둔하고 눈처럼 희고 비린내 나는 생각을 하면서, 말없이 곧추선 채, 마치 기슭의 소나무처럼, 눈과 연무 속에 자신이 그냥 폭 휩싸이도록 내버려둔다. 이러한 야생의 장면들 속에서, 사람들은 그저 풍경 속에 아무 일도 않고 우두커니 서 있거나, 말없는 자연의 절제 앞에서 도회지의 활력과 생기를 단념하고 그저 유유히 느릿느릿 움직일 뿐이다. 그는 이 풍경을 덜 야생적인 것으로 만들지 않는데, 이것은 바로 어치나 사향뒤쥐가 그러한 것과 다를 바가 없는 것이다. 그는 그저 그 풍경의 일부로 거기에 서 있을 뿐이다. 늦카만[77]과 북서쪽 연안을 찾았던 초기 항해자들의 여행기 속에서, 원주민들이 작은 쇳조각에 유혹되어 말이 많아지기 이전에 짐승 가죽을 두르고 있는 모습으로 묘사되고 있는 것처럼 말이다. 그는 자연의 인간 가족에 속하며, 도회지의 거주자들보다 더 깊게 자연에 뿌리를 내리고 있다. 그에게 가서 얼마나 재미가 좋은지 물어보라. 그러면 그는 또한 눈에 보이지 않는 세계를 숭배하는 사람이라는 것을 알게 되리라. 그가 얼마나 대단한 진심 어린 경의와 고조되는 몸짓을 어조에 담아서 한 번도 본 적이 없는 그 호수의 강꼬치에 대해서 얘기하는지 한번 들어보라. 자신의 상상 속의 태곳적 동족인 그 강꼬치에 대해서 말이다. 그래도 그는 여전히 낚싯줄에 이어져 있는 것처럼 강기슭에 이어져 있고, 야채밭에서 완두콩이 자랐는데도 연못에서 빙판을 뚫고 물고기를 잡던 시절을 아직껏 기억하고 있다.

그러나 지금 우리는 어슬렁거리고 늑장을 부리며 가고 있고, 구름이 다시 몰려들어 드문드문 눈송이들이 내리기 시작하고 있다. 눈송이는 점점 더 빠르게 흩뿌렸고 결국 시야에서 멀리 있는 사물이 보이지 않게 되었다. 눈은 강 옆, 연못

옆, 언덕 위와 계곡 등 어떤 틈도 빠트리지 않고 모든 나무와 벌판에 내리고 있다. 네발짐승들은 자신들의 은신처에 틀어박혀 있고 새들은 이 평화로운 시간에 자신들만의 횃대에 올라앉아 있다. 맑은 날씨만큼 그렇게 소음이 많지 않다. 그러나 이전에 묻혀 있지 않았던 모든 경사지, 잿빛의 벽과 담장, 광택 나는 얼음, 말라빠진 이파리들이 조용히 그리고 점차적으로 가리어진다. 그리고 사람과 짐승의 흔적은 없어진다. 자연은 아주 적은 노력으로도 그 법칙을 거듭 주장하며 사람들의 자취를 지운다. 호메로스가 똑같은 것을 어떻게 기술했는지 들어보라. "눈송이들이 겨울 낮에 빽빽하고 빠르게 쏟아지고 있다. 바람은 잠잠해진다. 눈은 그칠 새 없이 내리고 있고 산꼭대기를 뒤덮으며 로터스나무가 자라는 언덕과 평원, 경작지를 뒤덮는다. 그리고 눈은 거품이 이는 바다의 어귀나 기슭 쪽에도 내리지만 파도에 조용히 사라진다." 눈은 모든 사물의 구별을 없애고, 따분한 여름에 초목들이 신전의 엔태블러처entablature[78]와 성의 바퀴 달린 사다리를 휘감아 올라가 그것이 예술을 압도하도록 돕듯이, 그 모든 사물들을 자연의 품 안으로 더 깊게 끌어안는다.

태양이 강해지는 폭풍을 뒤로하며 내려앉고 새들이 횃대를 찾아가고 소들이 외양간을 찾아 들어가는 동안, 험악한 밤바람은 숲을 지나 활발하게 움직이며 우리에게 온 길로 되돌아가라고 경고한다.

일꾼 황소가 머리를 수그리고
눈을 덮어쓴 채 서 있다, 그리고 이제
자기 노고의 결과를 요구한다.

    비록 겨울이 달력에서는 바람과 진눈깨비를 마주하고 자기 주위로 망토를 끌어당기고 있는 늙은이로 묘사될지라도, 우리는 그것을 유쾌한 나무꾼으로, 그리고 여름만큼이나 쾌활한 정열적인 젊은이로 생각한다. 탐사되지 않은 폭풍의 위엄은 여행자의 사기를 잃지 않게 한다. 그것은 우리를 가벼이 다루지 않고 아주 진지하게 다룬다. 겨울에 우리는 집 안에서 더 많이 생활한다. 우리의 마음은, 창문과 출입문이 반쯤 감추어져 있지만 굴뚝에서는 연기가 기운차게 올라가고 있는 눈 더미 아래의 오두막처럼, 따뜻하고 유쾌하다. 둘레에 쌓여 있는 눈 더미는 집이 제공하는 안락감을 증대시킨다. 그리고 제일 추운 날에 우리는 아마, 굴뚝 곁의 따뜻한 구석에서 향유했던 조용하고 차분한 생활을 즐기고, 거리의 소울음소리나 긴 오후 내내 멀리 떨어진 헛간에서 나는 도리깨소리에 귀 기울이며 우리의 심장 고동을 느끼면서 난로 저편에 고쳐 앉아 굴뚝 꼭대기 여기저기의 하늘을 바라보는 것으로 만족할 것이다. 의심의 여지 없이 훌륭한 의사는 단순하고 자연적인 소리가 우리에게 어떻게 영향을 미치는지를 관찰함으로써 우리의 건강 상태를 판단할 수 있다. 우리는 이

제 따뜻한 화로와 난로 곁에서 동쪽이 아니라 북쪽의 여가를 즐기고, 햇살 속에 비치는 먼지의 그림자를 바라본다.

때때로 우리의 운명은 너무나 친절하고 정답고 진지해서 잔인할 수가 없다. 석 달 동안 인간의 운명이 어떻게 모피로 둘러싸이는지 생각해보라. 훌륭한 유대인의 계시Hebrew Revelation도 이렇게 기분 좋은 눈을 인지하지 못한다. 온화하고 쌀쌀한 지역을 위한 종교는 없는가? 우리는 뉴잉글랜드의 겨울밤에 신들의 순결한 은혜를 기록한 경전에 대해 아는 바가 없다. 그들을 찬양하는 노래는 불리지 않았으며 오로지 그들이 내리는 천벌을 면하기를 애원할 뿐이다. 결국 최고의 경전은 그저 빈약한 신앙을 기록할 뿐이다. 그 성자들은 겸양과 금욕의 삶을 살아간다. 용감한, 즉 독실한 사람으로 하여금 메인이나 래브라도의 숲에서 1년을 보내게 하고, 히브리 경전이 겨울이 시작되고부터 얼음이 녹을 때까지의 그의 조건과 경험을 적절하게 이야기하는지를 보게 하자.

내부의 거주자의 사유가 멀리 밖으로 여행을 떠나고 사람들이 본성적으로 그리고 필연적으로 모든 창조물에 관대하고 자비로워지면, 이제 농부의 난로 주변에서는 긴 겨울 저녁이 시작된다. 이제 폭풍은 끝났기 때문에, 농부가 자기 수확물을 거두어들이고 겨울 대비책을 생각하며 번쩍이는 창유리를 통해 침착하게 '북극곰의 성수星宿'를 보게 되면 이제 추위에 대해 행복한 저항을 할 때이다.

충만한 천상의 원,
즉 시야에 나타나는 무한한 세계는
아주 강렬하게 빛난다.
그리고 별이 반짝이는 하나의 창공은
온 세계에서 붉게 빛난다.

야생 사과

사과나무의 역사

사과나무의 역사는 놀라울 정도로 인간의 역사와 밀접하게 연관되어 있다. 지질학자들은 사과나무를 포함하는 장미과Rosaceae, 볏과, 꿀풀과Labiatae 혹은 박하 같은 종류의 식물들이 지구상에 등장한 것은 인간이 출현하기 바로 전이라고 얘기한다.

사과는 최근 스위스 호수의 기슭에서 그 흔적이 발견된, 알려지지 않은 원시 시대 사람들의 양식의 일부였던 것으로 보인다. 그 사람들은 로마의 건립보다도 더 오래전의 사람들로 추측되는데, 너무 옛날이어서 철제 도구를 가지고 있지 못했다. 그런데 온통 때가 묻고 시들어빠진 꽃사과가 그들의 저장소에서 발견되었다.

타키투스Cornelius Tacitus[79]는 자신들의 배고픔을 다른 어떤 것보다도 야생 사과agrestia poma로 채웠던 고대의 게르만족에 대해서 이야기한다.

니부어Niebuhr는 "집, 들판, 쟁기, 경작, 포도주, 기름, 우유, 양, 사과 그리고 기타 농업이나 보다 온화한 생활 양식과 관련된 단어들은 라틴어, 그리스어와 일치하는 반면에 전쟁이나 수렵과 관련된 모든 사물들을 나타내는 단어들은 그리스어와 완전히 다르다"고 말한다. 그래서 사과나무는 올리브나무와 다름없이 평화의 상징으로 간주될 수도 있다.

사과는 일찍부터 너무도 중요했으며 널리 분포되어 있었다. 그래서 많은 언어들에서 '사과'의 어원을 추적해보면 그것이 일반 과일을 의미함을 알 수 있다. 그리스어로 멜론$Mn\lambda ov$은 사과뿐 아니라 다른 나무 과일, 양과 가축 그리고 일반적으로 부를 의미하기도 한다.

사과나무는 히브리인, 그리스인, 로마인, 스칸디나비아인들이 찬미해왔다. 어떤 이들은 인류 최초의 한 쌍의 남녀가 그 열매에 유혹되었다고 생각했다. 여신들이 그것 때문에 싸움을 벌였다는 우화가 만들어지기도 했고, 용들이 그것을 지키도록 배치되기도 했고, 그것을 따기 위해 영웅들이 고용되기도 했다.

구약 성서에서는 적어도 세 군데에서 사과나무가 언급된다. 그리고 그 열매는 두세 군데에서 더 언급된다. 솔로몬은 "숲의 나무들 중에 사과나무가 있듯이 내가 가장 사랑하는 사람은 아들들 중에 있다"라고 읊조린다. 그러고는 다시 "포도주 병을 가지고 나를 격려하고 사과를 가지고 나를 위로하라"라고 읊조린다. 인간의 가장 고귀한 모습 중 가장 고귀한 부분은 이 과일에 빗대어 '눈의 사과the apple of the eye'[80]라고 불린다.

호메로스와 헤로도토스도 사과나무에 대해 언급한다. 율리시스는 알키노스의 화려한 정원에서 '아름다운 열매를 맺고 있는 배와 석류 그리고 사과나무들'을 보았다. 그리고 호메로스에 따르면 사과는 바람이 불어 가지가 탄탈로스[81]로부터 멀어지면 딸 수 없는 과일 중 하나이기도 했다. 테오프라스토스[82]는 사과나무를 잘 알았고 그것을 식물학자처럼 묘사했다.

《산문 에다Prose Edda》에 따르면, "이두나[83]는 사과를 상자에 간직하고 있는데 그것은 신들이 노년에 가까워진다고 느낄 때 먹기만 하면 다시 젊어지는 그런 사과이다. 이런 방법으로 그들은 라그나뢰크Ragnarök[84](혹은 신들의 몰락)까지 원기가 회복된 젊은이로 유지될 것"이다.

나는 '고대 웨일스의 음유 시인들은 훌륭한 노래에 대한 보상의 증표로 사과나무 가지를 받았다'는 것과 '스코틀랜드 고지 지방[85]에서는 사과나무가 라몬트 씨족의 휘장徽章이었다'는 것을 라우든John Claudius Loudon[86]을 통해 알게 된다.

사과나무Pyrus malus는 주로 북쪽의 온대 지역에 어울린다. 라우든은 "그것은 몹시 추운 지역을 제외하고는 유럽의 전

지역과 서부 아시아의 도처, 또 중국, 일본 등지에서 자생적으로 자란다"고 얘기한다. 또한 북아메리카 토착의 사과 품종이 두세 가지 있다. 재배된 사과나무는 최초의 이주민들이이 나라에 가져온 것이며, 다른 어느 곳에서보다 여기에서더 잘 자란다. 아마도 지금 재배되는 품종들 중 어떤 것은 처음에 로마인들이 영국에 전해주었을 것이다.

테오프라스토스의 분류법을 채택한 플리니우스Gaius Plin-ius Secundus[87]는 "나무들 중에는 전적으로 야생적인 것(sylves-tres, 무화과)이 일부 있고 보다 개화된 것(urbaniores, 사과나무)이 일부 있다"고 이야기한다. 테오프라스토스는 사과를 후자에 포함시킨다. 그리고 실제로 이러한 의미에서 사과나무는가장 개화된 나무이다. 그것은 비둘기만큼이나 악의가 없고장미만큼이나 아름다우며 양 떼와 소 떼만큼이나 가치 있다. 그것은 다른 어떤 것보다 더 오랫동안 재배되어왔다. 그래서그 어느 것보다 인간화되었다. 어쩌면 그것은 개처럼 더 이상 그 야생의 원형을 추적할 수 없을지도 모른다. 그것은 개나 말, 소처럼 인간과 더불어 이동한다. 말하자면 아마도 처음에는 그리스에서 이탈리아로, 그리고 거기에서 다시 잉글랜드로 그리고 다시 미국으로 이동했을 것이다. 그리고 서부로 가는 이주민들은 주머니 안에 사과 씨를 지니고 또 아마도 짐 꾸러미에 몇 그루의 어린 사과나무를 동여매고 지는 해를 향해 여전히 착실하게 행진하고 있다. 그래서 최소한 백만 그루의 사과나무가 지난해 재배된 다른 나무들보다 더 멀리 서쪽에 심어졌다. 안식일 같은 과일 꽃 주간Blossom Week이 어떻게 해마다 이렇게 대초원으로 번져가고 있는지를 생각해보라. 그것은 사람들이 이동할 때 새, 네발짐승, 곤충, 야채, 초지뿐 아니라 과수원도 함께 이동하기 때문이다.

잎과 부드러운 가지는 소, 말, 양, 염소 같은 많은 가축들이 즐기는 음식이다. 그리고 그 열매는 이러한 동물뿐 아니라 돼지도 즐겨 찾는다. 그래서 이러한 동물들과 이 나무 사이에는 처음부터 자연적 협력 관계가 존재해온 것으로 보인다. '프랑스의 숲에 있는 능금 열매는 멧돼지의 중요한 자원'이라고 얘기된다.

인디언뿐 아니라 많은 토착 곤충, 새, 네발짐승은 사과를 이 나라에 기꺼이 받아들였다. 천막벌레는 맨 처음 생성된 바로 그 사과나무 가지에 알을 낳았다. 그리고 그 후로 그것은 양벚나무와 더불어 천막벌레가 좋아하는 나무가 되었다. 그리고 자벌레도 얼마간 느릅나무를 포기하고 그것을 먹고 살았다. 사과나무가 빠른 속도로 자라는 동안 파랑새, 울새, 벚나무새, 딱새 그리고 그 외의 많은 새들이 서둘러 몰려와 둥지를 틀고 가지에 앉아서 지저귀었다. 그렇게 해서 그 새들은 과수원 새가 되었고 이제까지보다 더 많이 번식하게 되었다. 그것은 그것들의 종의 역사에서 하나의 획기적인 사건이었다. 흰등쇠딱따구리downy woodpecker는 나무껍질 밑의 맛 좋은 부분을 발견했고, 그래서 떠나기 전에 나무의 이곳 저곳에 둥글게 구멍을 뚫어놓았다. 그런데 내가 알기에 전에는 그런 일이 전혀 없었다. 자고새가 그 꽃봉오리의 맛이 얼마나 달콤한지를 알기까지는 오랜 시간이 걸리지 않았다. 자고새들은 겨울 저녁마다 그것을 뜯어 먹기 위해 숲에서부터 날아들었고 지금도 여전히 날아들어 농부들의 큰 골칫거리가 되고 있다. 토끼 또한 그 잔가지와 껍질의 맛을 알아차리는 데 그리 오랜 시간이 걸리지 않았다. 다람쥐는 그 열매가 무르익으면 그것을 굴리고 밀고 끌고 하여 자신의 굴까지 운반한다. 그리고 심지어 사향뒤쥐까지 저녁이면 개울에서 둑 위로 살금살금 기어올라와 게걸스레 그것을 먹어치우는 탓에 그곳 풀밭에 반질반질하게 길이 나기까지 했다. 그리고 그것이 얼었다 녹으면 까마귀와 어치가 이따금 그것을 즐겁게 맛보기도 한다. 올빼미는 속이 비게 된 최초의 사과나무로 살금살금 기어들어가 그곳이 자신에게 적당한 자리임을 알고 아주 기쁘게 울어젖힌다. 올빼미는 그렇게 거기에 내려앉고는 이제까지 계속 눌러 살고 있다.

나의 주제가 야생 사과이므로, 재배된 사과의 1년 동안의 성장 과정을 잠시 대략 훑어보고 내 전문 분야로 넘어가겠다.

사과꽃은 아마 그 어떤 나무의 꽃보다 아름다울 텐데, 보기에도 아주 풍성하고 냄새도 아주 향기롭다. 산책하는 사람은 종종 진로를 바꾸어 3분의 2 정도 벌어진, 보통 이상으로 매력적인 사과꽃 근처를 서성거리고 싶어진다. 이러한 점들을 보면 사과꽃은 빛깔도 없고 향기도 없는 배꽃보다 얼마나 우수한가?

7월 중순경의 아직 익지 않은 풋사과는 뭉근한 불로 만든 사과 요리와 가을을 생각나게 할 만큼 크다. 풀밭은 보통 다 자라지 못하고 떨어지는 어린 과일들, 말하자면 낙과들로 뒤덮인다. 자연은 우리를 위해서 그런 식으로 사과를 솎아주고 있다. 로마의 작가 팔라디우스Palladius는 "만일 사과 열매가 천명을 다하지 못하고 떨어지는 경향이 있다면, 갈라진 밑동에 놓인 돌이 그것을 존속시킬 수 있다"고 이야기했다. 우리는 나무의 가지가 갈라지는 지점에 몇몇 돌들이 놓여 있어 나무가 지나치게 자란 것을 볼 수 있는데 그것은 바로 그러한 생각이 여전히 잔존하고 있기 때문이다. 영국의 서펙[88]에서는 다음과 같은 말이 전해 내려온다.

미카엘 대천사 축일Michaelmas[89]이나 약간 전에
사과의 절반은 과심果心이 된다.

올사과들은 8월 초순경이면 익기 시작한다. 그러나 내가 생각하기에 그것들은 먹기보다는 향기를 맡기에 더 좋다. 가게에서 파는 어떤 향수보다 사과 한 개를 손수건에 가지고 다니면서 냄새를 맡는 것이 더 가치 있다. 어떤 과일의 향기

는 꽃향기처럼 잊히지 않는다. 내가 길에서 주운 어떤 울퉁불퉁한 사과는 그 향기가 얼마나 좋은지 포모나[90]의 모든 재물이 생각나게 한다. 그것은 과수원이나 사과술 제조 공장 근처에 황금색과 불그스름한 색깔의 사과 더미가 모일 그날로 나를 앞당겨서 옮겨놓는다.

1~2주가 지난 후, 특히 저녁에 과수원이나 정원을 지날 때, 여러분은 익은 사과 향기로 가득한 작은 마을을 지나다가 값을 치르거나 서리하지 않고도 그것들을 즐겁게 맛볼 수 있다.

이렇게 모든 자연적인 산물들에는 그것들의 최고 가치를 나타내는 휘발성의 공기 같은 무형의 성질이 있다. 그런데 이것은 속되게 될 수도 없으며 사거나 팔 수도 없다. 이제까지 어떤 인간도 어떤 과일의 완벽한 맛을 향유하지 못했다. 인간들 중에서도 신과 같은 사람만이 신이 먹는 음식과 같은 특성을 경험하기 시작했을 뿐이다. 왜냐하면 신의 술과 음식이란 단지 우리의 조잡한 미각으로는 감지하지 못하는 이 세상 모든 과일의 민감한 맛과 같기 때문이다. 이것은 마치 우리가 신들의 낙원을 알지 못하면서도 그것을 차지하고 있는 것과 같다. 깨끗하고 향기로운 올사과 한 짐을 시장에 내다 팔기 위해 운반하고 있는 유난히 초라한 사람을 볼 때면, 나는 한편에서는 그와 그의 말 그리고 다른 한편에서는 그와 사과 사이에서 벌어지는 싸움을 보고 있는 것 같다. 그런데 내 생각에는 그것은 사과가 항상 이기는 싸움인 것 같다. 플리니우스는 "사과는 모든 사물 중에서 가장 무거운 것이고, 소는 단순히 사과 짐을 보기만 해도 땀을 흘리기 시작한다"고 말한다. 소를 모는 사람은 자신의 짐이 마땅히 있어야 할 곳이 아닌 곳, 즉 가장 아름답지 않은 어느 곳으로 자신의 짐을 운반하려고 하는 순간 그 짐을 잃어버리기 시작한다. 비록 그가 때때로 그것을 꺼내서 손으로 더듬어보고 그것들이 모두 거기에 있다고 생각할지도 모르겠지만, 나는 수증기처럼 사라지는 거룩한 특징들이 연속적으로 흘러나와 짐마차에서 하늘로 가고 있는 것을 본다.[91] 이제 오로지 과육과 껍질, 과일 속만이 시장으로 가고 있을 뿐이다. 그것들은 사과가 아니라 과즙을 짜고 난 찌꺼기이다. 이것은 여전히 그 맛이 신들을 영원히 젊게 유지해준다는 이두나의 사과가 아닌가? 그리고 여러분은 그들이 주름이 쭈글쭈글하게 잡히고 백발이 성성해지면서도 로키[92]나 티아시[93]가 그것들을 요툰헤임[94]으로 빼앗아가도록 내버려둘 것이라고 생각하는가? 아니다, 라그나뢰크 혹은 신들의 몰락은 아직 오지 않았기 때문이다.

보통 8월 말이나 9월경에 한 번 더 사과를 솎는다. 그때가 되면 땅바닥은 온통 바람에 떨어진 열매들로 뒤덮인다. 이러한 일은 특히 비가 온 후 강력한 바람이 불 때 일어난다. 어떤 과수원에서는 전체 농작물의 4분의 3이나 땅에 떨어져 나무 아래에 원을 이루며 깔려 있는 것을 볼 수도 있다. 그러나 그것은 아직 딱딱하고 덜 익었으며, 만약 그것이 산중턱의 경사면에 있다면 그것은 언덕 아래 멀리까지 굴러 내려가기도 할 것이다. 하지만 어느 누구에게도 도움이 되지 않는 바람은 불지 않는 법이다. 전국적으로 사람들은 바람에 떨어진 과일을 줍기에 바쁘고, 이것으로 그들은 값싸게 때 이른 사과 파이를 만들어 먹게 될 것이다.

나뭇잎이 떨어지는 시월에는 나무에 매달린 사과들이 보다 뚜렷하게 눈에 띈다. 어느 해인가 나는 이웃 동네에서 몇 그루의 나무를 보았다. 그런데 그 나무에는 내가 전에 보았던 어떤 나무에서보다도 더 많은 열매가 가득 달려 있었고, 작고 노란 사과들이 길까지 쑥 나와서 매달려 있었다. 그 무게 때문에 나뭇가지가 매자나무 덤불처럼 우아하게 축 처져 있어서 나무 전체는 새로운 특성을 갖게 되었다. 맨 꼭대기 가지들조차 똑바로 서 있지 못하고 사방으로 가지를 뻗고 축 늘어져 있다. 그리고 낮은 쪽의 가지들을 떠받치는 버팀목들이 너무 많아서 벵골보리수banyan tree[95] 그림처럼 보였다. 영국의 옛 문헌에 쓰여 있듯이 "사과나무는 열매를 많이 맺으면 맺을수록 사람들에게 점점 더 머리를 숙인다".

확실히 사과는 과일 중에서 가장 고귀한 과일이다. 가장 아름답거나 가장 날랜 자가 그것을 갖게 하자. 그것은 사과의 현재 가치가 된다.

10월 5일에서 20일에 이르는 시기에 나는 사과나무 아래 놓인 통들을 본다. 그리고 아마 나는 주문에 맞춰주기 위해 몇몇 최상품의 통들을 고르고 있는 사람들과 이야기하기도 한다. 그는 흠이 있는 사과를 여러 번에 걸쳐 이리저리 돌려가며 살펴보더니 결국은 그것을 밖으로 빼놓는다. 만일 내가 마음속에 일고 있는 생각을 얘기해야 한다면, 나는 그가 손을 댄 사과는 이미 모두 흠집이 났다고 말해야 했을 것이다. 왜냐하면 그가 과일 껍질에 맺혀 있는 뿌연 분가루를 비벼 없앴고, 과일의 사라지기 쉬운 영묘한 성분도 증발해버렸기 때문이다. 서늘한 저녁때가 되면 농부들은 서두르게 되고 마침내 여기저기 나무에 기댄 채로 놓아둔 사다리만이 보이게 된다.

우리가 이러한 선물을 보다 기꺼이 감사하는 마음으로 받아들였다면, 그리고 단순히 나무 주변에 갓 만들어진 신선한 퇴비 한 짐을 부려놓는 것으로 충분하다고 생각하지 않았다면 그것만으로도 잘한 일이다. 영국의 옛날 관습은 어쨌든 시사적이다. 그것들은 주로 브랜드John Brand[96]의 《민간 설화 *Popular Antiquities*》에 기술되어 있다. 거기에는 "크리스마스 이브에 데번셔[97] 지방의 농부와 일꾼들은 축배의 대상을 담은 커다란 사과주 잔을 들고 엄숙하게 과수원으로 가서는 다음 해에 열매를 잘 맺도록 하기 위해 여러 가지 격식을 차려 사과나무에게 경의를 표한다"고 나와 있다. 경의를 표하는 의식은 "약간의 사과주를 나무 밑동 주변에 뿌리고, 축배의 잔 몇 개를 가지 위에 올려놓고 나서 과수원에서 가장 열매가 많이 달리는 나무들 중 하나를 둘러싸는 것"으로 이루어진다. 그리고 그들은 다음과 같이 서너 차례에 걸쳐 건배를 한다.

싹트고 숨을 내쉬고 사과 열매를 충분히 맺을 수 있는,
노련한 사과나무,
그대를 위하여 건배!
모자 하나 가득! 종이봉투에도 하나 가득!
한 광주리 가득, 한 광주리 가득! 자루로 하나 가득!
그리고 내 주머니에도 하나 가득! 만세!

또한 영국의 여러 지방에서는 새해가 되기 전날 밤에 이른 바 '사과나무 소리 지르기'를 하는 것이 관행이다. 한 무리의 소년들이 여러 과수원을 돌면서 사과나무를 둘러싸고 다음과 같은 말을 되풀이한다.

꿋꿋이 서거라, 뿌리야! 열매를 잘 맺거라, 잔가지야!
엄청난 수확을 얻을 수 있게 해주십시오, 하느님!
모든 작은 가지마다에는 큰 사과를!
모든 큰 가지에도 충분한 사과를!

"그러고 나서 그들은 일제히 외치는데, 그때 소년들 중 하나가 거기에 맞추어 쇠뿔로 반주를 한다. 이러한 의식을 치르는 동안 그들은 막대기로 나무를 톡톡 두드린다." 이것은 사과나무에 '축배 들기'라고 불리는데, 어떤 사람들은 이것을 '포모나에게 산 제물을 바치는 야만적인 풍습의 잔재'라고 생각하기도 한다.

헤릭Robert Herrick[98]은 다음과 같이 노래한다.

많은 자두나무와 많은 배나무에게,
열매를 맺을 수 있는 나무에게 축배를 들자.
그것들에게 축배를 들 때
얼마간의 열매를 가져다줄 것이니.

우리의 시인들은 아직 포도주에 대해서보다는 사과주에 대해서 노래하는 것이 더 어울린다. 그러나 그들은 영국의 필립스Phillips가 불렀던 노래보다 더 좋은 노래를 부를 필요가 있다. 그렇지 않으면 그들은 시의 여신 뮤즈에게 면목이 없게 될 것이다.

야생 사과

보다 개화된 사과나무(플리니우스가 이름 붙인 대로 하면 'urbaniores')에 대해서는 이 정도로 해두자. 나는 1년 중 그 어느 때라도 접붙이지 않은 사과나무가 있는 오래된 과수원을 지나다니는 것을 더 좋아한다. 그곳에는 사과나무들이 너무 불규칙하게 심어져 있어서 이따금 두 그루가 너무 촘촘히 붙어서 있기도 하고, 늘어선 나무의 줄이 너무 구불구불해서 주인이 잠을 자는 동안 나무들이 자랐다는 생각이 들 때가 있을 뿐 아니라, 주인이 몽유병 상태에서 나무를 심었다는 생각이 들기도 할 것이다. 나는 접붙인 과일 나무가 늘어선 과수원에서는 이처럼 여기저기를 돌아다니고 싶은 기분이 나지 않을 것이다. 그러나 그러한 참혹한 파괴가 이미 이루어졌기에 나는 이제 안타깝게도 최근의 경험보다는 기억에 의존해서 이야기를 해야 한다.

우리 이웃에 있는 이스터브룩스라는 지역처럼 암석이 많은 토양은 사과 재배에 아주 적합하기 때문에, 사과나무가 그것을 특별히 돌보지 않고 1년에 한 번 땅을 파서 일구어주기만 해도 다른 곳에서 어느 정도 돌보면서 키우는 것보다 더 빠르게 자랄 것이다. 이 지역의 땅 주인들은 그 토양이 과일에 좋다는 것은 인정하지만, 돌이 너무 많기 때문에 쟁기로 그것을 가는 데는 인내력에 한계가 있다고 얘기한다. 그리고 거리가 멀다는 것 또한 그 땅이 경작되지 않는 이유이다. 그곳에는 사과나무들이 질서 없이 어지럽게 서 있는 넓고 큰 과수원들이 있거나, 최근까지만 해도 있었다. 그뿐 아니라 그것들은 야생 상태로 거칠게 싹을 틔우고 소나무와 자작나무, 단풍나무, 떡갈나무 사이에서 훌륭하게 열매를 맺는다. 나는 이러한 나무들 사이에서 붉거나 노란 열매를 맺고 있는 사과나무의 둥근 나뭇갓rounded tops[99]이 숲의 단풍과 조화를 이루면서 올라오는 것을 가끔 볼 때면 놀라지 않을 수 없다.

1월 초순경인가 벼랑의 비탈길을 오르면서 나는 원기 왕성하게 자라고 있는 어린 사과나무를 보았다. 그런데 그것은 새나 소가 먹고 배설한 씨가 자라난 것이기에, 바위와 휜히 트인 숲 사이에 우뚝 솟아 있었고, 이제는 제법 많은 열매를 맺고 있었으며, 모든 재배종 사과들이 이미 거둬들여진 시기인데도 불구하고 아직 서리에 피해를 입지 않은 상태였다. 그 나무는 아무렇게나 거칠게 성장해서 여전히 푸른 잎들이 무성했으며 가시처럼 날카로운 인상을 주었다. 열매는 단단하고 아직 덜 익은 퍼런색이어서 겨울에나 맛이 제대로 들 것처럼 보였다. 어떤 것들은 잔가지에 매달려 있지만 반 이상은 나무 아래의 젖은 이파리들 속에 묻혀버리거나 바위 사이의 언덕 아래로 멀리 굴러떨어졌다. 주인은 그 사과나무에 대해 아무것도 알지 못한다. 그 나무가 처음으로 꽃을 피우고 처음으로 열매를 맺은 날이 언제인지는 박새가 보지 않았다면 누구도 보지 못했을 것이다. 경의를 표하기 위해 나무 아래 풀밭에서 춤을 추는 사람도 없고, 이제는 그 과일을 따는 손길도 없다. 내가 파악한 바로는 그저 다람쥐들이 갉아 먹었을 뿐이다. 그 사과나무는 두 개의 임무를 수행했다. 즉 열매를 맺었으며 잔가지들이 공중으로 각각 약 1피트가량씩 자라나게 했다. 그런데 이 열매는 당연히 각종 딸기류의 열매보다는 더 크다. 그리고 이것을 집에 가지고 가면 다가오는 봄에도 썩지 않고 맛도 제대로 들 것이다. 내가 이것들을 얻을 수 있다면, 무엇 때문에 이두나의 사과를 탐내겠는가?

그래서 내가 이 늦되고 내한성이 있는 딸기나무를 지나치다가 거기에 매달려 있는 열매를 보게 될 때면, 나는 비록 그것을 따 먹지는 못하더라도 나무를 존중하게 되고 또 자연의 혜택에 감사하게 된다. 여기 이 울퉁불퉁하고 바위투성이이며 수목이 우거진 산허리에서 사과나무 한 그루가 자라왔다. 그런데 이 나무는 인간이 씨를 뿌려 생긴 것도 아니고 이전에 있었던 과수원의 잔재도 아니며 소나무와 떡갈나무처럼 자연스럽게 돋아난 것이다. 우리가 소중히 여기고 이용하는 대부분의 과일들은 전적으로 우리가 돌보아야 한다. 옥수수와 각종 곡류, 감자, 복숭아, 멜론 등은 전부 우리가 재배해야 하는 것들이다. 하지만 사과는 인간의 독립심과 모험심을 흉내 내려고 애쓴다. 그것은 우리가 이야기해왔듯이, 단순하게 옮겨지는 것이 아니라 어느 정도는 사람처럼 이 신세계로 이주해 온 것이며 여기저기 토종 나무들 사이에서 번성하고 있다. 이것은 종종 소와 개, 말이 방목되어 스스로 살아가는 것과 마찬가지이다.

가장 불리한 장소에서 자라는 가장 시큼하고 가장 떫은 사과조차 이와 같은 생각들을 연상시킨다. 야생 사과는 이렇게 고귀한 과일이다.

꽃사과

그럼에도 불구하고 아마 우리의 야생 사과는 단지 나 자신만큼만 야생적이다. 다시 말해 내가 이곳의 토착종에 속하는 것은 아니지만 재배종에서 벗어나 숲으로 들어섰기에 야생적이게 되었듯이 야생 사과도 마찬가지이다. 내가 말해왔듯이 이 지역 어딘가 다른 곳에서는 여전히 더 야생적인 이 지역 고유의 토착 꽃사과Malus Coronaria가 자라고 있다. 그런데 '아직 그것의 본성은 재배로 인해서 변화되지는 않았다'. 꽃사과는 서부 뉴욕에서 미네소타에 이르는 지역과 그 남쪽 지역에서 발견된다. 미쇼는 그 나무의 본래 키가 "15피트나 18피트 정도 되지만, 때로는 25피트에서 30피트"에 이르는 것도 있으며 큰 것은 "보통의 사과나무와 꼭 닮았다"고 말한다. "꽃은 장미 색깔이 섞인 흰색이고 산방繖房 꽃차례cor-ymbs[100]로 모여서 핀다." 그 꽃의 향기로운 냄새는 놀랄 만큼 뛰어나다. 그에 따르면 열매는 지름이 약 1인치 반 정도 되며 맛은 지독하게 시다. 그것들은 질 좋은 과일 설탕 절임으로 만들어지기도 하고 사과주로 만들어지기도 한다. 미쇼는 "비록 그것이 재배되어서 새로운 종류의 맛 좋은 품종이 되지는 못해도 적어도 그 꽃의 아름다움과 향기의 달콤함으로 인해 칭송받을 것"이라고 결론짓는다.

나는 1861년 5월이 되어서야 비로소 꽃사과를 보았다. 나는 미쇼를 통해서 그것에 대해 들어보기는 했지만, 내가 아는 한 많은 근대의 식물학자들은 그것을 특별히 중요하게 취급하지는 않았다. 그래서 그것은 나에게는 어느 정도 전설적인 나무였다. 나는 펜실베이니아의 '글레이드스'로 긴 여행을 가려고 마음먹은 적이 있다. 왜냐하면 거기에서는 이 나무가 온전하게 자란다는 얘기가 있기 때문이다. 나는 그것을 얻기 위해 종묘원에 전갈을 보낼까도 생각해봤지만, 그 사람들이 그것을 가지고 있을지가 의심스러웠고, 또 그 사람들이 그것을 유럽산 품종들과 구별할 수 있을지도 의심스러웠다. 마침내 나는 미네소타에 갈 기회를 얻었다. 그리고 미시간에 들어서자마자 차창 밖에서 잘생긴 장미 색깔의 꽃을 피우고 있는 나무가 눈에 띄기 시작했다. 처음에 나는 그것이 산사나무의 일종일 것이라고 생각했다. 하지만 머지않아 그것이 바로 내가 오랫동안 찾던 꽃사과라는 사실을 문득 깨닫게 되었다. 그것은 한 해 중 바로 이 시기, 즉 5월 중순경에 차창 밖으로 볼 수 있는 흔한 꽃나무였다. 그러나 차는 그 앞에서 결코 멈추지 않았다. 그래서 나는 그것을 만져보지도 못한 채 미시시피강 한복판으로 배를 타고 들어갔었다. 마치 탄탈로스의 운명을 체험하는 것 같았다. 세인트앤서니 폭포에 도착하자마자 나는 유감스럽게도 꽃사과를 보기에는 너무 북쪽으로 멀리 왔다는 얘기를 들었다. 그럼에도 나는 폭포에서 서쪽으로 8마일쯤 떨어진 지점에서 그것을 찾는 데 성공했다. 그리고 그것을 만져보기도 하고 냄새를 맡아보기도 했으며 아직 지지 않고 남아 있는 산방 꽃차례의 꽃들을 내 식물 표본집을 만들기 위해 안전하게 보관했다. 그곳은 분명 꽃사과의 북방 한계선에 가까운 곳이었다.

야생 사과나무는 어떻게 자라는가?

　그러나 비록 꽃사과가 인디언처럼 토착적이긴 해도, 이것이 사과나무 중에서 재배종의 자손임에도 토양만 적합하면 멀리 떨어진 들판이나 숲에서도 꿋꿋하게 뿌리를 내리는, 그런 벽지의 나무들보다 조금이라도 더 강인한 것인지는 의심이 간다. 나는 보다 많은 어려움과 싸워 이기고 적에게 보다

완강하게 저항하는 어떤 나무에 대해서도 알지 못한다. 이 나무들이 바로 우리가 이야기해야 하는 나무이다. 그것은 종종 이러한 식으로 얘기된다.

5월 초순경에 우리는 소들이 있던 목초지에서, 다시 말해 이스트브룩스 지역의 암석 많은 목초지나 서드베리에 있는 납스콧 언덕 꼭대기 같은 곳에서 소복이 싹터 올라오는 작은 사과나무 덤불을 본다. 아마도 이것들 중에서 한 개나 두 개만이 가뭄과 그 밖의 다른 사고를 면하고 살아남을 것이다. 처음에는 그것들이 싹터서 자라는 바로 그 자리가 잠식해 들어오는 목초와 여타 다른 위험으로부터 그것들을 지켜준다.

이런 까닭에 2년 동안 그것은
바위의 높이에 이르게 되었고,
펼쳐지고 있는 세계에 감탄했으며,
또 여기저기 어슬렁거리는 무리들을 두려워하지 않았다.

하지만 이처럼 어린 나이에
그것의 수난은 시작되었다.
연한 잎을 먹는 황소가 거기로 와서는
그것을 한 뼘이나 베어 먹었다.

이번에는 아마도 황소가 목초 사이에 있는 어린 사과나무를 알아보지 못했을 것이다. 그러나 다음 해에 그 나무가 보다 튼튼하게 자라게 되면 황소는 그것이 옛 고국에서 같이 이주해온 동료 이주민이라는 것을 알아챈다. 이미 이 사과나무의 잎사귀와 잔가지의 맛을 잘 알고 있는 황소는 처음에 잠시 머뭇거리다가 그 나무를 기꺼이 받아들이게 되고 놀라움을 나타내며 '당신이 여기에 온 이유와 똑같은 이유로 나도 여기에 왔다'는 대답을 듣게 되지만, 그럼에도 황소는 그 어린잎을 다시 뜯어 먹는다. 아마도 자신이 그렇게 할 자격이 얼마간은 있다고 생각하는 것 같다.

이런 식으로 해마다 뜯어 먹히지만 사과나무는 절망하지 않는다. 오히려 가지를 하나 뜯어 먹힐 때마다 매번 두 개의 짧은 가지를 새로 내밀고는 우묵한 곳이나 바위 사이에서 지면을 따라 낮게 가지를 뻗는다. 따라서 보다 튼실하고 무성하게 자라게 되는데, 아직은 나무라기보다는 경직되어 있는 잔가지가 뭉쳐진 피라미드 모양의 작은 덩어리이다. 거의 바위만큼이나 단단해, 뚫고 들어갈 수가 없을 정도이다. 이러한 야생 사과 덤불은 그 나무에 달린 가시 때문만이 아니라 가지의 촘촘함과 단단함 때문에도, 일찍이 내가 보아온 관목 덤불 중에서 가장 비집고 들어가기 어렵고 가장 빽빽하다. 여러분이 그 위에 올라서기도 하고 때로 밟기도 하는 산꼭대기에는 추위라는 악마가 있고, 그 위에서 그것을 견디는 전나무와 가문비나무는 다른 어떤 것보다도 야생 사과나무와 비슷하다. 적으로부터 스스로를 지키기 위해 결국 나무에 가시가 돋는 것은 이상할 것이 없다. 하지만 그 가시에는 적개심 같은 것은 없고 다만 말산酸malic acid[101]이 약간 들어 있을 뿐이다.

내가 언급한 지역의 돌투성이 목초지(이곳은 돌이 있어야 토양의 상태가 가장 좋기 때문이다)에는 이러한 작은 덤불이 혼잡하게 산재해 있는데, 이것을 보면 여러분은 종종 빳빳한 잿빛 이끼나 지의류 식물이 생각날 것이다. 그리고 여러분은 그것들 사이에서 수많은 어린 나무들이 여전히 씨껍질이 들러붙은 채 가까스로 싹을 틔우고 있는 것을 볼 것이다.

전지가위로 산울타리 나무들의 가지를 자르듯이 소들이 해마다 사방을 골고루 뜯어 먹었기 때문에, 그것은 종종 높이가 1피트에서 4피트 정도 되고, 다소 뾰족한 완전한 원뿔이나 피라미드의 형태이다. 마치 숙련된 정원사가 잘 다듬어 놓은 것 같다. 납스콧 언덕과 그 지맥에 있는 목초지에서 해가 기울면, 그 나무들은 아름다우면서 어두운 그림자를 만들어낸다. 그것들은 또한 그곳을 보금자리 삼아서 앉고 의지하며 살아가는 작은 새들에게는 매의 공격을 피할 수 있는 훌륭한 은신처이기도 하다. 밤에는 모든 새 떼가 거기에 자리를 잡는다. 그리고 나는 언젠가 직경이 6피트 정도 되는 나무에 울새 둥지가 세 개나 있는 것을 본 적이 있다.

의심할 것 없이 이 나무들 중에서 많은 나무들이 처음 뿌리를 내린 날부터 따져보면 이미 오래된 나무이다. 하지만 성장 발육 과정과 앞으로 남은 긴 수명을 고려한다면 이것들은 여전히 유아의 단계이다. 나는 키가 1피트 정도 되고 폭도 1피트 정도밖에 되지 않는 몇몇 나무의 나이테를 세어보고는, 그것들이 대략 12년밖에 되지 않았지만, 상당히 튼튼하고 무성하게 잘 자라고 있다는 것을 알게 되었다. 그것들은 키가 너무 작아서 길 가는 사람들의 눈에 띄지도 않았지만, 종묘장에서 생산된 같은 나이의 많은 나무들은 상당한 양의 열매를 맺고 있었다. 그러나 아마도 이 경우에는 시간을 번다는 것이 힘을 잃는다는 것을 뜻할 것이다. 다시 말해 나무의 생장력을 잃는 것이다. 같은 나이의 이 야생 사과나무는 이제 피라미드 모양의 상태에 와 있는 것이다.

소는 이런 식으로 이 나무를 20년 혹은 그 이상의 기간 동안 계속해서 뜯어 먹는다. 그렇게 나무가 계속해서 키가 자라지 못하게 하면서 옆으로만 퍼지게 만든다. 그리하여 마침내 폭이 너무 넓어지게 되면 그것들은 자신의 울타리를 형성하게 된다. 그런데 이때 적이 다다르지 못하는 안쪽의 어린 가지들은 기뻐하며 위쪽으로 돌진한다. 이 가지들은 높은 곳을 향한 자신의 강한 충동을 잊지 않았기 때문이다. 그러고는 의기양양하게 자신의 독특한 열매를 맺는다.

앞서 말한 것은 바로 사과나무가 소 같은 적을 물리치는 결정적인 전술이다. 그런데 만일 여러분이 특정 관목의 발달 과정을 지켜봐왔다면, 여러분은 그것이 단순한 피라미드나 원뿔로 머무르는 것이 아니라, 그 꼭대기에서 하나나 두 개의 어린 가지가 솟구쳐 올라와 아마도 과수원 나무보다 더 왕성하게 성장한다는 것을 알게 될 것이다. 왜냐하면 그 식물은 이제 자신의 억제된 에너지 전부를 이런 부분에 쏟아붓기 때문이다. 곧 이러한 것들은 작은 나무가 되어, 거꾸로 된 피라미드가 다른 피라미드의 꼭대기에 얹혀 있는 꼴이 된다. 전체적으로 보면 거대한 모래시계의 모습이다. 넓은 밑바닥 부분은 이제 할 바를 다했기에 결국 사라진다. 그리고 관대한 나무는 이제 해를 끼치지 못하는 소들이 자신의 그늘에 들어오도록 허용한다. 그리고 소들이 줄기에 몸을 비벼대 붉게 만들어놓아도 개의치 않는다. 왜냐하면 그럼에도 줄기는 성장해왔기 때문이다. 그리고 심지어 소가 그 열매의 일부를 먹도록 해 씨앗을 퍼트리기도 한다.

이렇게 소는 자신의 그늘과 식량을 만들어낸다. 그리고 그 나무는 말하자면 모래시계가 뒤집혔기 때문에 제2의 삶을 산다.

어린 사과나무를 가지치기할 때 여러분의 코 높이에서 해야 하는지 혹은 눈높이에서 해야 하는지의 문제는 어떤 사람들에게는 중요한 문제이다. 황소는 자신이 다다를 수 있는 높이까지만 가지를 잘라 먹는데, 대체로 그 정도가 적절한 높이라고 생각한다.

오로지 작은 새들에게만 매를 피하는 피난 장소와 은신처로 소중히 여겨졌고 다른 경우에는 멸시를 받던 그 키 작은 나무는 이리저리 돌아다니는 소와 그 밖의 다른 역경에도 불구하고 마침내 그 자체에서 꽃을 피우고, 시간이 지나면서 비록 양은 적지만 충실한 자신의 결실을 맺는다.

그 나무의 잎이 다 져버리는 10월 말경이면, 나는 내가 그 성장 과정을 지켜봐왔고, 또 내가 그런 것과 마찬가지로 자신의 숙명을 망각했으리라고 생각됐던 중심부의 어린 가지가 자신의 첫 수확물인 초록색이나 노란색 혹은 장밋빛의 작은 열매를 맺고 있는 모습을 종종 보게 된다. 그런데 소는 그 것을 둘러싸고 있는 무성하고 가시 많은 산울타리 모양의 장벽 너머에 도달할 수가 없지만, 나는 서둘러서 새롭고 아직 말로 설명되지 않은 변종을 맛본다. 우리 모두는 밴 몬스Van Mons와 나이트Knight가 만든 수많은 변종들에 대해서 들어왔다. 그런데 지금까지 이야기한 것은 인간 밴 몬스의 육종법이 아닌 암소 밴 몬스[102]의 방법이고 이 암소는 두 사람보다 훨씬 더 많은 인상적인 변종들을 만들어냈다.

야생 사과나무는 달콤한 열매를 맺기까지 얼마나 많은 고초를 겪는가! 그 열매는 과수원에서 자란 것보다는 다소 작으며 맛에 있어서도 더 뛰어나다고 할 수는 없지만 적어도 대등하다고는 할 수 있다. 다시 말하자면 아마도 그것이 싸워야만 했던 그 곤경들 때문에 오히려 그만큼 더 달콤하고 풍미가 좋을 것이다. 인간이 아직 목격하지 않은 외딴 돌투성이의 산허리에 소나 새에 의해서 씨앗이 뿌려진 이 뜻밖의 야생 과일이 각종 과일 중 최고일 수도 있다는 것을 누가 알겠는가? 그래서 외국의 권력가들이 그에 대한 소문을 듣고 왕립 학회들이 그것을 번식시키려고 노력할지 누가 알겠는가? 적어도 마을 밖에서는 참으로 까다로운 땅 주인의 덕에 대해서는 절대로 들어본 사람이 없을지라도 말이다. 포터 Porter와 볼드윈Baldwin[103]은 바로 이러한 식으로 성장했다.

그래서 모든 키 작은 야생 사과는 길들지 않은 모든 어린이들이 그러하듯이 우리에게 기대감을 불러일으킨다. 아마도 그것은 변장을 한 왕자일지도 모른다. 이 얼마나 인간에게 교훈이 되는가! 인간들도 마찬가지인데, 인간들이 가장 높은 기준에 속하는 것으로 되어 있어 그들이 거룩한 열매를 맺고자 암시하고 열망하더라도 그 열매는 운명에 의해 그렇게 어린잎을 뜯어 먹히게 되는 것이다. 가장 끈덕지고 강한 천재만이 스스로를 방어하고 극복하여 마침내 유약한 어린 가지 하나를 위를 향해 올려 보낸다. 그러고는 그 가지가 맺은 완벽한 열매를 은혜도 모르는 이 세상에 떨어뜨리는 것이다. 시인과 철학자, 정치가들은 야생 사과나무처럼 이런 식으로 시골 목초지에서 싹이 터서 독창적이지 못한 다른 많은 사람들보다 오래 지속되게 되는 것이다.

지식의 추구도 항상 이러하다. 이 거룩한 과일, 다시 말해 헤스페리데스의 황금 사과는 100개의 머리가 달린 용들이 지키고 있다. 그런데 그 용들은 아예 잠을 자지 않는다. 그래서 그것을 따는 것은 헤라클레스같이 힘센 사람이나 할 수 있을 정도로 몹시 힘들다.

지금까지 말한 것은 야생 사과가 번식하는 방법 중의 하나이고 또 가장 주목할 만한 방식이다. 하지만 보통 야생 사과는 숲과 습지, 도로 옆 등 토양이 적합한 곳이면 어디서든 이곳저곳에서 광범위하게 싹을 틔우고 비교적 빠르게 자란다. 나무가 빼곡한 숲에서 자라는 사과나무는 키가 매우 크고 호리호리하다. 나는 자주 이러한 나무에서 아주 맛이 부드럽고 순한 과일을 딴다. 팔라디우스가 말하듯이 "땅바닥은 초대받지 않은 사과나무 열매로 뒤덮여 있다".

만약 이러한 야생의 나무들이 가치 있는 열매를 맺지 못한다면 그것들은 고작 다른 나무들의 가장 가치 있는 특질을 후세에 물려주기 위한 가장 좋은 대목臺木에 지나지 않는다는 생각은 오래된 것이다. 하지만 나는 대목을 찾는 것이 아니라, 그 강렬한 맛이 아직 '경감'되지 않은 야생의 과일 그 자체를 찾고 있는 것이다. 다음의 것을 나는 생각하지 않는다.

최고의 계획은 베르가모트Bergamot[104]를 심는 것.

야생 사과나무 열매와 그 맛

야생 사과의 제철은 10월 말에서 11월 초이다. 그것은 느지막하게 익기 때문에 그때에야 제맛이 들게 되는데 그래도 여전히 아름답다. 나는 농부들이 거두어들일 가치가 없다고 생각하는 이러한 과일들을 대단히 중시한다. 왜냐하면 이것은 활기를 띠게 하고 기운을 북돋우는 뮤즈의 야생의 맛을 지닌 과일이기 때문이다. 농부는 자신의 통 안에 더 좋은 사과가 있다고 생각한다. 그러나 그에게 산책하는 사람의 식욕과 상상력이 없고 또 있을 수도 없다면, 그는 잘못 생각하고 있는 것이다.

나는 완전히 야생에서 성장해 11월 초순까지 남아 있는 것은 주인이 거두어들일 의사가 없는 것이라고 생각한다. 그것들은 자신들만큼이나 야생적인 아이들, 다시 말해 내가 알고 있는 활동적인 아이들의 소유이다. 그리고 그것은 어떤 것도 달갑지 않은 것이 없어서 무엇이든 주워 모으는, 이글거리는 들판의 눈을 가진 여인의 소유이며, 무엇보다도 우리처럼 걷기를 즐기는 자들의 소유이다. 우리가 그것과 우연히 마주치게 되면 그것은 우리의 것이 된다. 오랫동안 충분히 주장된 이러한 권리는 살아가는 법을 터득한 어떤 오래된 나라에서는 관례로 여겨진다. 나는 다음과 같이 들었다. "사과 이삭줍기라고 불러도 좋을 붙잡기 풍습the custom of grippling[105]이 헤리퍼드셔[106]에서 관행적으로 행해지고 있으며 이전에도 행해졌다. 그것은 과일을 모두 수확하고 난 후에 소년들을 위해 그리플스gripples[107]라고 부르는 몇 개의 사과를 나무마다 남겨두는 것이다. 그러면 소년들은 타고 올라가기 위한 막대기와 자루를 가지고 가서 그 사과를 따 온다."

내가 지금 이야기한 과일은 이 지역 토종의 야생 과일이다. 이것들은 내가 소년이던 시절 이래로 계속해서 죽어가고 있기는 하지만 아직은 죽지 않은 오래된 나무의 열매이다. 이제 거기에는 딱따구리와 다람쥐가 자주 드나들 뿐이고 주인은 돌보지도 않는다. 주인은 그 나무의 큰 가지 밑을 필요한 만큼 성실하게 살펴보지도 않는다. 먼 거리에서 나무 꼭대기를 보면 거기에서 떨어지리라고 기대할 만한 것은 그저 지의식물[108] 외에는 아무것도 없다. 그러나 성실하게 찾아보면 그 보답으로 싱싱한 과일이 바닥에 깔려 있는 것을 발견할 수 있다. 그것들 중 어떤 것은 어쩌면 다람쥐 굴에 쌓여 있을 수도 있으며 다람쥐들이 그것을 물어 나르느라 이빨 자국이 나 있기도 할 것이다. 어떤 것 안에는 귀뚜라미가 한두 마리씩 들어앉아 조용히 식사를 하고 있다. 그리고 특별히 눅눅한 날에는 민달팽이가 붙어 있기도 하다. 다름 아닌 나무 꼭대기에 얹혀 있는 막대기나 돌만 보아도 과거에는 그 과일을 얻기 위해 그렇게 간절하게 애쓸 정도로 그것이 맛이 있었다는 것을 납득할 수 있을 것이다.

나는 《아메리카의 과일과 과일 나무*Fruits and Fruit-Trees of America*》라는 책에서 이러한 과일에 대한 이야기를 보지 못했다. 비록 그것이 접붙인 것보다 내 입맛에 맞아서 더 오래 기억에 남을 만한 것이기는 하지만 말이다. 그리고 10월과 11월, 12월과 1월 그리고 심지어 2월과 3월의 날씨가 그 맛을 다소 완화시켰을 때, 그것은 보다 독특하고 야생적인 아메리카의 풍미를 지니게 된다. 항상 시의적절한 말을 잘하는 이웃의 늙은 농부는 '그것은 활과 화살 같은 짜릿한 맛'이라고 말한다.

접붙이기 위한 사과는 보통 생기 있는 맛 때문이 아니라 그것의 부드러움, 크기, 결실 능력 때문에, 즉 아름답기 때문이 아니라 건강하고 깔끔하기 때문에 선택된다. 실제로 나는 과수 원예학자들이 선정한 목록을 믿지 않는다. 그들이 말하는 '애호 품종Favorites'과 '천하일품Nonesuches', '최종 결정판 품종Seek-nofarthers'은 내가 키워서 결실을 본 결과 매우 평범하고 보잘것없는 것들이었다. 그것은 먹을 때 어떤 묘미도 주지 못했으며 진정한 특유의 풍미나 향기도 없었다.

이러한 야생 사과나무 열매 중에 어떤 것이 설사 입술이 오므라들고 눈살이 찌푸려질 정도로 순수하게 신 과즙이더라도 어쩌겠는가? 그것은 한결같이 우리에게 순결하고 친절한 사과류Pomaceae인데 말이다. 여전히 나는 그것을 사과주 제조 공장에 보내기가 아깝다. 아마 그것은 아직 완전히 무르

익지 않았을 것이다.

사과주를 만들기에는 이렇게 작고 선명한 빨간색의 사과가 가장 좋다고 생각되는 것이 당연하다. 라우든은 〈헤리퍼드셔 주 보고서Herefordshire Report〉를 인용해 다음과 같이 말한다. "만약 질적으로 차이가 없다면 크기가 작은 사과가 큰 사과보다 항상 더 선호되어야 한다. 왜냐하면 껍질과 과일의 인이 가장 묽고 싱거운 즙을 많이 내는 과육에서 가장 좋은 비율을 차지하도록 하기 위해서이다." 그리고 그는 "이것을 입증하기 위해서 1800년경에 헤리퍼드의 시먼즈Symonds 박사가 껍질과 사과의 속만으로 사과주 한 통one hogshead[109]을 담그고 또 사과의 과육만으로도 한 통을 담갔는데, 앞의 것은 엄청난 강도와 특별한 풍미가 있음을 알게 되었고 후자의 것은 달짝지근하고 김이 빠진 것 같은 싱거운 맛이 있음을 알게 되었다"고 말한다.

이블린Evelyn은 사과주를 담그는 데 '레드스트레이크Red-strake'가 가장 인기 있는 사과였다고 말한다. 그리고 뉴버그Newburg 박사의 말을 인용해 다음과 같이 말한다. "내가 듣기로 저지섬에서는 사과 껍질에 빨간색이 많으면 많을수록 술 담그는 용도로 더욱더 적당하다는 것이 일반적인 의견이다. 표면의 빛깔이 희미한 사과는 가능하면 그들의 사과주 통에서 빼버린다." 이러한 생각은 여전히 널리 퍼져 있다.

1월에는 모든 사과가 먹을 만하다. 농부가 시장에 빈번하게 드나드는 사람들에게 팔기에 적합하지 않고 입맛에도 맞지 않는다고 버려둔 사과는, 산책을 즐기는 사람들에게는 최고의 과일이다. 그러나 내가 들판이나 숲에서 먹었을 때 무척 생기 있고 신선하다고 격찬했던 야생 사과가 집으로 가져오면 종종 껄껄하고 떫은맛이 나는 것은 이상한 일이다. 이른바 산책가의 사과The Saunterer's Apple는 심지어 산책가조차 집에서는 먹을 수 없다. 입맛이 산사나무 열매와 도토리를 거부하듯이 집에서는 그것을 거부하고 재배된 것을 요구한다. 왜냐하면 거기에서는 양념으로 같이 먹어야 할 11월의 공기를 놓쳐버리기 때문이다. 따라서 티티루스가 땅거미가 지는 것을 보면서 멜리보에우스에게 같이 집에 가서 밤을 보내자고 권유할 때, 티티루스는 그에게 맛이 부드러운 사과와 맛이 순한 밤을 주겠노라고 약속하는 것이다. 나는 종종 모든 과수원 주인이 그 나무에서 접붙일 가지를 잘라 가지 않는 것이 이상할 정도로 그렇게 감칠맛이 나고 향긋한 야생 사과를 주머니 가득 따서 반드시 집으로 가져온다. 그러나 어쩌다가 책상 서랍에서 그것을 하나 꺼내 방 안에서 맛보았을 때, 나는 그것이 다람쥐의 이빨을 시큼하게 하고 어치가 날카로운 비명을 지르게 할 정도로 의외로 떫고 아주 시어빠졌다는 것을 깨닫게 된다.

이러한 사과는 바람과 서리와 비를 견디면서 날씨나 계절의 특성을 흡수했기 때문에 그것에 고도로 단련된다. 그렇게 단련된 성질은 우리를 꿰찌르고 스며들어 자신들의 기운으로 충만케 한다. 따라서 그것들은 제철에, 말하자면 집 밖에서 먹어야 하는 것이다.

이러한 10월 과일의 야생적이고 짜릿한 풍미를 음미하기 위해서는 살을 에는 듯한 10월과 11월의 냉기를 호흡하는 것이 필요하다. 산책가가 들이마시는 바깥의 공기와 야외 활동은 그의 미각에 다른 품격의 자극을 가져다준다. 그래서 그는 움직이지 않고 늘 앉아 있는 사람들이 껄껄하고 떫다고 생각하는 그러한 과일을 오히려 간절하게 원한다. 그러한 과일은 활동으로 인해 전신이 후끈 달아오를 때 들판에서 먹어야 한다. 말하자면 쌀쌀한 날씨로 손가락이 곱아들고, 바람이 나뭇가지를 달가닥거리며 몇 개 남지 않은 이파리를 바스락거리고 있을 때, 그리고 어치가 소리 내어 우는 소리가 들릴 때 들판에서 먹어야 한다. 집에서 신맛이 나는 사과는 기운을 돋우는 상쾌한 산책을 하고 먹으면 달콤한 맛이 난다. 이러한 사과 중 어떤 것에는 '바람을 쐬면서 먹을 것'이라는 딱지를 붙여야 할지도 모른다.

물론 어떤 맛도 헛되이 버려지는 것은 없다. 각각의 맛은 나름대로 의미 있는 맛을 지니게 되어 있다. 어떤 사과는 두 가지 별개의 독특한 맛을 지니고 있어서 그 사과의 반쪽은 아마도 집 안에서 먹어야 하고 다른 반쪽은 바깥에서 먹어야 한다. 피터 휘트니Peter Whitney는 1782년 노스버러에서《보스턴 아카데미 회보*Proceedings of the Boston Academy*》에 기고한 글에서 그 마을에 있는 사과나무를 다음과 같이 묘사한다. "그 사과나무는 정반대의 성질을 가진 열매를 맺는데, 때로는 동일한 사과의 일부가 시고 다른 부분은 달다." 그리고 어떤 것은 전체가 시고 또 다른 것은 전체가 달며 이러한 다양성은 그 나무의 모든 부분에 있다.

우리 고장에 있는 노쇼틱트 언덕에는 야생 사과가 있다. 그것은 나에게 특별히 호감을 주는 쓰고 톡 쏘는 싸한 맛이 난다. 그런데 그 맛은 사과를 4분의 3 정도는 먹어야 비로소 감지되며 혀에 계속 남는다. 그것을 먹을 때는 호박노린재[110]와 똑같은 냄새가 난다. 그것을 맛있게 먹으면서 즐기는 것은 일종의 승리이다.

내가 듣기로 프로방스에 있는 일종의 서양 자두나무 과일은 '휘파람 자두*Prunes sibarelles*라고 불리는데 그 이유는 그것의 시큼한 맛 때문에 그것을 먹은 후에는 휘파람을 부는 것이 불가능하기 때문이다'. 그러나 이것은 아마도 그 과일을 단지 집에서 여름에만 먹었기 때문일 것이다. 그것을 자극적인 분위기의 야외에서 먹어본다면 한 옥타브 더 높고 산뜻한 휘파람을 불 수 있을지 누가 알겠는가?

자연의 신맛과 쓴맛은 들판에서만 그 참다운 맛을 인정받는다. 이것은 마치 나무꾼이 겨울 한낮에 양지바른 숲속의 빈터에서 만족하며 식사를 하고, 거기에서 햇볕을 쬐고, 또

방 안에서 경험했더라면 한 학생을 괴롭게 만들 수 있을 정도의 추위에서도 여름을 꿈꾸는 것과 똑같다. 문밖에서 일하는 사람들은 춥지 않고 오히려 집에서 와들와들 떨며 앉아 있는 사람이 추운 것이다. 온도가 그러한 것과 마찬가지로 맛도 그렇다. 그리고 춥고 더운 것이 그렇듯이 시고 단 것도 그렇다. 병적인 미각이 거부하는 이러한 자연의 독특한 풍미인 신맛과 쓴맛은 진정한 조미료이다.

그러한 조미료를 여러분의 감각의 필요조건이 되게 하라. 이러한 야생 사과의 맛을 음미하기 위해서는 활발하고 건강한 감각이 필요하다. 젖꼭지 모양의 작은 돌기가 혀에 단단하고 똑바르게 서 있어야 하며, 쉽게 쓰러지거나 무기력해져서는 안 된다.

야생 사과에 대한 나의 경험에서 볼 때, 나는 문명인이 거부하는 많은 종류의 음식을 미개인이 선호하는 이유가 있을 수 있음을 이해한다. 미개인은 야외에서 사는 인간의 미각을 가지고 있다. 야생 과일을 음미하는 것은 미개의 또는 야생적인 미각을 가지는 것이다.

그렇다면 인생의 사과, 세계의 사과를 맛있게 먹으며 즐기기 위해서는 얼마나 건강한 야외의 식욕을 가져야 하는가?

내가 원하는 것은 모든 사과가 아니며,
모든 미각을 최선으로 만족시켜주는 사과도 아니다.

내가 요구하는 것은 오래가는 더쟌Deuxan 사과도 아니다.
내가 구하는 것은 빨간 뺨을 가진 그리닝Greening 사과도 아니며,
마누라의 이름을 처음으로 저주했던 사과도 아니며,
그 아름다움이 황금 분쟁을 일으킨 사과도 아니다.
아니다, 어느 것도 아니다! 생명의 나무로부터 하나의 사과를 나에게 가져오라.

이와 같이 들판에 어울리는 사유가 있고 집에 어울리는 사유가 있다. 나는 야생 사과처럼 산책가를 위한 양식이 되는 나의 사유를 가지고 싶다. 그런데 그것을 집에서 맛본다면 맛이 있으리라고 보장하지 못할 것이다.

야생 사과의 아름다움

거의 모든 야생 사과는 잘생겼다. 그것은 울퉁불퉁하고 흠집이 생기고 녹병이 걸려 색이 바랬어도 그냥 봐줄 만하다. 심지어 아주 울퉁불퉁한 것도 표면에는 그 결점을 벌충하는 어떤 특징이 있을 것이다. 여러분은 어떤 돌기 부분이나 구멍 부분에 밤에나 볼 수 있는 약간의 붉은색이 칠해지고 뿌려진 것을 볼 수 있을 것이다. 사과의 둥근 몸통에 상처가 나

지 않거나 얼룩이 지지 않고 여름을 나는 경우는 드물다. 야생 사과는 자신이 목격한 아침과 저녁을 기념하면서 붉은 얼룩을 지니게 될 것이다. 거무스름하고 녹이 슨 것 같은 얼룩은 그 위를 지나간 구름을 오래도록 잊지 않고 간직하는 것이고 또 흐리고 곰팡내 나던 날들을 추억하는 것이다. 그리고 넓은 녹색 들판은 일반적인 자연의 모습을 나타낸다. 다시 말해 녹색은 곧 벌판과 같은 것이다. 혹은 노란색 대지는 보다 온화한 정취를 의미하는데 노란색은 곧 추수와 같은 것이며 황갈색은 언덕과 같은 것이다.

사과는 이루 말할 수 없이 공평하다. 다시 말해 사과는 불화Discord가 아니라 화합Concord의 사과이다. 아직까지는 그렇게 진귀한 것은 아니어서 가장 평범한 것도 한몫을 차지할 수 있다. 어떤 것은 서리에 뒤덮였기 때문에 한결같이 맑고 밝은 노란색이나 빨간색 혹은 심홍색인데 이것은 마치 둥근 모양의 사과가 일정하게 회전하며 모든 면에 균일하게 태양의 영향을 받아서 그런 것처럼 보인다. 어떤 것은 상상할 수 없을 정도로 아주 엷은 연분홍색 홍조를 띠고 있다. 어떤 것은 소처럼 짙은 붉은색 줄무늬로 얼룩져 있거나, 담황색의 바탕에 있는 자오선처럼 열매꼭지의 움푹 들어간 곳에서부터 끄트머리의 꽃이 있던 자리까지 가는 핏빛의 많은 광선들로 얼룩져 있다. 어떤 것은 고운 이끼처럼 여기저기가 초록색 녹과 같은 얼룩으로 물들고 심홍색 반점이나 둥근 무늬들로 물들어 있어서, 젖어 있을 때는 거의 엉겨 붙어 불길이 타오르는 듯하다. 그리고 다른 것들은 울퉁불퉁한데다가 하얀 바탕에 엷은 진홍색 반점들이 열매꼭지 쪽에 주근깨와 후춧가루처럼 흩뿌려져 있는데, 이것은 마치 가을의 나뭇잎에 물감을 칠하는 사람의 붓에서 어쩌다가 흩뿌려진 것처럼 보인다. 그 밖에 또 다른 것들은 종종 아름다운 홍조로 그득해 속까지 빨간색인데, 너무 아름다워서 먹기가 아깝고, 요정의 음식이라 해야 할 지경이다. 다시 말해 그것은 헤스페리데스의 사과이고 저녁 하늘의 사과이다. 그러나 바닷가의 조가비나 조약돌처럼 사과도 가을 숲속 작은 골짜기의 시들고 있는 이파리 사이에서 번득일 때 보거나 젖은 풀밭에 놓여 있을 때 봐야지, 집에서 시들고 색이 바랬을 때 보면 안 좋다.

야생 사과의 이름 짓기

사과주 제조 공장에 한 무더기 잔뜩 쌓여 있는 아주 많은 종류의 사과에 적절한 이름을 찾아내는 것도 즐거운 소일거리일 것이다. 그런데 그것이 인간의 창안 능력을 혹사시키지나 않을까? 왜냐하면 사람의 이름을 따서 짓는 이름은 하나도 없고 모두 생득어生得語로 이름을 짓기 때문이다. 야생 사과의 이름을 붙이는 데 누가 대부가 될 것인가? 만일 라틴어나 그리스어가 사용된다면 그것은 그 언어를 고갈시킬 것이고 생득어를 시들해지게 만들 것이다. 우리는 해돋이와 해넘이, 무지개와 가을 숲과 야생화, 딱따구리와 보라색콩새, 다람쥐, 어치, 나비 그리고 11월의 여행객과 게으름 피우는 소년의 도움을 청해야 할 것이다.

1836년에 런던원예협회의 과수원에는 1,400여 종의 다른 나무들이 있었다. 그러나 여기에는 꽃사과의 변종 작물은 물론이고 그들 목록에 없는 종도 있다.

이들 중에 몇 개만 일일이 열거해보자. 나는 영어를 사용하지 않는 곳에 사는 사람들을 위해 어쩔 수 없이 결국 몇몇 개는 라틴어 이름을 병기해야 할 것 같다. 왜냐하면 그것들이 세계적인 명성을 얻을 것 같기 때문이다.

우선 나무사과Malus sylvatica가 있다. 그리고 큰어치사과와 숲의 작은 골짜기에서 자라는 사과sylvestrivallis가 있다. 또 목초지의 우묵한 곳에서 자라는 사과campestrivallis와 오래된 술 저장용 구덩이에서 자라는 사과Malus cellaris, 풀밭사과, 자고사과가 있다. 그리고 게으름쟁이사과cessatoris라는 것이 있는데 소년들은 아무리 늦은 시간이라도 이 사과를 두드려 떨지 않고는 그냥 지나가는 법이 없다. 그리고 또한 산책가의 사과가 있는데, 이것은 이것이 있는 길을 찾기 위해서 길을 잃고 헤매야만 하는 사과이다. 그리고 대기의 아름다움decus aeris이라는 사과, 12월에 먹는 사과, 얼었다 녹은 사과gela-tosoluta가 있다. 그런데 이 사과는 그 상태에서만 좋은 사과이다. 콩코드사과는 아마 머스키타퀴든시스Musketaquidensis와 같은 것이다. 아사벳Assabet사과, 뉴잉글랜드포도주사과, 붉은다람쥐사과 그리고 많은 별칭을 가지고 있는 녹색사과Malus viridis도 있다. 말하자면 이 사과는 불완전한 상태에서는 이질 또는 콜레라를 일으키는 사과choleramorbifera aut dy-senterifera, 어린 소년들이 가장 좋아하는 과일puerulis dilec-tissima이다. 아탈란타Atalanta[111]가 줍기 위해 멈추었던 사과도 있다. 산울타리사과Malus sepium와 민달팽이사과limacea도 있다. 그리고 철로사과라는 것도 있는데 이것은 아마 차창 밖으로 집어 던진 과일에서 유래했을 것이다. 우리가 젊었을 때 맛본 사과도 있고 어떤 목록에서도 발견되지 않는 특별한 사과, 보행자의 위안물pedestrium solatium도 있고 또한 잊어버린 큰 낫이 걸려 있는 사과도 있다. 이두나의 사과도 있고 로키가 술통 속에서 발견했던 사과도 있다. 그리고 훨씬 더 많은 것이 내 목록에 있지만 일일이 언급하기에는 너무 많다. 그것들 모두 좋은 것이다. 보다에우스Bodaeus가 재배종을 언급하면서 베르길리우스Publius Vergilius Maro의 시를 자신의 시에 적합하게 개작하여 찬사를 보내듯이 나도 그렇게 보다에우스의 시를 개작하여 찬사를 보낸다.

내가 수많은 혀와 입

그리고 철같이 강한 목소리를 가졌다 해도,

나는 모든 종류의 이러한 야생 사과를 기술할 수 없고

이 모든 야생 사과의 이름을 일일이 헤아릴 수 없다.

마지막 남은 사과 줍기

1월 중순경에 야생 사과는 어느 정도 광택을 잃고 대개는 떨어진다. 상당 부분은 바닥에서 썩으며, 상하지 않은 것들은 전보다 맛이 좋다. 오래된 나무 사이를 어슬렁거리다 보면 이제 박새 울음소리는 보다 더 또렷하게 들리고 가을의 민들레는 반쯤 오므라들어 눈물이 어려 있다. 그러나 여전히 능숙하게 과일 이삭을 줍는 사람이라면 집 밖에서 사과가 사라졌으리라고 생각되는 한참 후에도 상당히 많은 접붙인 과일을 주울 수 있다. 나는 소택지 가장자리에서 자라고 있는, 거의 야생 사과나무나 매한가지인 블루 페어메인Blue Pearmain이라는 종의 사과나무를 안다. 처음 봤을 때는 거기에 열매가 남아 있으리라고 생각되지 않겠지만, 체계적인 방법으로 찾아야 한다. 노출되어 있는 사과는 이제 완전히 갈색이 되어 썩어 있고, 어쩌면 몇 개가 여전히 젖은 낙엽들 사이의 여기저기에서 건강미 넘치는 뺨을 드러내고 있을 것이다. 그럼에도 나는 높은 안목으로 벌거벗은 오리나무와 허클

베리 덤불 사이를 살피고 시든 사초를 뒤적이기도 하며 낙엽으로 가득 찬 바위의 갈라진 틈 안을 살피기도 한다. 그리고 사과나무와 오리나무 잎과 뒤섞여 땅을 두껍게 뒤덮고 있는, 쓰러져 썩고 있는 양치류 식물 아래를 헤집어보기도 한다. 왜냐하면 나는 그것들이 움푹 꺼진 곳으로 빠져들어가 나무 이파리에 덮여 그 후로도 오래도록 숨겨져 있다는 것을 알기 때문이다. 그런데 이것이 본래의 포장 방식이다. 나는 나무 주변의 어디에나 있는 이러한 잠복처에서 열매를 끄집어낸다. 이것들은 온통 젖어 있고 번들번들하다. 그리고 아마 토끼가 갉아 먹기도 하고 귀뚜라미가 속을 파먹기도 했을 텐데, 거기에는 (수도원의 곰팡내 나는 지하실에서 나온 원고인 커즌Curzon처럼) 이파리가 한두 개씩 붙어 있기도 했지만 여전히 과분果粉이 있었다. 그리고 통에 들어 있는 것보다 더 좋지는 않더라도 적어도 그것처럼 간수가 잘 되어 있으며 그것보다는 더 파삭파삭하고 신선하다. 만일 이러한 기지를 발휘해서도 별다른 소득을 얻지 못한다면 나는 수평으로 갈라진 가지에서 소복하게 뻗어 나온 새끼 나무의 밑부분을 살펴보면 된다는 것을 알았다. 왜냐하면 때때로 사과가 거기에 처박혀 있기 때문이다. 혹은 오리나무 수풀 속을 살펴보기도 하는데 거기에서 사과는 이파리에 덮여 있어, 그 냄새를 맡았을지 모를 소에게서도 안전하다. 나는 배가 몹시 고프기만 하면 블루 페어메인 사과도 마다하지 않기 때문에 그것으로 양쪽 주머니를 가득 채운다. 그러고는 쌀쌀한 해 질 녘에 집에서 4~5마일쯤 되는 길을 되돌아오면서 이쪽 주머니에서 한 개를 먹고 다음에는 저쪽 주머니에서 한 개를 먹는다. 그러면서 양쪽의 균형을 유지한다.

나는 그 저자의 권위가 알베르투스Albertus Magnus와 같은 《탑셀의 게스Topsell's Gesner》[112]에서 다음과 같은 것을 알게 되었다. 다음은 고슴도치[113]가 사과를 모아서 집으로 가져가는 방법이다. "고슴도치가 좋아하는 음식은 사과와 벌레 혹은 포도이다. 고슴도치는 땅 위에 있는 사과나 포도를 발견하면 모든 가시 틈이 다 메워질 때까지 과일 위에서 뒹군다. 그러고는 그것을 자신의 집인 굴로 나른다. 그런데 입으로 한 개 이상은 절대 물고 가지 않는다. 또 가는 도중에 우연히 과일이 하나라도 떨어지면 고슴도치는 나머지 것도 모두 떨어뜨려버린다. 그러고는 그것들이 모두 자신의 등 위에 다시 자리를 잡을 때까지 그 위를 다시 뒹군다. 이렇게 하여 고슴도치는 앞으로 나아가는데, 마치 짐마차의 바퀴 소리 같은 소리를 낸다. 그리고 그 보금자리에 어린 새끼들이 있으면 새끼들은 그가 짊어지고 온 짐을 떼어내어 마음에 드는 것은 먹어치우고 나머지는 나중을 위해 남겨둔다."

'얼었다 녹은' 사과

1월 말경의 일부 상하지 않은 사과는 맛이 더 달콤하며 경우에 따라서는 먹기에 더 적합하지만, 그것들 대부분은 보통 이파리처럼 그 아름다움을 잃고 얼기 시작한다. 손가락이 시릴 정도로 춥다. 그리고 세심한 농부들은 사과를 통에 가득 채워 들여놓는다. 또 그들이 약속했던 사과와 사과주를 여러분에게 가져다준다. 이제 그것들을 저장소에 집어넣어야 할 때가 되었기 때문이다. 경우에 따라서는 땅바닥에 있는 몇 개 되지 않는 사과가 때 이른 눈 위에서 자신의 빨간 뺨을 보여준다. 이따금 어떤 것은 심지어 겨우내 눈 아래에서 그 색깔과 신선함을 유지하기도 한다. 그러나 보통 겨울이 시작될 때 사과는 딱딱하게 언다. 그리고 썩지는 않더라도 곧 구운 사과 색으로 변한다.

사과는 보통 12월 말 이전에 첫 번째 해동을 겪는다. 한 달 전에는 시름하고 떫은맛이 나서 세련된 미각에는 별로 맛이 없던 사과, 다시 말해 적어도 상하지 않은 채로 얼었던 사과는 태양 광선에 아주 민감하기 때문에 보다 따듯한 햇빛에 녹게 내버려두면 풍부하고 달콤한 사과주로 가득 차게 되고, 이것은 내가 아는 병에 든 사과주보다 더 좋다. 그리고 나는 포도주보다는 이것에 더 익숙하다. 모든 사과는 이러한 상태에서 다 먹을 수 있으며 사람들의 턱은 사과 착즙기이다. 속이 보다 실하게 찬 또 다른 사과들은 달콤하고 감미로운 음식이다. 이것은 내가 보기에 서인도 제도에서 수입된 파인애플보다 더 가치 있다. 나는 어느 정도는 문명화된 사람이기 때문에 최근에 농부가 기꺼이 따지 않고 나무에 남겨둔 사과를 맛만 보고 후회한 적이 있는데, 어린 참나무 이파리처럼 매달려 있는 데 가치가 있다는 것을 알고 나니 지금은 기분이 좋다. 그것은 사과주를 끓이지 않고 달콤하게 유지하는 방법이다. 먼저 서리가 내려 사과를 돌처럼 단단하게 얼리고, 나중에 비나 포근한 겨울의 낮이 그것을 녹이면, 그 사과는 공기라는 매개물을 통해 하늘에서 빌려온 것 같은 맛을 보일 것이다. 혹은 여러분이 집에 도착할 때면 주머니 속에서 덜걱거리던 사과가 녹아서 얼음이 사과주로 변한 것을 발견할 수도 있다. 그러나 얼었다 녹는 일을 서너 번 정도 반복한 사과는 그렇게 맛있게 느껴지지 않는다.

북쪽 지방의 추위에 숙성된 이 과일에게 타는 듯이 뜨거운 남쪽 지방에서 수입된 반쯤 익은 과일은 무엇인가? 이 사과는 내가 동료를 속였던 그 떫은 사과이다. 나는 동료에게 그 사과를 먹여보려고 아무렇지도 않은 얼굴 표정을 지으면서 유혹한 적이 있다. 이제 우리는 둘 다 욕심을 내어 주머니를 그 사과들로 가득 채운다. 그리고 늘어진 옷자락이 넘쳐흐르는 과즙에 젖지 않도록 몸을 구부려 술을 마신다. 그리고 우리는 그 과일주로 친목을 더 도모하게 된다. 우리가 작대기로 제거할 수 없을 정도로 그렇게 높게 매달려 뒤엉킨 가지에 숨어 있는 것이 있었던가?

내가 알기에 그것은 결코 시장에 나오는 과일이 아니다. 즉 그것은 말린 사과와 사과주가 다른 만큼이나 시장의 사과와 아주 다르다. 그리고 매년 겨울 그렇게 완벽한 사과가 생산되는 것은 아니다.

야생 사과의 시기는 곧 지나갈 것이다. 그것은 뉴잉글랜드에서는 아마도 멸종될 과일이다. 여러분은 대부분의 사과가 사과주 공장으로 가버려 이제 썩어버린 것만 남은, 아주 넓고 오래된 야생 사과 과수원을 이리저리 돌아다닐 수도 있다. 나는 멀리 떨어진 마을에 있는 과수원에 대해 이야기 들은 적이 있다. 그 과수원은 작은 언덕의 비탈에 있는데 거기에서는 사과가 굴러떨어지다가 보다 낮은 곳에 있는 둑에 막혀서 4피트 정도의 두께로 쌓인다는 것이다. 그리고 주인은 그것이 사과주로 만들어지지 않도록 하기 위해 이 나무를 잘라버렸다는 것이다. 절주를 위한 개혁이 이루어지고 과일 나무 접붙이기가 일반적으로 행해지면서 이제 토종 사과나무는 심지 않는다. 그러한 사과나무는 사람의 왕래가 없는 목초지 도처에서 볼 수 있는 것인데 이제는 다른 나무들이 그 주위에 무성하게 자라 있다. 지금으로부터 100년 후에 이 벌판을 거니는 사람은 야생 사과를 두드려 떨어버리는 즐거움을 알지 못할까 봐 걱정이다. 아, 불쌍한 사람들 같으니라고! 그 사람은 거기에 있는 수많은 즐거움을 알지 못할 것이다. 볼드윈과 포터라는 종이 널리 보급되었는데도 불구하고 우리 마을에서 요즈음 100년 전과 같이 그렇게 광범위하게 과수를 심는지 의심스럽다. 사실 100년 전에는 사과주를 담기 위한 과수들이 여기저기에 광범위하게 심어졌고, 사람들은 사과를 그냥 먹기도 하고 술로 만들어 마시기도 했다. 그리고 그때에는 사과를 짜고 난 찌꺼기를 쌓아놓은 곳이 묘목이 자라는 유일한 자리였으며 나무를 심는 데 드는 비용이라고는 그것을 심는 데 들이는 노동력 이외에는 아무것도 없었다. 사람들은 그 당시에 나무를 아무 둑 옆에나 찔러 박아놓고는 살아날 기회를 잡도록 내버려두었다. 요즈음 나는 사람의 왕래가 적은 도로나 좁은 통로 그리고 나무가 우거진 숲속의 작은 골짜기 같은 외진 곳에 나무를 심는 사람을 보지 못한다. 사람들은 나무를 접붙여왔고, 이제 그것을 얻기 위해서는 값을 치러야 하기에, 그들은 그 나무를 자신의 집 옆 구획이 정해진 땅에 모아 심어놓고 그 주위에 울타리를 두르는 것이다. 그래서 결과적으로 우리는 사과를 통 속에서나 찾을 수밖에 없게 될 것이다.

이것은 '브두엘의 아들 요엘에게 떠오른 주의 말씀'이다.
"들어라 늙은이들이여, 그리고 이 땅의 모든 거주민들이여 귀를 기울여라. 너희가 살던 시대에 이런 일이 있었는가, 아니면 너희의 조상의 시대에 이런 일이 있었는가?…

나방 유충이 남겨놓은 것을 메뚜기가 먹고, 메뚜기가 남겨놓은 것을 자벌레가 먹고, 자벌레가 남겨놓은 것을 모충이 먹었다.

깨어나라 술고래들아, 그리고 슬퍼하라. 그리고 너희 모든 포도주 술꾼들아, 새로운 포도주 때문에 울부짖어라. 왜냐하면 그것이 너의 입과 단절되기 때문이다.

그리고 사자의 이빨과 큰 사자의 어금니를 가진 이방인이 맹렬하게 그리고 셀 수 없이 나의 땅에 달려들기 때문이다.

그는 나의 포도나무를 황폐하게 만들었고 나의 무화과나무 껍질을 벗겨버렸다. 즉 그는 그것을 완전히 벌거벗겨 제거해버렸다. 그래서 가지가 하얗게 되었다…

그대 농부들이여 부끄러워하라. 포도나무 관리인들이여 울부짖어라…

포도나무는 말라비틀어졌고 무화과나무는 시들었다. 석류나무, 종려나무, 사과나무 그리고 벌판의 모든 나무들까지 시들었다. 기쁨이 인간의 자손으로부터 쇠약해졌기 때문이다.”

야생 자연을 노래한 소로

1. 헨리 데이비드 소로라는 사람

일생을 함께하며 옆에서 지켜보지도 않았고 얼굴을 맞대고 같이 이야기해본 적도 없는 사람을 독자들에게 소개하자니 어디서부터 어떻게 시작해야 할지 모르겠다. 그저 다른 사람들이 적어놓은 자료를 참고 삼아 그것을 토대로 소개해야 하니 더욱 그렇다. 넘쳐날 정도로 많은 그에 대한 기록들을 다 본다 한들 그의 정체를 정확히 묘사하고 전달할 수 있을지도 의심스럽고 또 그런 자료들이 그의 생애를 있는 그대로 기술하거나 객관적으로 평가하고 있는지도 확신이 서지 않는다. 게다가 100년, 200년 전에 살았던 사람을 두고 오늘날의 관점과 기준으로 전문 분야를 나누고 직업과 직종을 분류해서 정체를 밝혀내려는 시도 자체가 다소 문제가 될 수 있다는 생각까지 든다.

그러나 그렇다 하더라도 우리가 어느 작가의 글을 읽을 때는 그 작가의 단편적인 글을 따로 떼어 글자 그대로 해석하고 이해하는 것보다는 작가의 다른 주변 상황들에 대한 정보를 가지고 접근할 때 그 작품을 보다 정확하고 효과적이면서도 심도 있게 음미할 수 있을 것이기에, 여기에서 소로Henry David Thoreau의 여러 행적을 살펴보는 것도 나름대로 의미가 있을 것이다. 게다가 소로는 문학뿐 아니라 실제 생활에서도 생각을 삶에 그대로 반영한 것으로 알려져 있다. 따라서 글을 통해서뿐 아니라 삶의 여정을 통해서도 그의 생각을 어느 정도 가늠해볼 수 있기에, 여러 가지 한계에도 불구하고 그의 행적을 살펴보는 일은 필요하다.

사람들은 일단 그를 미국의 작가, 철학자, 자연주의자 정도로 소개한다. 그러나 이것만으로는 그가 누구인지를 이해하기 힘들다. 따라서 어떤 자료에서는 다소 풍부한 정보를 제공하기 위해 약간의 수식어를 붙여 그를 '미국의 수필가, 시인, 가장 위대한 미국의 자연 문학가, 실천적 철학자' 등으로 소개하기도 한다.

그런데 사실 소로는 매우 다양한 일을 하면서 인생을 살았기에 이렇게 간단하게 얘기할 수는 없으며 여러 가지를 언급해야 하지만, 일단은 간략하게 사전식으로 그의 행적이나 특징을 이것저것 나열해보자.[114] 소로는 1817년 7월 12일에 태어나서 1862년 5월 6일에 마흔네 살이라는 비교적 젊은 나이로 생을 마감했다. 그는 에머슨Ralph Waldo Emerson이 이끈 초월超越주의transcendentalism 운동에 참여했으며 박물학에 관심이 많았다. 그의 사상에서는 노예제 폐지론, 조세 저항, '현대의 기술과 산업화, 자본주의, 경제적인 지구화를 비판하는' 개발 비판, 시민 불복종, 양심적 병역 거부, 직접 행동, 환경론, 비폭력 저항, 물질적 풍요와 과소비로 인한 정신적 압박을 버리고 단순하고 소박하게 사는 '자발적 간소화' 운동과 유사한 단순한 삶simple living 등이 주목할 만하다.

소로는 에머슨에게서 많은 영향을 받았으며 톨스토이Lev Nikolaevich Tolstoi, 간디Mohandas Karamchand Gandhi, 윌리엄 오더글러스William O. Douglas, 마틴 루서 킹Martin Luther King, Jr., 존 에프 케네디John F. Kennedy 등에게 영향을 끼친 것으로 알려져 있다.

그리고 앞서 얘기한 바와 같이 소로는 미국의 작가이자 자연주의자, 환경론자, 초월주의자, 조세 저항가, 개발 비판가, 철학자로 간략하게 얘기되기도 하지만, 이따금 철학적 무정부주의자, 염세주의자, 금욕주의자로까지 언급되기도 한다. 그의 여러 사상은 1800년대 중반 신사고 운동의 하나인 초월주의 운동에도 크게 영향을 끼쳤다고 한다. 그리고 그는 자연에서의 소박한 삶의 가치를 보여준《월든Walden》과 부정한 정부에 도덕적으로 반대하는 개인의 저항을 주장한 〈시민 불복종Civil Disobedience〉의 작가로 가장 잘 알려져 있다. 이 밖에 소로는 책, 기고 글, 에세이, 일기 등 다양한 저술 작업을 했다. 또 박물학과 철학에 관한 그의 글은 오늘날에도 여전히 기여하는 바가 크다. 이러한 글에서 그는 현대 환경론의 근원이 되는 생태학과 환경의 역사에 대한 연구 방법과 결과를 미리 예견했다고 볼 수 있다. 한 예를 들자면 산림 식생의 변천에 관한 그의 연구는 오늘날의 식물학자들도 인정해준다고 한다.[115]

그러나 그를 특징짓는 이러한 문구를 단편적으로 늘어놓는 것만으로는 그의 정체를 가늠하거나 우리의 궁금증을 풀기에 아직도 미흡하다. 그렇다면 소로는 자기 자신을 어떠한 사람으로 소개하고 있는지 그가 직접 쓴 글을 통해서 알아보자. 소로는 하버드 대학교에서 1837년도 졸업생들의 생활상을 수집할 목적으로 발행되었던 회보에 답하기 위해 쓴 1847년의 한 편지에서 자신의 신상에 대해 다음과 같이 묘사한다.

저는 아직 결혼을 하지 않았습니다. 저는 제가 하는 일이 직업이라고 해야 할지 그냥 일감이라고 해야 할지 아니면 이도저도 아닌지 잘 모르겠습니다. 제가 하는 일은 딱히 배워서하는 일이 아니고, 매 경우마다 공부해서 하는 일이라기보다는 그냥 습관적으로 해온 일입니다. 그중에서 돈벌이가 되는일들은 저 혼자서 시작한 일입니다. 그런데 그 일이 하나가아니고 여럿입니다. 괴물 머리[116] 얘기를 좀 해드리겠습니다. 저는 학교 선생, 가정교사, 측량사, 정원사, 농부, 페인트공(주택에 페인트칠을 하는 것을 말합니다), 목수, 석수, 일용직 노동자, 연필 제작자, 유리 사포 제작자, 작가 그리고 때로는 삼류 시인입니다. 만일 여러분이 이올라오스[117]의 역할을 맡아서 이 머리들 중 몇 개를 뜨거운 인두로 지져준다면 그저 고마울 따름입니다. 현재 제가 하는 일은 위에 이것저것 늘어놓은 광고로 우리가 능히 예상할 수 있을 법한 주문들을 처리해주는 것입니다. 그런데 굳이 좀 더 정확히 얘기하자면 늘 그러한 일을 하고 있는 것은 아닙니다. 왜냐하면 저는 사람들에게 인기가 있건 없건 보통 직업이나 산업이라고 하는 것들 없이도 살아가는 방법을 찾았기 때문입니다. 실제로 저의 가장 변함없는 확고한 직업은, 그것을 뭐 직업이라고까지 할 수 있을지는 모르겠지만, 저 자신을 최상의 상태로 유지시키면서 그것이 무엇이든지 간에 저 세상에서나 이 세상에서나 앞으로 나타나게 될 일들에 대비하는 것입니다. 지난 2~3년 동안 저는 콩코드 숲속에서 홀로 살았는데, 그곳에서 이웃이라고는 1마일 이상이나 가야 볼 수 있습니다. 저는 거기서 완전히 제 힘으로만 지은 집에서 살았습니다.

추신—저는 졸업 동기생들이 저를 자선의 대상으로 생각하지 않기를 간절히 바랍니다. 그리고 졸업 동기생들 중 금전적인 도움을 필요로 하는 사람이 있다면 저에게 알려주길 부탁드립니다. 저는 책임지고 그들에게 돈보다 더 가치 있는 몇 마디 충고를 해줄 것을 약속드립니다.[118]

이 편지는 소로가 성인이 되고 나서 10년 정도 지나 쓴 것이다. 이 기간 동안 소로는 가끔 강연과 글쓰기에 몰두하기도 했으나 자신에게 필요한 물품을 얻기 위해 주로 육체노동에 의존했던 것으로 알려진다. 그는 고정적이고 안정된 직장을 가지려고 하지도 않았던 것 같고, 돈을 벌고 이윤을 남기는 보통 세속적이라고 알려진 일들에도 별로 관심이 없었던 것으로 전해진다. 당시 소로는 상업에서 "이윤이라고 하는 것은 진정한 의미에서의 이윤이 아니라는 것을 깨달았고, 여가가 사업만큼이나 중요한 것이고, 부자가 되는 가장 확실한 방법은 거의 아무것도 원하지 않는 것"이라는 생각을 가지고 있었다고 한다. 즉 그는 "사람이 부자냐 아니냐 하는 것은 없이 지내도 되는 물건이 많은지 적은지에 달려 있다"는 사실을 깨치고 있었다.[119] 소로는 가능한 한 가진 것이 적으면서도 삶을 꾸려가는 능력이 뛰어난 사람이 부자라고 생각한 것이다. 물론 소로는 이러한 생각들을 실천에 옮겼지만 그렇다고 소로가 방종하거나 게으르고 궁색한 삶을 산 것은 아니다. 앞에서 잠깐 보았듯이 그는 길지 않은 기간에 다양한 일을 했으며 누구보다도 생업으로서의 노동의 중요성을 강조했다. 또 여가 시간에는 야생 자연에서 산책을 하여, 에너지 넘치는 사색을 많이 하면서 흔히 말하는 정신적 풍요까지 누리고 살았던 것으로 생각된다. 이러한 그의 노동과 사색의 결과는 이제 위대한 사상적·철학적 유산이 되어, 150여 년이 지난 지금에도 우리의 입에 오르내리며 많은 사람들의 삶에 깊은 영향을 미치고 있다. 이러한 점에서 본다면 소로야말로 진정한 부자였다고 할 수 있다.

그런데 이러한 위대한 업적들은 일종의 그의 '직업'이나 '사업'이라고 할 수 있는 '야생 자연에 대한 탐구'를 통해서 이룩되었다. 물론 소로가 '직업'이나 '사업' 같은 표현을 좋아했을지는 모르겠으나 소로의 전기 작가인 헨리 솔트Henry S. Salt는 그의 진정한 직업은 "야생 자연을 탐구"하는 일이었고 그의 사업은 "직업적인 산책가"로서 "매일매일 한두 시간씩 느릿느릿 걸으면서 야외에서 지내는 것, 일출과 일몰을 관찰하는 것, 바람 속에 들어 있는 소식을 듣고 표현하는 것, 언덕이나 나무의 망루에 올라 눈보라와 폭풍우의 관찰자가 되는 것"이었다고 소로의 입을 빌려 소개하고 있다.[120] 소로는 이렇듯 야생 자연에서의 산책과 사유의 여행을 통해 자신의 생각들을 살찌웠다.

그렇다면 이제 그가 자연의 관찰자로서 그리고 자연 문학가라는 직업을 가지고 어떻게 삶의 여정을 꾸려나갔는지에 대해 여러 자료를 근거로 보다 유기적으로 살펴보자. 그래서 소로가 단순히 무엇을 한 사람이라고 소개하기보다는 그가 어떠한 방식으로 인생을 살다 갔으며 어떠한 성향을 지닌 사람이었는지를 가늠해보자. 생각을 표현한 그의 글뿐 아니라 생각을 실현한 그의 실제 삶도 우리에게는 커다란 교훈을 줄 것이다.

2. 소로의 문학 인생과 사상

(1) 초기 인생

소로는 1817년 미국의 북동쪽에 위치한 매사추세츠 콩코드에서 연필 공장을 하던 아버지 존 소로와 그의 아내 신시아 던바 사이에서 셋째 아들로 태어났다. 그는 광대한 평야가 인접해 있고 쾌적한 과수원과 목초지가 주변을 둘러싸고 있는 고풍스러운 집에서 태어났다. 게다가 콩코드는 강변 마을인데다, 광대한 숲과 초지로 둘러싸여 있고 평탄하면서도 호젓한 길이 많아 산책하기에 좋은 마을이었다. 따라서 헨리 솔트는 소로가 어려서부터 이러한 주위 환경을 통해 자연과 사회에 대한 깊은 인상을 간직하며 자랐으므로 일찌감치 고된 야외의 삶에 단련되어 있었을 것이라고 지적한다.[121]

소로는 이렇게 콩코드에서 태어나고 자라 인생의 거의 대부분을 이곳에서 보낸다. 콩코드가 그에게 많은 교육의 기회를 제공했고, 또 그의 문학 주제 대부분을 제공하기도 했기 때문에 혹자는 "콩코드는 그의 세계, 다시 말해 그의 정서적이고 지적이고 물질적인 삶의 중심점이었다"[122]라고 말하기도 한다. 그리고 전 미국 문학을 통틀어 작가와 장소가 소로와 콩코드의 경우처럼 이렇게 강하게 결합된 경우는 없었다고도 이야기한다. 에머슨 같은 사람도 "소로는 자신의 천부적인 재능을 고향 마을의 벌판과 언덕과 강을 사랑하는 데 온통 쏟아부었기에 미국의 모든 독자들뿐 아니라 해외의 독자들에게도 알려지고 관심을 끌게 되었다"[123]고 말했다.

소로는 어린 시절 콩코드에 있는 공립 학교와 그리스어를 잘 가르치기로 유명하고 우수한 인재들이 많이 몰려들었던 사립 콩코드 아카데미에서 교육을 받았다. 그 후 열여섯 살이 되던 해인 1833년에 하버드 대학에 입학해 홀리스 홀Hollis Hall이라는 곳에서 기숙했는데, 학비 문제와 건강 문제로 7개월을 휴학하기도 하는 등 학교생활이 그리 평탄치 않았던 것으로 알려져 있다.[124]

그런데 하버드 대학 재학 시절 소로의 인생에 한 가지 획기적인 사건이 일어난다. 바로 에머슨과의 만남이다. 소로가 에머슨을 처음 만난 때가 언제인지는 정확하게 파악되고 있지 않지만 대략 1837년경으로 추정된다. 에머슨은 1834년에 선조가 여러 대에 걸쳐 목사로 재직했던 콩코드에 이주해서 살고 있었는데, 당시 열다섯 살 연하의 소로에게 자상하게도 많은 관심을 보였다.[125] 에머슨과의 이러한 만남은 소로가 쉽게 시인의 길로 들어서게 했고 그의 문학적 관심을 더욱 진전시켰다. 대학 시절에 소로는 동료들과 별로 어울리지 않고 조용하게 지냈으며 모범생이었다. 그리고 도서관에서 자기가 원하는 책을 읽는 것은 좋아했지만 학점에는 별로 관심이 없어 결국 1837년에 중간 정도의 성적으로 대학을 졸업했다.[126]

대학을 떠날 당시 소로는 스무 살이었는데, 오늘날의 젊은 이들처럼 무엇으로 생계를 꾸려갈지에 대해 고민했던 것으로 전해진다. 당시 미국은 불황을 겪고 있어 일자리가 많지 않았다. 더군다나 소로는 당시 많은 하버드 졸업생들이 선택하던 성직이라든가 법률 관련 직업, 의료 같은 전문직이 자신에게는 기질적으로 어울리지 않는다는 것을 알았지만 그의 다른 식구들이 이미 교사로 일하고 있었기에 결국 교사가 된다.[127] 그가 처음 취업한 학교는 콩코드 주민들이 세운 일종의 중학교였다. 그러나 그는 체벌 문제 때문에 이 학교를 2주 만에 그만두었다. 그는 학생들에게 매질을 하지 않고 도덕적 훈계로 타이르기만 했는데, 학교 운영 위원회가 이런 자신의 교육 방침에 간섭하자 사임한 것이다. 그리고 소로는 이렇게 교사 같은 직업으로서의 일을 하지 않을 때는 틈틈이 아버지가 운영하는 연필 공장에서 연필을 제조하는 일을 도우며 기술을 익혔다.[128]

1838년 봄쯤에 소로는 다시 교직을 구하기 위해 메인주를 방문하지만 취업을 하지 못하고 결국 그해에 형 존과 함께 소년 소녀들을 위한 진보적인 사설 학교를 운영하기 시작한다. 이 학교는 이후 2년 정도 운영되다가 폐교된다. 학교를 운영하던 당시 두 형제는 같이 일을 했으며 휴일에는 함께 휴가를 보내기도 했다. 1839년 9월에 소로는 형과 함께 콩코드강과 메리맥강에서 잊지 못할 일주일간의 보트 여행을 한다.[129] 이 여행에 대한 보고서는 10년 후 《콩코드 강과 메리맥 강에서의 일주일A Week on the Concord and Merrimack Rivers》이라는 책으로 출간된다. 그리고 이 무렵 소로의 생애에서 중요한 일들이 몇 가지 더 벌어지는데, 그는 간헐적이고 임시적이긴 했지만 강연과 글쓰기에 주의와 관심을 기울이게 되고 마침내 1838년 봄에 '사회'라는 주제로 콩코드 문화 회관에서 첫 강연을 하게 된다.

(2) 문학 여정

사실 소로는 대학을 졸업하고 교사 생활을 시작하던 무렵인 1837년 10월경부터 일기를 쓰기 시작했다. 그가 일기를 쓰기 시작한 것은 에머슨의 권유 때문이었던 것으로 알려져 있다. 소로가 일기에서 "에머슨이 '당신은 지금 뭐 하고 있느냐', '일기는 쓰고 있느냐'라고 물어서 오늘 처음으로 일기를 썼다"[130]라고 적고 있기 때문이다. 일기를 쓰는 일은 그가 문학적 상상력을 발휘하는 데 중요하게 작용했으며 이제까지 출판된 소로 저서들의 '원재료'가 되었다. 그리고 1862년 죽기 2주 전까지 24년간 정기적으로 써놓은 그의 일기는 노트 39권, 200만 단어에 이르는 분량이라고 한다.[131] 그는 매일 일기에다가 그날 한 산책, 모험, 명상을 체계적으로 적어 넣고, 시나 에세이의 제재가 필요할 때마다 그 내용을 다시 끄집어내어 고치고 다듬었다고 한다. 말하자면 그의 일기는 일종의 "문학 창고" 역할을 한 것이다. 1840년 소로의 친구들 몇 명이 모여 창간한 초월주의자들을 위한 잡지 《다이얼 *Dial*》지에 기고한 글들도 바로 이러한 과정을 거쳐 나온 것들이라고 한다.[132]

1841년, 형 존의 건강이 나빠지면서 소로가 함께 운영해 온 학교의 문을 닫고 잠시 연필 공장에서 일하고 있을 때, 그의 조언자이자 이웃이며 친구인 에머슨은 소로에게 자신의 집에서 같이 살자고 제안한다. 결국 두 사람은 1년 이상 같은 집에서 생활했으며, 당시 숙식에 대한 대가로 소로는 약간의 노동을 제공했던 것으로 알려진다.

당시에는 에머슨의 사고방식에 이끌린 많은 사람이 콩코드로 모여들었는데, 그들의 현명한 사고와 믿음은 '뉴잉글랜드 초월주의'의 초석이 되었다.[133] 소로도 이러한 에머슨의 모임에 합류함으로써 수많은 이점과 자극을 얻었다. 그는 이를 계기로 "자신의 인격에 숨어 있던 강렬한 에너지를 분출시킬 수 있었을 뿐 아니라 자신의 독특한 사상을 표현하고 출간할 기회도 얻게 되었다".[134] 당시 그들이 발간한 《다이얼》지는 새로운 철학의 옹호자들을 결집시키는 수단이었으며 신인 작가에게 등단의 기회를 제공했다. 이 잡지는 1840년 7월호를 시작으로 4년 동안 계속해서 발간되었고, 소로도 여기에 〈공감Sympathy〉이라는 글을 실었는데 이것이 그의 최초로 인쇄된 글이라고 한다. 흥미로운 점은 오늘날 대문호라고 할 수 있는 소로도 당시에는 문학의 초보자였다는 것이다. 그는 매번 잡지에 글들을 기고했으나 편집자로 있던 마거릿 풀러Margaret Fuller는 그가 기고한 여러 편의 글을 가차 없이 되돌려 보냈고, 반송한 원고에 대해서는 작품의 조악함과 결점을 거리낌 없이 비판했다고 한다.[135]

에머슨과 같이 지내는 동안 소로는 작가가 되리라는 야망을 키웠을 뿐 아니라 《다이얼》지에 몇몇 시와 에세이를 발표하는 데도 에머슨에게서 많은 도움을 받았던 것으로 알려진다. 《다이얼》지의 편집자 마거릿 풀러가 1842년 중반에 재정 문제로 사임하게 되자 이후 에머슨이 그 직을 이어받아 소로의 도움을 받으며 편집 일을 꾸려나갔다. 이때 에머슨은 소로의 저술 중에서 상당히 많은 부분을 뽑아 게재했으며 그제야 비로소 그는 소로의 문학적 능력을 높이 평가하게 되었다고 한다. 그래서 1842년 《다이얼》지 7월호에는 〈매사추세츠의 자연사Natural History of Massachusetts〉라는 소로의 수필이 실렸고, 1843년 10월에는 〈겨울 산책〉이 실렸다. 이후 소로의 글이 몇 편 더 게재되지만 《다이얼》지는 재정적 어려움이 가중되어 1844년 봄에 간행이 중단되었다.

1843년 12월경, 에머슨의 집에서 나와 뉴욕주 스태튼섬에 있는 에머슨의 형 집에서 잠시 가정교사로 일했던 소로가 다시 콩코드로 돌아온다. 그리고 1844년 1월에 소로는 아버지의 연필 공장에서 일하면서 연필 제조 기술을 개선해 뛰어난 품질의 연필을 만들어내기도 했다. 그러나 부모의 집에서 신진 작가로서 생활하는 데는 문제가 많았다고 한다. 연필 공장에서 일하는 것은 지루하고 싫증이 났고, 게다가 어머니가 하숙을 치는 탓에 집에서는 개인적인 조용한 시간을 가질 수가 없었다. 그래서 소로는 여름에 대학 친구 휠러Charles Stearns Wheeler의 은신처인 오두막을 방문했던 기억을 떠올리면서, 글을 쓰기 위한 사적인 공간을 마련할 계획을 하게 된다.[136]

스물여덟 살이 되던 해인 1845년에 소로는 에머슨이 월든 호숫가에 가지고 있던 땅의 한 조각을 얻는다. 월든 호수는 콩코드 마을에서 남쪽으로 1마일 반 정도 떨어져 있는 작은 호수로, 숲이 우거진 낮은 언덕으로 둘러싸여 있었다. 그는 몇몇 친구의 도움을 받아 최소한의 비용으로 거기에 작은 오두막을 짓고 7월 4일에 이사했다. 그가 그 호수로 이사한 데는 주요한 목적이 두 가지 있었다.[137] 그중 하나는 형 존을 기리기 위해 《콩코드강과 메리맥강에서의 일주일》을 집필하는 것이었고, 다른 하나는 하루를 일하고 6일을 초월주의에 관심을 갖고 살아감으로써, 6일 동안 일하고 하루를 쉬는 미국 사람들의 습관을 거꾸로 바꾸는 것이 가능한지 알아보는 경제적 실험을 단행하는 것이었다.[138] 따라서 그가 호숫가에 머무는 동안 집필한 자연에 대한 연구와 월든에 대한 글은 처음부터 계획된 것은 아니었을 것이라고 본다. 물론 그가 다음 일거리로 생각하고 있었던 《월든》을 위해 자료들을 모으기 시작하기는 했지만, 그는 처음에는 그저 단순하게 호수에서 자신이 벌이고 있는 유별난 행동들에 대한 읍내 사람들의 호기심에 답하기 위해서 1846년에 《월든》을 쓰기 시작한 것이었다. 그러다가 나중에는 그것이 그가 호수에 머물렀던 사건과 호숫가에서 실천을 통해 배운 삶의 철학을 포함하는 것으로 변경되었고, 이러한 기록들이 그의 두 번째 책 《월든》으로 발전한 것이다.[139]

소로는 1845년 7월에서 1847년 9월까지 정확히 2년 2개월 2일간 월든 호수에서 머물렀다고 알려져 있다. 그는 이곳에서 산책을 하며 자연을 관찰하고 농사를 짓는 등 여러 가지 일을 하면서도 예전처럼 일기 쓰는 일에 몰두했다. 그런데 소로가 월든에서 보낸 첫해인 1846년 가을에 주목할 만한 사건이 하나 있었다. 소로는 멕시코와의 전쟁으로 드러난 미국의 외교 정책과 대내적으로 흑인 노예 제도를 두둔하는 정부에 저항하는 의미로 세금 납부를 거부했다가 체포되어 수감되었고, 친척들이 그의 세금을 대납함으로써 하루 만에 풀려나게 된다. 이때의 경험은 나중에 〈시민 불복종〉이라고 알려진 〈시민 정부에 대한 저항Resistance to Civil Government〉이라는 에세이의 주제가 되고 이 글은 1849년에 《보스턴 미학Boston Aesthetic》지에 게재된다. 같은 해에 그는 또한 콩코드 근방에서 볼 수 있는 것보다 훨씬 더 야생적인 자연이 있는 메인주의 커타딘 산[140]을 관광하고 등반하기 위해 여행을 떠난다. 그의 사후인 1864년에 출간된 《메인 숲The Maine Woods》은 바로 이 여행을 토대로 쓰였다.

월든 호수의 오두막을 떠난 직후인 1847년 가을, 소로는 에머슨이 1년간 유럽으로 떠나 없는 동안 에머슨의 집에서 에머슨 부인의 말벗이 되어주고 정원 돌보는 일을 하며 머문다. 1848년 에머슨이 유럽 여행을 마치고 콩코드로 돌아오면서 소로는 다시 마을에 있는 아버지의 집에서 살게 되는데 그 집이 여생 동안 그의 거처가 된다. 이때부터 소로는 문학을 정식 직업으로 생각하기 시작했다고 한다. 따라서 그는 이제 작가와 강연자로 알려지기 시작했으며 많은 글을 본격적으로 기고하게 된다.

월든 호수를 떠난 지 2년 정도 지난 1849년에 소로는 《콩코드강과 메리맥강에서의 일주일》을 자비로 출간한다. 그러나 이 책은 나름대로 호평받기는 했지만, 그 내용의 열정적인 이상주의와 범신론적인 분위기 때문에 미국인들의 마음을 끌지 못했고, 결국 많이 팔리지 않았다고 한다.[141] 이 때문에 《월든》(1854)의 출간도 지연되었다. 1849년 가을 소로는 친구와 함께 케이프코드의 광활한 모래 지역으로 여행을 떠났다. 케이프코드에 매료된 소로는 그곳을 여러 번 방문하게 되고 이때의 경험은 나중에 《케이프 코드Cape Cod》에 기록된다.[142] 이 시기에 소로는 몇몇 잡지에 글을 기고하면서 작가로서 어느 정도 인정받았지만 여전히 연필 공장에서의 일과 측량 일 그리고 이따금씩의 강연을 통해 생계를 해결해야 했다. 그런데 그는 1851년 무렵에는 이러한 생활에 대해 약간 회의를 품게 된다. 벌이는 시원찮았지만 그는 여전히 매일 오후 콩코드 숲을 산책하는 일이나 자연 관찰과 생각을 일기에 계속해서 기록하는 일 그리고 출판을 위해 에세이를 쓰거나 교정하는 일에 관심이 있었다.

1854년 8월 9일은 소로의 문학 인생에서 가장 획기적인 사건으로 꼽을 수 있는 《월든》의 초판 2,000부가 출간된 날이다. 이 책은 거의 대부분 그가 숲에 거주하는 동안 쓴 일기에서 뽑아온 내용들로 이루어져 있었다. 《콩코드강과 메리맥강에서의 일주일》과 달리 《월든》은 사람들의 관심을 불러일으켰고, 불과 몇 년 사이 초판이 모두 팔리는 성과도 거두었다. 소로의 전기 작가 헨리 솔트는 《월든》을, 어떠한 관점에서 보더라도 의심할 여지가 없는 소로의 걸작이라고 평가한다. 또한 《월든》은 "소로 철학의 진수를 담고 있을 뿐 아니라 그의 작품 중 가장 강렬하고 통렬한 문체로 쓰였으며, 화술의 신선함과 우직함으로 독자의 공감과 상상력을 자극한다"

[143]고 평가되기도 한다. 그리고 자연적인 간소함, 조화 그리고 정신적인 자유의 삶으로의 초대를 통해 여러 세대에 영향을 끼쳤다고도 얘기된다.[144]

그런데 소로는 《월든》을 출간한 후에는 어떠한 책도 출간하지 않았다. 사실 그는 《월든》의 출간 이듬해인 1855년, 서른여덟 살이 되던 해부터 건강이 나빠지기 시작했다. 이해에 《케이프 코드》의 일부가 《퍼트넘*Putnam*》지에 실렸으며 그는 몇 가지 다른 글쓰기에 몰두했다. 인디언에 관련된 책을 쓰려는 기획도 했다.[145] 1858년에는 메인주의 숲을 방문한 경험을 토대로 쓴 〈채선쿡Chesuncook〉을 《애틀랜틱 먼슬리 *Atlantic Monthly*》에 기고하지만, 편집자가 동의 없이 일부 문구를 고치자 이 잡지와 관계를 끊는다. 게다가 당시의 신문과 잡지들은 소로의 글이 이단적인 성향을 띤다는 이유로 게재하기를 꺼렸다고 전해진다.

또한 소로는 열렬하고 솔직한 노예 폐지론자였다. 그래서 도망 노예들이 캐나다로 탈출하는 것을 돕는 '언더그라운드 레일로드'[146]의 안내자로도 봉사했다고 알려져 있다. 소로는 탈주노예송환법Fugitive Slave Acts,[147] 노예 제도 폐지론자인 존 브라운John Brown의 처형을 강한 어조로 비판했다. 1859년에는 콩코드에서 "존 브라운을 위한 탄원Plea for Captain John Brown"이라는 제목의 연설을 하기도 했다.

소로는 죽기 2년 전인 1860년 2월 8일에 콩코드에서 "야생 사과Wild Apples"라는 제목으로 강연을 하는데 이것은 1862년에 〈야생 사과Wild Apples〉, 〈산책Walking〉, 〈가을의 빛깔Utumnal Tints〉 등과 함께 《애틀랜틱 먼슬리》지에 실리게 된다. 그리고 1862년 5월 6일 9시, 소로는 대학 시절부터 간헐적으로 그를 괴롭혀온 폐결핵으로 44년 9개월 24일이라는 짧은 생을 마감한다. 그는 콩코드 주위의 자연 현상에 대한 광범위한 기록, 미국 인디언에 대한 폭넓은 기록, 여러 권의 일기 같은 아직 끝을 맺지 못한 커다란 계획을 남겨둔 채 떠났다. 장례식에서는 친구 에머슨이 조사를 읽었다. "이 나라는 자신이 잃어버린 아들이 얼마나 위대한지를 아직 조금도 알지 못한다…그의 영혼은 가장 고귀한 사회를 위해서 만들어졌다. 그는 짧은 삶을 통해서 세상의 가능성들을 고갈시켰다. 지식이 있는 곳, 덕이 있는 곳, 아름다움이 있는 곳이라면 어디에서라도 그는 안식처를 발견할 것이다."148

(3) 소로의 사상적 기반—초월주의

소로의 어린 시절과 성년 초기인 1830년대에 미국의 북동부 지역인 뉴잉글랜드에서 세력을 모으던 '초월주의'는 소로의 전체적인 인격 발달에 두드러지게 영향을 준 사상으로 알려져 있다. 초월주의 운동은 청교도들이 신봉하는 엄격한 칼뱅주의를 반대한 유니테리언 교회 목사이자 소로의 절친한 후원자였던 에머슨에 의해 시작되었다. 초월주의 운동은 유니테리언주의Unitarianism[149]에 뿌리를 두고 있는데, 에머슨은 하버드 대학 신학부를 졸업하여 1829년에 목사가 되었지만, 기독교의 통찰력이 협소한 데 불만을 품고 1832년에 자신의 종교적 전통에서 벗어나 결국 초월주의라는 새로운 이념의 세속적인 사제가 되었다.[150] 그 후 그는 초월주의라는 사상적 운동을 통해 미국 문학과 철학의 진정한 개척자로 알려지게 된다. 초월주의의 첫 번째 텍스트는 1836년에 출간된 에머슨의 《자연Nature》이다. 이 책의 첫 페이지에서 에머슨은 자신이 몰두할 일생의 작업을 예고한다.

우리 시대는 회고적이다. 이 시대는 아버지들의 무덤을 세운다…앞선 세대들은 하나님과 자연을 직접 본 반면 우리는 그들의 눈을 통해 본다…정녕 우리는 전통이 아닌 통찰력의 시와 철학을, 그들의 역사가 아닌 우리의 계시에 의한 종교를 가질 수 없단 말인가?[151]

초월주의는 이렇게 에머슨을 비롯한 19세기 미국 뉴잉글랜드의 작가와 철학자들에 의해 하나의 운동으로 확산되었다. 이들은 그 당시 문화와 사회의 일반적인 상태에 대해 저항했다. 특히 유니테리언 교회에서 가르치는 교리 같은 전통이나 역사에 저항했다. 이들은 육체와 경험의 상태를 초월한 이상적인 정신 상태와 기성의 종교 교리가 아니라, 개인적인 직관을 통해 실현되는 이상적인 정신 상태를 핵심적인 신념으로 삼았다. 말하자면 "초월주의 사상은 이상주의 철학의 새로운 분출이었을 뿐 아니라 종교, 도덕, 예술, 정치에서의 문예 부흥이었으며 영적 물음과 자각이라고 요약할 수 있다".152 따라서 정치학자이자 하버드 대학 총장이던 로웰 Lowell은 초월주의 운동을 "그 형식과 신조에 눌려 표출되지 못하고 있던 청교도의 프로테스탄트 정신이 새로운 탈출구와 비상구를 찾아 나온 것"이라고 표현했다.153

따라서 이들은 "본질적으로 낭만주의와 개혁을 조화시켰다. 대중보다는 개인을, 이성보다는 감성을, 인간보다는 자연을 예찬했다".154 그리고 그들은 인습에서 자연으로의 복귀와 인위적인 복잡함으로부터 단순함으로의 복귀를 목표로 삼았고, 또한 누구든 자신의 힘으로 생각하고 자신의 손으로 노동해야 한다고 생각했다.155 또 "지식을 얻게 되는 경로로는 감각과 직관 두 가지가 있음을 인정했지만, 직관이 교육보다 우월하다고 주장했고, 이와 마찬가지로 정신과 물질은 공존하지만 정신의 실재는 물질의 실재를 넘어선다고 역설"했다. 이들은 "개혁을 위해 분투했지만 개혁은 단체나 조직이 아닌 개인에서 시작되어야 함을 강조"했는데, 소로는 이러한 개인주의를 철저하게 이어받았다고 한다.156

소로의 강한 개인주의는 그의 무정부주의와도 밀접하게 연결된다.157 그는 인간의 궁극적인 생존 조건은 원시인의 경우와 마찬가지로 개인적 자유라는 믿음을 가지고 있었기에, 개인에게 각자의 인격을 자유롭게 개발할 수 있는 길을 열어줘야 한다는 사회적 신조를 가지게 되었다. 따라서 소로는 "정부라는 것은 기껏해야 인간 사회의 과도기적인 단계에서 가능한 한 우리가 견뎌내야 하는 필요악이고, 정치학은 비현실적이고 믿을 수 없으며 하찮은 것"이라고 하여 무시했다고 알려져 있다.

또한 소로는 "사회는 개인의 노력에 의해서 개혁되어야 한다"라고 하면서 이러한 개인들에게 단순함이란 복음을 설파한 것으로 알려져 있다. 그런데 여기에서 "단순한 삶이란 인위적인 안락과 사치를 거부하면서, 실생활의 필수품인 음식, 집, 옷, 연료에만 의지하는 삶"을 말한다. 소로는 "자신의 실제 경험에 근거해 단순한 삶이 개인의 인격뿐 아니라 그 실천 정도에 따라서는 국가에도 힘, 용기, 자립을 가져다준다고 주장했다".158 그러나 소로는 이러한 삶을 실제로 살라고 하기보다는 이러한 실험적인 삶을 통해 진실을 시험해보기를 바랐던 것으로 얘기된다.

물론 소로는 이러한 개인주의뿐 아니라, 에머슨과 함께하는 동안 초월주의의 여러 기질 또한 받아들여야 했을 것이다. 솔트에 의하면 소로는 "모든 것을 따져보아야 했고 어느 것도 그대로 믿어서는 안 된다고 생각했으며 경험과 전통의 재가를 받았다고 하는 많은 관습을 거부하는 데 주저하지 않았다".¹⁵⁹ 심지어 그는 30년을 사는 동안 선배들로부터 가치 있는 조언을 들어보지도 못했다고 한다. 또한 그는 "한 젊은 이가 그의 생활양식을 따라 해보고 싶다고 얘기하자 사람들은 각자 자신만의 갈 길이 있고 자신의 부모나 이웃의 길을 가지 말도록 당부한 적이 있다"고 한다. 이렇듯 "그는 각 개인의 정신이 생존 경쟁으로 억압되고 왜곡되지 않으면서, 자신만의 자연스러운 기질적 성향을 따라 독특한 특질을 개발하는 것이 무엇보다 중요하다"고 생각했으며 "통상적인 관습에 안주하는 것을 몹시 싫어했다"고 한다.¹⁶⁰ 이러한 점에서 소로는 개인주의적 면모와 같은, 또는 전통보다는 개인의 자유로운 직관과 통찰력 등을 강조하는 것과 같은 초월주의의 여러 기질을 이어받았음을 알 수 있다. 하지만 소로는 부분적으로는 에머슨이 주장한 것보다 더 자신의 기질에 맞도록 '자연'에 실재성을 부여했다고도 한다.

그럼에도 어쨌든 소로는 비교적 어린 스무 살가량의 나이가 되던 1837년 가을에 초월주의자들의 모임에 합세한 후, 에머슨의 집에서 있던 정례 모임에 늘 참석하면서 누구보다도 그들의 기본 원리에 충실했으며 죽을 때까지 초월주의자의 삶을 살았다고 한다.¹⁶¹ 따라서 그가 월든 호수에 가서 단순하고 자족적인 삶을 영위하며 인생을 실험한 일, 정부의 정책에 저항하여 여러 해 동안 인두세를 납부하지 않고 감옥에 간 일, 존 브라운의 행위를 옹호한 일 등은 모두 그가 초월

주의 원리에 기반을 둔 사상을 펼쳤음을 보여주는 것이라고
한다.

3. 야생 자연을 노래한 에세이들

그의 생애에서 나타나듯이 소로는 너무도 다양한 일을 했
기에, 무엇을 한 사람이라고 한마디로 말하기가 어렵다. 하지
만 그를 소개할 때 제일 먼저 혹은 가장 흔하게 언급되는 것
은 바로 '미국의 위대한 자연 문학가'라는 말이다. 그만큼 그
는 자연에 대한 글을 많이 남겼다. 잘 알려진 바와 같이 이미
그는 《월든》에서 우리를 자연으로 초대한 적이 있다. 이 책
은 의심할 여지 없이 그의 걸작으로 평가받는다. 《월든》은 소
로 철학의 진수를 담고 있을 뿐 아니라 그의 작품 중 가장 강
렬하고 통렬한 문체로 쓰였다고 얘기된다. 하지만 《월든》 못
지않은, 혹은 어떤 점에서는 《월든》보다 우수한 에세이로 평
가받는 자연 에세이들이 더 있다. 그 가운데 여기에서는 소로
가 말년에 심혈을 기울인 저작으로서 소로의 철학을 응축하
고 있는 〈산책〉을 비롯하여 〈겨울 산책〉과 〈야생 사과〉를 소
개했다. 이 글들은 제목이 시사해주는 바와 같이 각각 나름대
로 특정한 주제와 소재를 다루지만 모두 야생의 가치를 노래
한다는 점에서는 공통적이다. 특히 〈산책〉은 야생 자연에 대

한 소로의 사랑을 가장 잘 표현한 에세이 중 하나이다.162 그렇다면 이제부터 이 책에 실린 글을 읽는 데 도움이 될 만한 몇 가지 관련 사항들을 간략하게 소개해보도록 하겠다.

(1) 〈산책〉

〈산책〉은 소로가 죽은 지 한 달 후인 1862년 6월에《애틀랜틱 먼슬리》지에 발표되었지만 그 자료의 대부분은 1850~1852년의 일기에서 발췌된 것이다. 그는 이 자료를 1851년과 1852년 강연 원고로 이용했고 다시 1856년과 1857년의 강연 원고로도 사용했다.163

《자연적 삶—소로의 세속적 초월주의Natural life—Thoreau's Worldly Transcendentalism》라는 책의 저자인 로빈슨David M. Robinson에 따르면 월든 호수에서 돌아온 소로는 아마 에머슨의 격려뿐 아니라 그의 지원에 대한 부담감으로 인해 강연자와 작가로서의 명성을 확고히 하기 위한 시도를 계속하게 된다.164 그런데 월든 호수에서의 삶에 대한 그의 강연들은 월든 호수에서의 유별난 삶을 설명하고 정당화하는 것이면서 2년여에 걸친 그의 실험에 대한 답변이기도 했다. 그러나 강연에서 그가 묘사한 고독한 삶과 월든을 떠난 마을에서의 그의 삶 사이에는 본질적으로 다른 점이 있었다. 따라서 소로는 그 차이에 대한 혹은 자신의 고향인 콩코드에서 꾸려나가고 있던 삶을 위한 새롭고 다소 다른 해명이 필요했다.165 그것이 바로 1851년 4월 23일 강연한 "산책, 혹은 야생Walking, or the Wild"이다.

소로는 "산책 혹은 야생"이라는 강연을 1851년에 두 번 했고 그것을 확장시켜 1852년에 "산책"과 "야생"이라는 두 개의 강연으로 분리했다. 이것은 소로가 생의 마지막 무렵에 출판을 준비했던, 지금 우리가 〈산책〉으로 알고 있는 에세이의 전신일 뿐 아니라, 1854년에 이루어진 그의 완성되지 않은 강연 "달빛Moonlight"과, 많은 보완을 거쳐 결국 사후에 〈원칙 없는 생활Life Without Principle〉로 출판된 "그것은 무슨 이익이 될 것인가What Shall It Profit"라는 강연의 전신이라고 한다.[166]

《새로운 소로 편람The New Thoreau Handbook》의 저자들인 하딩Walter Harding과 메이어Michael Meyer는 〈산책〉이라는 에세이는 소로의 짧은 작품들 중에서도 가장 체계화되어 있지 못하다고 얘기한다. 그리고 〈산책〉은 두 부분으로 나눌 경우 더 좋아졌을 수도 있었을 것이라고 지적하면서 글을 두 부분으로 나누어서 다룬다.[167] 첫 번째 부분은 용어의 기발한 어원을 추정하는 것으로 시작해서 매일 상당 시간을 시골 탐사에 보내는 미덕을 칭송하는 내용으로, 하딩과 메이어는 이 부분을 산책의 즐거움에 대한 매우 유쾌한 에세이라고 평가한다. 그러나 여기에서 산책은 야생 자연을 걸어 다니고 그저 야생을 찬양하는 것만을 의미하지 않는다. 전통이나 상식을 떠나 우리 정신세계의 야생성을 찾아 돌아다니는 사유의 산책을 의미하기도 한다. 즉 소로가 말하는 산책은 "시골길에서의 산책과 정신적 행로에서의 산책"이라는 두 가지 차원에서 이루어져야 하는 것이다. 그래서 "소로는 또한 독자에게 걷기란 익숙한, 즉 일상적인 삶을 떠나 '삶의 원천'으로 모험을 떠날 준비를 요구한다"고 말하는 것이다.[168]

그리고 하딩과 메이어는 에세이의 두 번째 부분은 "소로가 문명인들이 가끔 '자양분과 활력'을 위해 자연으로 돌아갈 필요가 있다고 이야기하는 '야생'에 대한 에세이"라고 평가한다.[169] 또 이들은 〈산책〉 끝부분의 몇 페이지는 거의 관련이 없는 매우 잡다한 단락들로 이루어져 있다고 평가한다. 하지만 어떤 이들은 이 부분이 산책이라는 주제를 벗어나 있어 다른 부분과 무관해 보이기도 하지만 전체적으로는 한 덩어리로 잘 짜인 이야기라고 평가하며 글의 내용을 서로 연관시켜 해석하기도 한다.[170] 그런데도 어쨌든 하딩과 메이어는 〈산책〉이 이전의 소로 에세이들이 지니고 있던 예리함에는 미치지 못하지만 〈원칙 없는 생활〉 다음으로 소로의 철학을 가장 간단하게 설명해주는 글이라고 평가한다.[171]

그런데 대부분의 사람들은 소로의 대표작으로 《월든》을 꼽지만, 《나의 헨리 데이비드 소로》의 저자 박홍규 교수는 〈산책〉을 소로의 주저라고 평가한다. 그는 이 에세이를 "야생을 절대적인 자유의 상태로 정의하고 아름다운 인공 정원

보다는 야생의 음울한 늪에서 살고 싶다고 선언한 책이고, 이러한 점에서 야생 지역 보호의 정신을 그 원형적 형태로 보여주는 작품인 동시에 정신성과 평등성을 상실한 미국 문명에 대한 통렬한 비판서"[172]라고 소개한다.

(2) 〈겨울 산책〉

소로의 많은 글이 우리말로 번역되었고 또 저작권이 소멸되었기 때문에 동일한 글이 국내에 여러 번역서로 나와 있다. 하지만 〈겨울 산책〉은 이번에 처음으로 번역되어 소개되는 것 같다. 이 에세이는 1841년 소로의 일기에서 처음 시작되기는 했지만, 소로가 비교적 젊었을 때인 1843년 10월에 에머슨의 엄격한 편집을 거친 후 《다이얼》지에 처음 실렸다. 그런데 당시 편집 과정에서 에머슨은 시 한 편을 통째로 빼버리기도 하고, 판에 박힌 표현을 싫어하여 많은 문장을 손질했다고 한다.[173] 그때 에머슨은 적어도 두 쪽 정도의 분량을 편집해서 줄였으며, 소로에게 판에 박힌 표현에 대한 불만을 노골적으로 드러낸 편지를 종종 보냈던 것으로 얘기되기도 한다.[174]

그렇더라도 혹자는 이 에세이가 현대의 독자에게는 소로의 가장 훌륭한 작품 중의 하나라고 평가한다. 그래서 웰커 Robert H. Welker와 같은 사람은 《새와 인간Birds and Men: American Birds in Science, Art, Literature and Conservation》이라는 저서에서 〈겨울 산책〉에 대해 다음과 같이 묘사한다.

아마도 소로가 이제까지 쓴 것 중 가장 감정을 자극하고 서
정적인 단편 산문 작품일 것이다…소로는 평범한 관찰을 초
월하려고…그리고 보다 깊이 보고 보다 섬세하게 반응하려
고 시도했다…자연에 대한 친밀하고 공감할 수 있는 관찰 방
식으로 소로는 유명해진 것이다…그는 자신을 낮추지도 않는
다. 그리고 그는 동물을 지나치게 인격화하지도 않는다. 그는
교화하지도 않는다. 대신에 그는 자신의 지식과 이해력이 허
용하는 데까지 그것들의 삶으로 가는 길을 발견한다…확실히
소로는 새로운 것을 말하고 있지는 않다. 하지만 그는 《월든》
을 즉시 수수하고 믿음직한 책으로 만들게 될, 그의 시대로부
터의 소외와 야생의 사물과의 보완 관계 둘 다를 예시하고 있
었다.175

〈겨울 산책〉은 그의 고향 마을인 매사추세츠 콩코드에서
온종일 산책한 것을 묘사한 글이다.176 그런데 하딩과 메이
어에 따르면, 이 에세이의 기풍spirit은 《월든》에서 자연을 기
술하는 최고의 부분들에 가깝다. 그리고 더 나중에 쓰인 책
들에서 때때로 여기에서 사용된 단어와 구절이 계속 되풀이
되어 나타나기도 하고 심지어 여기에서 묘사된 나무꾼의 오
두막이 《월든》에서 다시 등장한다고 지적한다. 그리고 이들

은 소로의 〈지주The Landlord〉(1843)와 〈겨울 산책〉은 같은 해에 처음 출판되었지만 똑같은 사람이 썼다고는 믿기 어려울 정도로 서로 다른데, 〈지주〉는 미숙해서 거의 어린애 수준이지만 〈겨울 산책〉은 소로가 최선을 다한 상태에서 쓴 것 같다고 말한다.[177] 아마 이 당시 소로가 스물여섯 살 정도였던 것을 감안한다면 이러한 사실을 충분히 이해할 수 있을 것이다. 그러나 어쨌든 〈겨울 산책〉은 그의 자연에 대한 뛰어난 통찰력과 묘사 능력을 보여주는 좋은 에세이임이 분명하다.

또한 미국 르네상스 신화와 문학 작가인 리처드슨Robert D. Richardson은 저서 《헨리 소로—정신적 삶Henry Thoreau: A Life of the Mind》에서 〈겨울 산책〉은 "계절에 중심을 두고 있는 최초의 여행 에세이"라고 말하면서 이 에세이가 소로가 새로운 이야기 기술에 숙달했음을 보여준다고 평가한다.[178] 실제로 이 글을 읽어나가다 보면 내가 소로와 같이 벌판을 걷고 있다는 생각이 불현듯 들기도 한다. 리처드슨도 이 에세이를 읽으면 독자는 소로가 자신에게 직접 이야기하는 것처럼 느낄 것이라고 말했다. 이는 소로의 정확하고 빈틈없는 필체가 독자들로 하여금 생생하게 현장감을 느끼게 하기 때문이기도 하고, 또 소로가 독자들에게 길동무의 역할을 하기 때문이기도 하다는 것이다. 리처드슨은 이러한 점을 "그는 실제로 함께 걷고 있던 사람들에 대해서는 좀처럼 언급하지 않지만, 독자들은 산책에서 결코 빼놓지 않는다"라고 표현한다.[179] 이는 우리가 소로의 글을 읽으면서 그의 이야기에 빠져들지 않을 수 없게 하는 요소이다. 특히 시골에서 자란 사람들이라면 소로 이야기의 많은 부분에 공감할 것이고, 실제로 소로와 함께 산책하고 있다는 착각에 사로잡히는 순간을 종종 접하게 될 것이다.

(3) 〈야생 사과〉

〈야생 사과〉는 '수상록familiar essay의 가장 성공적인 시도'라고 알려져 있다. 이것은 원래 이 적으로 성공을 거둔 1860년 2월 8일 콩코드 문화 회관에서의 강연을 위한 원고였다. 그 강연은 당시 최고로 평가받았으며 오랫동안 계속해서 박수갈채를 받았다. 그 내용은 일부는 1857~1860년의 일기에서 발췌됐지만 대부분은 1850~1852년의 일기에서 나왔다. 하지만 소로는 그것을 계속 다듬었고, 1862년에 비로소 《애틀랜틱 먼슬리》지에 발표했으며, 이후 이것은 빈번히 명문집에 수록되는 에세이가 되었다.[180]

〈야생 사과〉는 소로가 말년에 건강이 그다지 좋지 않은 상태에서 쓰고 손질했다고는 믿기 어려울 정도로 활력이 넘치는 글이다. 그리고 이 글에서 소로는 야생 사과를 두고 벌어지는 세상의 모든 현상들을 아주 놀라우리만큼 세밀하게 묘사하고 찬양한다. 전문적인 자연 관찰자답게 그는 사과에 대해서 흔히 알려져 있거나 보이는 부분뿐 아니라 우리가 생각하지 못하고 우리에게는 보이지 않던 부분까지도 모두 끄집어내어 생생하고 입체적으로 묘사한다. 소로가 살아 있다면 아직까지도 사과나무에 대해 끊임없이 이야기하고 있을 것이라는 느낌이 들 정도이다.

이 에세이의 주인공은 야생 사과이지만 소로는 야생 사과의 본성이나 정체를 파헤치는 것뿐 아니라 야생 사과와 유기적으로 관련된 것은 무엇이든지 입에 올린다. 그래서 끊임없이 야생 사과의 새로운 모습과 새로운 의미 그리고 그와 관련된 많은 다른 이야깃거리들이 꼬리에 꼬리를 물며 새롭게 탄생되는 것이다. 소로는 바로 이러한 식으로 사과뿐 아니라 사과 이상의 것들을 찬양하고 있다. 즉 그는 야생 사과를 통해서 자연사는 물론이고 우리의 인생, 역사, 신화, 전통에까지 손을 댄다. 소로는 이러한 식으로 야생 사과를 찬양하면서 끝부분에서는 그러한 것들이 야생의 모습을 잃고 결국은 스러져가는 모습에 대해 크게 아쉬움을 드러내고 있다.

로빈슨은 〈야생 사과〉의 이러한 점에 대해 "이 에세이에는 그 생생한 이야기체의 세부 묘사에서 나오는 부드럽고 아름답고 풍부하게 만드는 전염력 있는 즐거운 분위기가 있으며, 소로가 그렇게 열광적으로 묘사한 모든 것들의 소실을 슬퍼하는 만가 형식으로 결론짓는 분위기가 있다"[181]고 평가한다.

특히 로빈슨은 소로가 야생 사과를 맛보는 장면에서 드러나는 정신적인 것과 물질적인 것의 조화에 대해 얘기하는데,

그에 따르면, 소로의 말대로 "이러한 10월 과일의 야생적이고 짜릿한 풍미를 음미하기 위해서는 살을 에는 듯한 10월과 11월의 냉기를 호흡"해야 하고 이렇게 야생 사과를 맛볼 때 맛보기는 "다섯 가지 감각 중 하나 이상의 것이 된다". 그리고 그 맛보기는 "모든 육체적이고 정신적인 힘들의 조화이며, 더 나아가서는 우리를 둘러싸고 있는 자연의 에너지들과 심신의 조화"를 나타내는 것이다. 그래서 과일을 맛보는 것은 그 과일의 일생과 그 과일이 나타내는 것의 일부가 되는 것이고, 그것을 생산해낸 고유의 환경이나 조건들과의 관계, 친밀감, 귀속 의식 등을 발견하는 것이라고 한다. 따라서 우리가 사과를 맛보기 위해 우리의 힘은 절정의 상태에 있어야 하고 완전히 깨어 있어야 한다는 것이다. 즉 로빈슨은 "야생 사과의 맛보기는 우리가 그 맛을 맞이할 준비가 되어 있어야만 하는 식전의 감사 기도와 같은 것"이라고 얘기한다.182 이러한 점에서 본다면 소로의 〈야생 사과〉 또한 야생의 한 대용물로서의 야생 사과를 노래하는 것을 구실로 하여 우리에게 야생 자연과 하나가 되는 조화로운 삶이 어떠한 것일 수 있는지를 암시해주는 것이라는 생각이 든다.

어쨌든 소로의 〈야생 사과〉는 농약이나 비료 같은 각종 화학 물질을 사용해 크고 연하고 빛깔 좋게 재배된 개량종 사과를 선호하는 현대인들에게, 야생 사과의 가치는 물론이고 더 나아가 모든 야생적인 것들의 가치에 대해서 생각해보게 한다. 즉 우리와 야생 사과의 왜곡된 관계뿐 아니라 인간과 자연의 왜곡된 관계, 문명과 야생의 왜곡된 관계를 바로잡아 이 존재들과의 조화로운 삶을 회복할 수 있는 길에 대해 생각해보게 한다. 이것은 또한 왜곡된 물질적인 야생성을 회복하는 것뿐 아니라 관습이나 전통, 상식 등에 의해 왜곡된 정신의 야생성을 회복하는 것을 의미하기도 한다. 그렇다면 이제 우리가 회복해야 할 야생성이 무엇일 수 있는지에 대한 실마리를 찾기 위해 야생의 의미, 가치 그리고 야생에 대한 여러 가지 생각들을 검토해보자.

4. 야생의 가치와 야생에 대한 생각들

많은 사람들이 문명과 야생에 대해 여기저기에서 비판적으로 검토해왔지만, 여기에서는 문명과 야생에 관한 자세한 논의의 장을 펼칠 형편은 못 된다. 하지만 우리는 야생 자연을 노래하는 소로의 몇몇 글을 읽는 것을 계기로 야생의 의미와 야생에 대한 이념idea에 대해 잠시 간단하게 생각해볼 필요가 있다.

(1) 야생의 의미와 가치
영어의 'wild'에 해당하는 우리말 '야생野生' 또는 '야생적'

이라는 말은 '산이나 들에서 저절로 나서 자람, 또는 그런 생물'이라고 정의된다. 그런데 'wild'는 다양한 의미로 정의된다. 그중 사전에서 대표적인 의미라고 강조하는 것 몇 가지만 언급한다면 '길들지 않은, 사나운, 야생의, 황폐한, 황량한, 야만의, 거친, 광란의, 난폭한, 엉뚱한, 난잡한, 단정치 못한, 흐트러진' 등을 들 수 있다. 이렇게 본다면 '야생'이란 우리 인간에게는 위협적인 존재로, 거칠고 잔혹하고 위험한 것으로 보인다. 그러나 이러한 'wild'의 정의는 주로 부정적인 측면에서 이루어진 것이다. 과연 야생은 이렇게 난폭하고 거칠고 사나운 것이어서 길들여야만 하는 것인가? 서양의 철학이나 종교적 전통에서는 대부분 그렇게 생각했던 것 같다.

그리고 사전적 정의는 야생에 대한 우리의 일상적인 생각이나 이념을 그대로 반영한다고 볼 때, 이러한 정의가 아무런 이의 없이 통용된다는 것은 우리 모두가 야생에 대해 부정적인 측면만을 주로 보고 있음을 시사해준다. 그래서 게리 스나이더Gary Snyder는 《야생의 삶*The Practice of the Wild*》이라는 책에서 이러한 식으로는 야생의 '실체'를 제대로 알 수 없다고 하며 야생을 보는 관점을 바꾸어볼 것을 제안한다.[183]

스나이더에 따르면 옥스퍼드 영어 사전에서 '야생적' 혹은 '야성적'이라는 말은 동물에 적용할 때는 '길들이지 않은, 가축화되지 않은, 다룰 수 없는'이라는 의미로 쓰이고, 식물에 대해서는 '재배되지 않은', 토지에 대해서는 '거주하지 않는,

경작되지 않는', 작물에 대해서는 '사람이 경작하지 않고 생산되거나 산출되는', 사회에 대해서는 '문명화되지 않은, 거친, 법적 정부에 저항하는', 개인에 대해서는 '제지당하지 않는, 복종하지 않는, 방탕한, 방종한, 풀려 있는', 행동에 대해서는 '격렬한, 파괴적인, 잔인한, 다루기 힘든'이라고 정의된다는 점을 지적한다. 그런데 이는 앞에서도 언급했듯이 인간의 관점에서 '야생'을 부정적으로만 정의한 것이다. 이럴 경우 야생은 부정적이고 소극적인 가치만을 지니게 된다.

그런데 관점을 바꾸어서 다시 정의를 내린다면 '야생적'이라는 말은 동물에 대해서는 '각기 자신의 자질을 가지고 자연계 안에 살면서 자유롭게 행위하는 동물', 식물에 대해서는 '자체 번식하는, 자체 양분으로 유지하는, 타고난 성질과 조화롭게 번성하는 식물', 토지에 대해서는 '본래 잠재력이 있는 식물과 동물이 손상되지 않고 완전한 상호 작용을 하며 완전히 비인위적인 힘의 결과로 이루어진 지형이 있는 장소, 즉 오염되지 않은 장소', 작물에 대해서는 '다량의 열매나 씨앗을 산출해 식량 공급을 유지해주는 자연적으로 풍부한 야생 작물', 사회에 대해서는 '그 질서가 내부에서 생기며, 명시적인 법률이 아니라 합의와 관습의 힘으로 유지되는 사회, 스스로 그 지역의 원주민이자 영원한 주민이라고 생각하는 원초적 문화, 문명에 의한 경제적·정치적 지배에 저항하는 사회, 그 경제 구조가 지역 경제 구조와 긴밀하고 지역 경제를 지지해줄 수 있는 관계를 맺고 있는 사회', 개인에 대해서는 '지역의 관습, 스타일, 예절을 대도시나 가장 가까운 곳의 교역 장소의 기준을 염려하지 않고 따르는, 위협받지 않고 자신을 신뢰하며 독립적인 개인', 행동에 대해서는 '기교를 부리지 않는, 자유로운, 자연 발생적인, 제한받지 않는, 표현이 풍부한, 신체적인, 성적으로 개방된, 황홀한 행동'을 의미한다고 볼 수 있다. 이렇게 정의를 내리고 보면 '야생'이란 결코 부정적이거나 나쁜, 그래서 피하거나 길들여야 하는 것이 아니다. 이럴 경우 '야생'이란 긍정적이고 적극적인 가치를 지니는 것이다.

(2) 야생에 대한 생각들

이렇게 생각해보면 영어 사전에 나온 '야생'의 정의 배후에 깔려 있는 관점이 유일한 것은 아니다. 우리는 '야생' 혹은 '야생 자연'에 대해서 다양한 관점을 취할 수 있다. 이러한 점을 보다 분명히 하기 위해 여기에서 다시 야생에 대한 서로 상이한 입장들을 사례로 들어 비교해보는 것이 도움이 될 것이다. 그러면 먼저 데자르댕Joseph R. DesJardins을 따라 인디언들의 야생에 대한 생각을 유럽 이주민이자 개척자라고 할 수 있는 서양인의 생각과 비교해본 후, 데자르댕이 제시한 야생 자연을 보는 견해의 세 가지 모델에 대해 간략하게 검토해보도록 하자. 오갈랄라 수족Ogallala Sioux의 추장인 루서 스탠딩 베어Luther Standing Bear는 《항라머리검독수리의 땅 *Land of the Spotted Eagle*》(1933)이라는 저서에서 야생에 대해 다음과 같이 이야기한다.

우리는 넓고 탁 트인 평원을, 기복이 있는 아름다운 언덕을, 뒤엉켜 굽이치는 시냇물을 '야생적'이라고 생각하지 않는다. 백인들에게만 자연은 '야생 자연'이었고 백인에게만 그 땅은 '야생의' 동물과 '야만인'들이 '출몰하는' 곳이었다. 우리에게 그것은 유순한 것이었다…동쪽에서부터 털투성이의 험한 사람들이 와서 우리와 사랑하는 가족들에게 짐승같이 날뛰면서 부정한 행위를 저지르고 나서야 비로소 그것은 우리에게 '야생적인' 것이 되었다.[184]

그렇다면 야생은 아메리카의 원래 주인들에게는 본래 '유순한tame' 것이었다. 아마 이들에게는 자신들이 의존해서 살아가고 있던 "대지는 어머니"였을 것이고 "바람과 공기는 새들의 날개를 지 해주고 그들의 노래와 호흡이 되어주는" 고마운 존재들이었을 것이며 야생 동물들은 "젖을 나누어 먹는 그들의 형제들"이자 고마운 존재들이었을 것이다.[185] 이에 반해 원주민들에게는 자신들의 땅을 침탈하고 자신들을 위협하는 백인들이 일상적 의미에서 '야생적인', 다시 말해 야만적이고 사나우며 거칠고 난폭한 존재였을 것이다. 그래서 백인이야말로 길들여야 하거나 손을 좀 봐주어야 하는 존재였을 것이다.

그런데 원주민들과는 대조적으로 1620년에 메이플라워호가 플리머스에 도착했을 때 '동쪽에서 온 털투성이의 사람'인 마이클 위글즈워스Michael Wigglesworth[186]는 당시의 느낌을 다음과 같이 묘사했다.

> 황폐하고 쓸쓸한 야생 자연
> 거기에는 악마가 숭배하는
> 소름 끼치는 마귀와 야만인 외에는
> 아무것도 살지 않았다.[187]

이렇듯 유럽의 식민자들 중 한 사람이었던 청교도 성직자 위글즈워스는 그야말로 "섬뜩하고 황량한 야생 자연"을 만난 것이다. 당시 청교도들은 일반적으로 야생 자연을 "악마의 소굴"이며 "악마의 덫"에 걸린 "야만인", 즉 "사탄의 노예"로서 봉사하는 "짐승으로 변한 인간들"의 본거지라고 생각했던 것 같다.[188] 따라서 원주민에게는 고마운 삶의 터전인 야생 자연이 그들에게는 두려운 지역, 피해야 하는 지역이었으며, 극복하거나 정복해야 하고 길들여야 하는 적이며 위협이었을 것이다. 이렇게 야생 자연을 피해야 하는 두려운 지역, 정복하고 지배해야 하는 대상으로 보는 야생에 대한 입장을 '청교도 모델Puritan model'이라고 한다.[189] 이것이 데자르댕이 얘기하는 야생 자연에 대한 첫 번째 입장이다.

그런데 야생을 적이나 위협으로 보던 유럽의 이주민들이 야생 자연을 성공적으로 정복하고 지배하여 잘 길들일 수 있는 능력이나 힘을 가지게 되면 야생 자연을 보는 관점이 바뀌게 된다. 야생 자연은 이제 "좋은 삶을 영위하기 위한 자원의 공급처"로 보이게 되는 것이다. 일단 정복된 자연은 자연 자원과 동일시되며 야생 자연은 단순히 "개발되지 않은 자원의 보고"가 된다. 그래서 야생 자연은 이제 사람들이 필요에 따라 이용해먹을 수 있는 대상으로 생각되게 된다. 야생 자연을 이러한 식으로 보는 견해를 데자르댕은 '로크식 모델Lockean model'이라고 한다.[190] 그런데 야생 자연을 이러한 식으로 보게 되면 야생 자연의 가치는 그것을 길들이는 데 투입된 인간의 노동에 따라 혹은 그것이 인간의 목적이나 이익에 이바지하는 정도에 따라 결정된다. 다시 말해 야생 자연은 인간의 목적을 위한 도구적 가치나 수단적 가치를 가지는 것이다. 초기의 여러 환경 운동들은 이러한 로크식 모델을 따른 것이다. 야생 자연은 인간들이 보다 오래 이용해먹을 수 있기 위해, 지나친 남용으로부터 '보호 관리conservation' 되어야 하는 대상이 되는 것이다.[191]

그러나 데자르댕에 따르면 환경 운동에서 많은 사람들에게 영향을 크게 미치는 야생 자연에 대한 견해는 세 번째 입장인 '낭만주의 모델Romantic model'이다. 이러한 입장에서 야생 자연은 순수와 순결의 상징이며 아름답고 장엄한 존재로 영감의 원천으로서 가치가 있다. 그래서 야생 자연은 끝까지 훼손되지 않고 오염되지 않은 채로 남아 있어야 하는 대상이다. 말하자면 낭만주의 모델 입장의 사람들에게 야생 자연은 인간에 의해 사용되거나 훼손되지 않고 있는 그대로의 모습으로 '보전preservation'되어야 하는 것이다. 그런데 야생 자연을 보전하는 이유는 두 가지 차원에서 얘기될 수 있다. 하나는 야생 자연은 "종교적인 영감이나 현대 생활의 피난처, 심미적인 경험을 위한 장소" 등으로서의 도구적 가치를 갖기 때문에 보전되어야 한다는 것인데, 이 경우는 어떻든 간에 야생 자연을 개발하지 않은 채 내버려두는 것이 인간의 이익에 이바지한다고 본다.[192] 다른 하나는 야생 자연은 그 자체로 본래적 가치를 지니기 때문에 보전되어야 한다고 보는 입장이다.

어쨌든 이러한 견해를 가진 사람들은 야생 자연이 인간의 사용 목적을 위한 수단적 가치를 가지든 그 자체가 본래적 가치를 가지든 간에 소중히 여겨져야 하며 있는 그대로 보전되어야 한다고 주장한다. 데자르댕은 이러한 견해의 철학적 근원으로 장 자크 루소Jean Jacques Rousseau, 뉴잉글랜드 초월주의의 대표자들인 에머슨과 소로 같은 사람들을 꼽으면서, 야생 자연에 대한 낭만주의적 견해에 가장 처음 철학적 영향을 끼친 것은 에머슨과 특히 소로의 글이라고 본다. 데자르댕은 실제로 소로가 《월든》에서 야생 자연에서의 산책으로 "내 신경은 안정되고 내 감각들과 정신은 제대로 작동한다"[193]고 얘기한 것을 한 예로 제시한다.

5. 소로의 영향과 현대적 의미

이러한 야생 자연을 이해하고 평가하는 다양한 모델들은 현대의 환경 논의나 환경 보호 운동에 중요한 영향을 끼친다. 앞에서도 보았듯이 로크식 모델은 초기의 유명한 환경론자 기퍼드 핀쇼Gifford Pinchot[194]의 환경 정책에 상당한 영향을 미쳤고, 낭만주의 모델은 에머슨과 소로에서 시작해서 시에라 클럽의 창시자이기도 한 자연 보전론자preservationist 존 뮤어John Muir[195]에게로 그 영향이 이어졌으며, 뮤어는 다시 환경 윤리학의 고전으로 인정받는 〈땅의 윤리Land Ethic〉를 쓰기도 했고 야생 지역이 개발되는 것을 막기 위해 미국 산림청 안팎에서 정력적으로 일해온 숲 철학자 알도 레오폴드 Aldo Leopold에게 영향을 끼쳤다.[196] 그리고 현대에 와서는 마침내 1964년에 미국 의회에서 야생 자연 법안이 통과되어 야생 자연환경 지역이 상당한 보호를 받게 되었다. 이 법안에서 야생 자연은 "인간과 그 자신들이 하는 일들이 풍경을 지배하는 그러한 지역들과는 달리 지구와 그 생명 공동체가 인간에 의하여 방해받지 않는 지역, 인간은 거기에 단지 방문자로서만 머무르는 그러한 지역으로 인정되는 지역"[197]이라고 정의된다.

데자르댕에 의하면 1800년대 중엽에 이미 야생 자연에 대한 낭만주의적 이해와 더불어 야생 자연이 파괴되는 것을 애석해하는 생각이 싹텄다고 한다. 이러한 생각에서부터 야생 자연 지역의 보호를 주장하는 목소리가 나오게 되었는데, 예를 들어 이미 19세기 초반 10년 동안에 존 제임스 오더번John James Audubon[198]은 '산림의 파괴'를 한탄했다는 것이다. 그리고 소로도 1858년의 에세이에서 야생 자연보호 지역을 창설할 것을 요구하면서 "왜 우리는…곰과 표범 그리고 심지어 몇몇 사냥개 종들이 여전히 존재할 수 있는 국가 보호 지역, 그리고 '문명에 의해 지구의 땅 모양이 망가뜨려지지' 않는 그러한 국가 보호 지역, 즉 무의미한 스포츠나 먹이를 위한 것이 아니라 우리의 영감과 진정한 여가 활동을 위한…산림 지구를 가져서는 안 되는가?"[199]라고 역설한 바가 있다는 것이다.

이러한 소로의 외침을 비롯해서 야생 자연 보호 지역이 영감의 원천일 수 있다는 초월주의자들의 신념은 분명 뮤어에게 상당한 영향을 주었다. 뮤어는 야생 자연이 인간의 목적에 효과적으로 이용될 수 있도록 보호 관리되어야 한다는 핀쇼와는 달리, 야생 자연은 심미적 가치나 종교적 영감의 원천, 문명 생활로부터의 피난처이기에, 혹은 그 자체가 본래적으로 가치 있기에 소중하게 여겨져야 하고 있는 그대로 보전되어야 한다고 역설했다. 그는 미국의 국립 공원을 창설하는 데 중요한 역할을 담당하기도 하여 사람들은 그를 세계 최초로 국립 공원이라는 이름의 야생 자연 보호 지역을 만든, 국립 공원의 아버지라고 부르기도 한다. 이 같은 야생 자연에 대한 뮤어의 태도나 행적, 입장들은 대부분 에머슨과 소로의 낭만주의적인 야생 자연 모델에 기반을 두고 있다.

그러나 이렇게 뮤어는 물론이고 후세의 사람들에게 많은 영향을 끼쳤다고 평가받는 소로도 사실 생전에는 가까운 친구들과 뉴잉글랜드 지방의 초월주의자 모임을 벗어나서는 거의 알려지지 않은 인물이었다.[200] 대체로 소로는 당시에는 바로 잊힐 듯한 하찮은 작가로 취급되다가 오늘날에는 '위대한'이라는 수식어를 붙일 만한 몇 안 되는 19세기의 미국 작가로 취급되므로, 사람들은 그에 대한 평판을 두고 독특하며 역설과 모순들로 채워져 있다고 얘기한다.[201] 당시 유럽에서는 몇몇 사람들이 저마다의 이유로 소로의 책을 읽기도 했지만, 미국에서는 20세기에 접어들 때까지도 소로가 전혀 알려지지 않았고 주목받지 못했다고 한다. 1906년 초에 소로 전집이 출간되었을 때도 그는 그저 "숲속의 로빈슨 크루소", "문명에 대립한 자연주의자" 정도로만 알려져 있었다고 한다.[202]

그런데 소로의 문학적 명성을 높이는 데 가장 크게 기여한 사람은 소로의 전기 작가 헨리 솔트였다.[203] 그는 소로에 관한 수많은 평론을 발표하고 자신의 저서에서도 소로에 대해 자주 언급했으며 몇 권의 소로 선집을 편집하기도 했다. 소로에 관한 솔트의 저서 중 가장 중요한 것은 1890년에 간행된《헨리 데이비드 소로*Life of Henry David Thoreau*》라는 책이다. 이 전기는 아직까지도 소로에 대한 가장 설득력 있고 공감이 가는 전기로 평가받는다.[204]

그런데 사실 무엇보다도 소로를 유명하게 만든 것은 〈시민 불복종〉이라는 에세이이다. 이 에세이를 읽은 이들이 주로 소로를 유명 인사로 만드는 데 기여했는데, 특히 톨스토이가 1900년경에 우연히 이것을 읽게 된다. 톨스토이는 이 글에 감동을 받아 국가를 거부하는 모범을 보인 소로를 찬양하고 "개인은 양심에 따라 비폭력적인 행동을 해야 한다"고 강조했다.[205]

그리고 톨스토이뿐 아니라 간디 또한 소로를 읽었고 그의 영향을 받았다. 간디는 런던에 있을 때 소로의 전기를 쓴 솔트를 만나 그가 편집한 소로 선집인《반노예제와 개혁론 *Anti-slavery and Reform Papers*》(1980)을 읽었고, 1906년경에는 남아프리카 요하네스버그에서《월든》을 읽었다고 한다. 또 확실치는 않으나 그는 1907년 런던에서 법률을 공부할 때 〈시민 정부에 대한 저항〉에 관심을 갖기 시작했다고 알려져 있다.[206] 그는 이러한 과정에서 자신의 비폭력 저항 사상을 형성한다. 이 밖에도 이 에세이는 20세기의 많은 정치적 운동에 영향을 주었는데, 특히 1960년대에 마틴 루서 킹이 소로의 영향을 받아 자신의 연설과 글에서 시민 불복종을 자주 언급했다. 이로써 "소로는 흑인 인권 운동, 더 나아가서는 1960년대를 특징지은 정치적 저항 문화와 밀접하게 연결되어 있다".[207]

다른 한편, 1970년대와 1980년대에 환경 운동이 고조되기 시작하면서 《월든》을 비롯한 소로의 자연 에세이들도 자연의 가치를 평가하기 위한 보다 새롭고 강력한 시금석으로 작용했으며, 결국 이 에세이들은 그의 사후 몇십 년 동안 에머슨과 존 뮤어와 함께 시작된 미국 환경 운동의 발단을 이루게 되었다.[208] 이제 수많은 애호가들이 월든 호수를 성지처럼 순례하고 있고, 소로는 환경 영웅 또는 미국 자연 문학의 아버지가 되었으며 소로가 없었다면 환경 운동이 탄생할 수 없었을 것이라고까지도 얘기되고 있다. 그리고 〈산책〉에 나오는 "세계의 보전은 야생에 있다"라는 중요한 문구는 시에라 클럽의 슬로건이 되었으며 소로에게서 나온 다른 슬로건들도 인기 있는 범퍼 스티커가 되어 있다.[209] 이렇듯 환경과 자연 문학에 미친 소로의 영향은 막대한 것이다.

하지만 소로의 업적과 영향이 지대하다고 해도 우리는 그의 생각, 예를 들어 이 책의 주요 주제인 야생 자연에 대한 생각, 즉 앞에서 낭만주의 모델이라고 일컬은 소로의 생각을 수용하는 데 다소 신중한 태도를 취할 필요가 있다. 야생과 관련해서는 사실 많은 생각거리나 논의거리들이 존재하고 현재 미해결의 상태로 진행 중에 있기 때문이다. 예를 들어 소로가 야생의 가치를 노래하고 찬양한다면 그 야생의 가치는 무엇이고 어디에 어떠한 식으로 놓여 있는 것인가? 그는 야생을 정확하게 기술하고 있기는 했는가? 야생에는 과연 어떤 절대적인 가치나 본래적인 가치가 있는가? 그래서 그러한 가치에서 우리가 야생을 항상 소중히 여기고 찬미해야 한다는 당위가 따라 나오는가? 우리는 이러한 문제를 포함해 야생 자연에 대해 생각할 때 가치에 기초하여 윤리적인 규범이나 정치적인 정책을 도출해내는 과정의 문제에 대해서도 분명히 해둘 필요가 있다. 물론 야생 자연이 영감의 원천이며 아름답고 경외감을 준다는 낭만주의 모델의 생각에도 분명 의미가 있지만 약간의 문제점도 존재한다. 그럼 데자르댕이 지적한 이러한 문제점 네 가지를 간략하게 검토하면서 우리가 소로와 더불어 야생 자연에 대해 무엇을 더 고민해야 하는지를 살펴보도록 하자.

우선 데자르댕은 낭만주의 모델이 손상되지 않은 야생 자연을 아름답고 장엄한 이미지와 연결시키거나 비교적 친근하고 온화한 곳으로 보는 경향이 있다고 지적한다.[210] 낭만주의 모델이 그리는 풍경은 수풀이 우거진 숲, 덤불이 없는 탁 트인 초원과 수풀, 장관을 이루는 석양, 풍부한 식량 자원, 가축, 온화한 기후 등을 연상시키지만, 야생 자연은 때로 실제로는 거친 곳일 수 있다. 실제로 사막이라든가 북극의 툰드라 그리고 열대 우림과 같은 야생 자연은 소로가 월든 호숫가를 산책하면서 느꼈던 낭만적인 자연의 모습이 전혀 아닐 수도 있다.

두 번째 문제는 낭만주의 모델이 야생 자연을 어느 특정한 시점에 존재했던 이상화된 모습과 동일시하는 경향이 있다는 점이다.[211] 예를 들어 북아메리카와 오스트레일리아의 환경론자들은 유럽 이주민들이 처음 도착하기 전의 그 땅을 낭만적으로 묘사한다. 그러나 유럽인들이 발견한 많은 지역은 이미 원주민들이 오랫동안 살면서 이용하던 땅인데 낭만주의적 견해는 그러한 사실을 의도적으로 무시해버리거나 왜곡하는 문화적 편견에 사로잡혀 있다는 것이다.

세 번째로 낭만주의 모형은 인간들을 자연과 분리된 것, 말하자면 자연으로부터 영감을 얻어내지만 그것과 근본적으로 다른 어떤 것으로 볼 수 있다는 점을 지적한다. 손상되지 않은 자연은 비록 우리로 하여금 초월적 실재와 가장 가까이 접촉하게 하기는 하지만 여전히 초월적인 인간 정신보다는 저급한 물리적 실재의 부분으로 남아 있다는 것이다. 이는 인간은 자연의 일부라는 많은 생태 중심적 윤리학의 견해와 배치된다.

끝으로 지적할 수 있는 것은 낭만주의 모델은 야생 자연을 정적이고 불변하는 것으로 보는 경향이 있다는 것이다.[212] 낭만주의 모델은 우리가 야생 자연을 그냥 내버려둔다면 자연 상태로 손상되지 않고 보존되리라고 본다는 것이다. 그러나 이러한 가정은 문제가 많다. 지구상의 어떤 지역도 인간 활동에 영향을 받지 않은 곳은 없다. 심지어 어떤 지역을 보호하기 위해 그곳을 야생 자연 보호 지역으로 결정하는 것 자체도 야생 자연을 인간 활동에 의존하게 만든다. 야생 자연을 일정하고 변치 않아야 하는 것으로 보는 것은 생태학적 사실에 들어맞지 않는다. 그러므로 이제 야생 자연은 정적인 것이라기보다는 동적인 것으로 이해되어야 한다. 이것이 생태학적 사실에 더 부합하는 것이다. 변화와 진화가 정상적인 것이고 오히려 제일성uniformity[213]과 불변성이 예외적인 것이다. 따라서 우리는 변화도 불변성만큼 정상적인 상태라는 것을 인정하는 일관된 철학적 윤리학을 발전시킬 필요가 있다.

그런데 사실 더 큰 문제는 야생 자연이 정적이건 동적이건 간에 소로가 찬양한 또는 우리가 추구해야 하는 이상적인 야생 자연의 상태나 모습이 무엇이고 무엇이어야 하며 또 과연 그러한 상태가 존재할 수 있는가 하는 것이다. 예를 들어 야생 자연이 정적이라면 그것은 어떠한 모습으로 머물러 있는 것이 이상적인가? 또 동적이라면 누구에 의해서, 어떠한 속도로, 어떠한 모습으로 변해가는 것이 이상적인가? 이상적인 자연의 변화라는 것이 있기나 한 것인가? 그러나 자연의 이상적인 정적 상태나 동적 변화라고 일컬을 만한 것은 없는 것처럼 보인다. 다시 말하자면 "생태학적 본래성"214 혹은 생태학적 온전성integrity이라고 표현되는 자연의 본래 모습이나 자연의 적절하거나 이상적인 존재 양상은 없는 것처럼 보인다. 혹시 어딘가에 있다 해도 그것을 알아내기란 쉽지 않을 듯하다. 그렇다면 소로는 야생에 대해 무엇을 소중히 여겼고 무엇이 가치 있다고 찬양한 것인가?

이제 우리는 이 문제를 야생 자연의 이상적인 상태의 문제로서보다는 야생 자연과 인간의 이상적인 조화의 문제로서 생각해볼 필요가 있다. 야생 자연의 가치는 인간적 가치의 함수라고 볼 수도 있다. 그렇다면 야생 자연은 어떤 생각을 가진, 어디에 사는 그리고 어떤 사람과 가치의 함수 관계에 놓일 수 있는가? 야생의 가치와 인간의 가치는 어떠한 관계에 있을 때 가장 이상적인가? 야생의 가치와 야생 자연의 보호에 대해 분명하게 논의하기 위해서는 이러한 문제에 대한 적절한 철학적 설명이 필요하다. 하지만 여기에 대해 일시적이며 잠정적인 대답을 제시할 수는 있겠지만, 많은 철학적 문제들이 그러하듯, 모든 사람들이 만족하는 결정적인 답을 마련하는 일은 그리 쉽지 않아 보인다. 어쩌면 이 문제는 우리의 영원한 숙제로 남을지도 모른다. 그렇다면 여기에서 포기해야 하는가? 그렇지는 않다. 우리는 완결된 최종적인 답을 구할 수 없다 해도 답을 얻기 위한 노력은 계속해야 할 것이다.

나는 일단 그 답을 소로를 통해서 찾아보라고 권하고 싶다. 그렇다고 답을 얻기 위해 소로를 그대로 답습하라는 이야기는 아니다. 소로를 흉내 내어 오두막이라도 짓고 숲속에 들어앉아 매일 네 시간 이상 숲속을 거닐며 야생을 찬미하라는 이야기도 아니다. 불행인지 다행인지 모르겠지만 우리는 과학 기술 시대라고 일컬어지는 최고로 발전된, 아니 어쩌면 너무 지나치게 발전된 문명의 시대를 살아가고 있다. 그렇기에 문명을 떠나 야생에 동화되어 야생의 틀 속에서만 살기도 어렵게 되었고 그렇다고 문명이라는 틀 속에서 문명의 혜택에만 의존해서 살 수도 없는 노릇이다. 그렇다면 문명과 야생, 인간과 자연, 나와 야생 자연환경이라고 일컫는 것들의 적절하거나 이상적인 조화 속에서 살아가야 할 것인데, 과연 그러한 조화로운 삶이란 있기나 한 것인가? 있다면 어떠한 것인가? 누구든지 이쯤에서 소로와 함께 사유의 산책을 통해 그 답이 무엇일지 잠시나마 깊이 생각해보는 시간을 가질 필요가 있다. 문명의 발전으로 인한 환경 파괴, 환경오염, 환경 위기로 우리 자신의 생명과 삶의 터전이 위협받고 있는 시대에는 아무도 그러한 고민으로부터 자유롭지 않을 것이기 때문이다. 강렬하고 통렬한 문체로 야생 자연을 세세하게 묘사하고 노래하는 소로의 글 속에는 분명 참고할 만한 문제 해결의 실마리가 있을 것이다.

1 여기서 'walking'과 'sauntering'이라는 말이 같이 등장하는데 그 의
미는 유사하다. 따라서 둘 다 '산책'으로 번역하는 것이 가능하기는
하지만 일단 여기에서는 두 단어를 구분해 'walking'은 '산책'으로
'sauntering'은 '소요逍遙'로 번역했고, 이후에는 간혹 'sauntering'이
라는 표현이 등장해도 혼란을 줄이기 위해 모두 '산책'으로 번역하기
로 한다.

2 번역 대본에는 'sunterer'로 표기되어 있으나 다른 판본들을 확인한
결과 오자임이 분명하여 'saunterer'로 읽었다.

3 은자 베드로Peter the Hermit(대략 1050~1115)는 남루한 차림으로 당
나귀를 타고 마을을 돌며 대중들에게 십자군 원정을 설교한 인물이
다. 감정에 호소하는 열변으로 청중들을 홀려 수천 명의 사람들을
십자군으로 끌어들인 것으로 알려져 있다. 그는 프랑스와 독일에서
농민 대중을 상대로 무작위로 십자군을 모집했는데, 거기에는 여성
과 어린이도 포함되어 있었다고 한다.

4 〈로빈 후드의 무훈담Gest of Robyn Hode〉. 대략 1500년경에 처음 인
쇄된 작자 미상의 영국 시로 알려져 있다.

5 나폴레옹 보나파르트Napoléon Bonaparte(1769~1821)를 말한다.

6 여기에서 '낙타처럼 걸어야 한다'는 것은 낙타가 되새김질을 하듯이 일상의 경험들을 거듭 사색하면서 걸으라는 이야기일 듯하고, '워즈워스William Wordsworth의 연구실이 집 밖에 있다'는 것은 워즈워스가 연구실에서보다는 집 밖에서 낙타처럼 산책을 하며 시를 썼다는 것을 의미하는 것으로 보인다.

7 여러 개의 기둥을 나란히 세운 현관을 말한다.

8 서부 아프리카에 있는 나라 베냉의 옛 이름이다.

9 쥐목 다람쥣과에 속하는 뚱뚱한 몸체의 동물이다.

10 로마의 문법학자이다.

11 인도의 신화에 나오는 첫 번째 인간으로, 중요한 산스크리트 법전인《마누스므르티Manu-smṛti》의 전설적인 저자이다.

12 8세기 그리스의 서사시인으로,《일리아스Ilias》와《오디세이아Odysseia》의 작가이다.

13 아메리카America는 이탈리아의 탐험가의 아메리쿠스 베스푸치우스 Americus Vespucius(1451~1512)의 이름을 딴 것이다.

14 유럽, 아시아, 아프리카를 말한다.

15 초서Geoffrey Chaucer의 〈캔터베리 이야기의 서언〉에서 인용한 것으로 알려져 있다.

16 최초로 대서양 횡단 정기 항로용으로 만들어진 영국의 목조 여객기선이다.

17 바닷속에 잠겨버렸다는 대서양의 전설의 섬이다.

18 그리스 신화에 나오는 여신들로, 헤라가 제우스와 결혼할 때 가이아로부터 선물로 받은 황금 사과나무를 지켰다고 한다.

19 스페인 중부에 있던 옛 왕국이다.

20 중세 스페인 왕국이다.

21 영국 시인 존 밀턴John Milton(1608~1674)의 〈리시다스Lycidas〉를 인

용한 것으로 알려져 있다.

22 미쇼André Michaux(1747~1802)는 프랑스의 식물학자로, 주로 미국 동부에서 활동했다.

23 훔볼트Alexander von Humboldt(1769~1859)는 독일의 박물학자이자 탐험가로, 1799년에서 1804년까지 미국 남부와 중부를 탐험했다.

24 기요Arnold Henry Guyot(1807~1884)는 스위스의 지리학자이다.

25 뷔퐁Georges-Louis Leclerc de Buffon(1707~1788)은 프랑스의 박물학자 이다.

26 카롤루스 린네Carl von Linné(1707~1778)는 스웨덴의 식물학자이다.

27 라인강을 끼고 있는 매력적인 유적들이다.

28 미국 동부 아이오와주 미시시피강가에 면해 있는 도시이다.

29 로마 신화에 따르면 군신軍神 마르스의 아들들로, 늑대의 젖을 먹고 자랐으며 로마를 세운 것으로 알려져 있다.

30 남아프리카의 미개 인종이다.

31 롤레인 고든 커밍Roualeyn Gordon-Cumming(1820~1866)은 아프리카 의 사냥에 관한 글을 쓴 영국의 작가이다.

32 남아프리카산 큰 영양이다.

33 벤 존슨Ben Jonson(1573~1637)은 영국의 극작가이다.

34 1로드는 약 5~6미터이다.

35 알리기에리 단테Alighieri Dante(1265~1321)는 이탈리아의 시인이다.

36 영국에서는 무법자들의 소굴, 즉 로빈 후드 같은 추방된 사람들이 모이는 곳을 연상한다.

37 '자연에 대해서 소로에게 만족할 만한 설명을 해줄 문학'을 의미하 는 것으로 생각된다.

38 용혈수龍血樹는 백합과의 상록 교목으로 높이는 20미터 정도이며 아프리카 카나리아섬이 원산지이다.

39 말하자면 상식과 같은 것이다.

40 미나리아재빗과에 속하는 식물이다.

41 독수리의 머리와 날개에 사자의 몸통을 한 괴수를 말한다.

42 니엡스Joseph Nicéphore Niepce(1765~1833)는 프랑스의 화학자로,
1827년에 처음으로 사진을 발명했다.

43 용을 퇴치하여 고대 그리스의 도시 테베를 건설하고 알파벳을 그리
스에 전했다는 페니키아의 왕자이다.

44 1826년 런던, 1829년 보스턴에 세워진 조직으로, 독학을 하는 데
이용할 수 있는 저작들을 출판하기 위해 만들어졌다.

45 이것은 페르시아만 연안에 있던 고대 왕국 칼데아(바빌론)에서 온
것으로 생각되는데, 기원전 7세기에서 기원전 6세기경 자라투스트
라라고 알려진 페르시아의 예언자 조로아스터Zoroaster에 기원을 두
고 있는 것으로 추정된다.

46 인도의 신화 성시집聖詩集 중 하나. 혹은 인도의 산스크리스트어 경
전이다.

47 버니언John Bunyan(1628~1688)은《천로역정The Pilgrim's Progress》의 저
자이다.

48 마호메트(570~632)는 이슬람교를 창시한 아랍의 예언자이다.

49 17세기에 잉글랜드와 스코틀랜드 국경에 출몰한 늪지의 산적, 혹은
국경을 횡행하던 도둑을 일컫는다.

50 철쭉과의 낙엽 활엽 관목이다.

51 건물의 옆면에서도 지붕면이 용마루까지 올라가, 측면에 삼각형의
벽이 생기는 지붕을 말한다.

52 동·식물체에 발생하는 무해한 이상 생성물로 사마귀나 혹 같은 것
을 말한다.

53 프랑스의 식민 지배를 받던 베트남 남부 지역을 유럽인들은 이렇게

불렀다.

54 나무 높이가 30미터에 이르는 북미산 소나뭇과의 상록 침엽 교목이다.

55 그리스 신화에 나오는 예술과 학문을 관장하는 여신들이다.

56 선량한 사람들이 죽은 후 사는 곳을 말한다.

57 태양계에서 가장 큰 소행성으로, 소행성대에서 처음으로 발견되었다.

58 번역 대본에는 'Tartarian'으로 표기되어 있으나 다른 판본에는 'Tartarean'으로 되어 있다. 오자임이 분명하므로 여기서는 'Tartarean'으로 읽었다.

59 로마 신화에 나오는 명부冥府의 왕으로, 그리스 신화의 하데스에 해당한다.

60 그리스 신화에서 지하 세계를 흐르는 강 가운데 하나로, 삼도천三途川이라고 한다.

61 활이나 무지개와 같이 한가운데가 높고 길게 굽은 형상 또는 그렇게 만든 천장이나 지붕을 말한다.

62 냉기와 온기가 접촉하여 발생하는 안개를 말한다.

63 미국의 중앙 또는 동부에서 10월 말이나 11월에 계절에 맞지 않게 건조하고 온난한 날씨가 나타나는 기간을 말한다.

64 스칸디나비아의 북부 지역으로, 아시아계 소수 민족인 라프족이 사는 노르웨이, 스웨덴, 핀란드 및 러시아의 일부를 포함한다.

65 캐나다 본토 북동쪽의 퀘벡 북부와 뉴펀들랜드를 포함하는 커다란 반도이다.

66 인디언 부족의 이름이다.

67 물여우는 분비액으로 원통 모양의 고치를 만들고 그 속에 들어가 물 위를 떠돌아다니면서 작은 곤충을 잡아먹는데, 소로는 그것을 묘사한 것 같다.

68 시리아 중부에 있던 고대 도시이다. 헬레니즘 시대부터 로마 시대에 걸쳐 대상隊商 도시로 번영했으나 4세기 이후 폐허가 된다.

69 북미산 호두나뭇과의 나무이다.

70 카시오페이아자리의 다섯 개 별을 말한다.

71 충전물wadding은 발사체 뒤에 가스를 밀봉하거나 화약을 탄환과 분리하기 위해서 사용하는 원반 모양의 재료이다.

72 '무사Musa의 아버지'라는 의미의 아랍 이슬람계의 사람 이름으로 보인다.

73 꼬치고깃과의 대형 민물고기로, 몸길이가 45~76센티미터에 달한다. 입은 뾰족하게 툭 튀어나와 있고 몸통은 길다. 전체적으로 짙은 초록색을 띠며, 등은 올리브색에서 갈색을 띤다.

74 약 800미터의 거리이다.

75 사초과의 여러해살이풀이다.

76 왜가릿과의 겨울새이다.

77 밴쿠버 섬 서쪽 해변에 있는 만이다.

78 기둥 위에 걸쳐놓은 수평의 쇠시리와 띠 장식을 말한다.

79 타키투스Publius(Gaius) Cornelius Tacitus(56~117)는 로마의 역사가다.

80 눈동자, 매우 소중한 것이나 사람을 의미한다.

81 탄탈로스는 지옥에서 목까지 차는 물속에 서 있었지만 물을 마시려 하면 물이 다른 곳으로 흘러가버려 마실 수 없고, 또 머리 바로 위에 과일들이 매달려 있었지만 그가 그 과일을 잡으려 하면 바람이 흔들어 잡을 수 없었다고 한다.

82 그리스 소요학파 철학자로, 아리스토텔레스의 제자이다.

83 노르웨이 신화에 나오는 인물로, 봄 또는 회춘의 여신이자 시신詩神 브라기의 아내이며, 신들이 젊음을 유지하기 위해 먹어야 하는 신비한 불사不死의 사과를 지켰다고 한다.

84 고대 노르웨이어로 '신들의 운명'을 의미하며, 스칸디나비아 신화에서 신과 인간 세계의 종말을 일컫는 말이다.

85 스코틀랜드 북부 및 북서부 지방을 말한다.

86 라우든John Claudius Loudon(1783~1843)은 스코틀랜드의 식물학자다.

87 로마의 정치가이자 박물학자이자 백과사전 편집자이다.

88 영국 잉글랜드 동부의 주이다.

89 기독교 축일의 하나로, 성 미카엘 대천사의 축일이다.

90 로마 신화에 나오는 과실의 여신이다.

91 "모든 자연적인 산물들에는 그것들의 최고 가치를 나타내는 휘발성의 공기 같은 무형의 성질"이 있는데, 여기서는 야생 사과가 '수레를 끄는 소'나 '모는 사람', '시장으로 가는 손수레' 등과 같은 자연의 다른 대상들과 역동적으로 상호 작용하면서 그것의 그러한 '휘발성의 성질'을 '수증기처럼' 내뿜는 모습을 묘사한 것 같다.

92 북유럽 신화에 나오는 파괴와 재난의 신이다.

93 아이슬란드에 거대한 폭풍과 추위를 몰고 오는 신을 말한다.

94 북유럽 신화에 나오는 거인족Jotun들의 나라로, 미드가르드의 변두리 산중에 있다고 한다.

95 벵골보리수banyan tree 혹은 반얀나무라고 하는 인도산 교목이다. 가지에서 허공으로 뿌리가 늘어져 내려오다가 땅에 닿으면 뿌리를 박고 그것이 새로운 줄기가 된다. 키는 30미터 정도까지 자라며 무한정 옆으로 퍼지는 특징이 있다. 그리고 뿌리와 줄기가 뒤엉키기 때문에 한 그루의 나무가 매우 빽빽한 수풀을 이룬 것처럼 보이는데, 소로는 받침목을 받친 사과나무의 모습을 이에 비유한 것으로 보인다.

96 브랜드John Brand(1744~1806)는 영국의 골동품 애호가다.

97 잉글랜드 남서부의 데번 주의 옛 명칭이다.

98 헤릭Robert Herrick(1591~1674)은 영국의 시인이자 목사다.

99 수관이라고도 하는데, 나무의 줄기와 잎이 많이 달려 있는 줄기의
윗부분으로, 침엽수는 원뿔 모양을 이루고 활엽수는 반달 모양을
이룬다.

100 산방화서徹房花序라고도 하며, 아래에 위치할수록 꽃자루가 길어 꽃
이 거의 평면을 이루어 늘어서면서 피는 무한 꽃차례를 말한다.

101 사과, 포도, 자두, 살구 따위의 풋과일에 들어 있는 유기산의 하나다.

102 원문에는 'Van Cow'로 되어 있는데 문맥상 암소를 밴 몬스에 비유
하여 쓴 것으로 보여 '암소 밴 몬스'라고 번역했다.

103 1700년대에 등장한 사과 품종 중의 하나이다.

104 일반적으로 사전에는 남유럽산 감귤류나 둥근 서양배의 일종이라
고 되어 있지만 꿀풀과에 속하는 북아메리카산 여러해살이 식물을
말하기도 한다.

105 문맥상으로는 사과 이삭줄기를 이야기하는 것 같으나 이 단어는 그
러한 의미로 정의되지는 않는 것 같다.

106 영국 잉글랜드 서부의 옛 주로, 1974년에 헤리퍼드 우스터주로 편
입되었다.

107 문맥상으로는 수확하고 나무에 남겨둔 사과를 일컫는 말로 생각되
는데, 적절한 번역어를 찾지 못했다. 우리나라에서도 과일을 모두
수확하지 않고 한두 개 남겨두는 것을 '까치밥'이라고 불렀다. 까치
가 쪼아 먹도록 남겨두었다는 의미일 것이다. 이 단어도 비슷하게
생각하면 될 것이다.

108 꽃을 피우지 않는 은화 식물의 일종인 균류와 조류의 공생체로, 균
류는 조류를 싸서 보호하고 수분을 공급하며, 조류는 동화 작용을
해 양분을 균류에 공급한다. 나무껍질이나 바위에 붙어서 자라는
데, 열대, 온대, 남북 양극에서부터 고산 지대까지 널리 분포한다.

109 238~530리터들이를 말한다.

110 호박의 덩굴을 해치는 악취 나는 벌레이다.

111 그리스 신화의 발이 빠른 여자 사냥꾼으로 유명하다. 태어나자마자
아버지가 내다 버렸는데 곰이 젖을 먹여 키웠다. 칼리도니아의 멧
돼지 사냥에 참가해 자신과 달리기 시합을 해 이기는 남자와 결혼
하겠다고 제의해 자신에게 진 남자들은 창으로 찔러 죽였다. 그러
나 히포메네스와의 경주에서는 그가 아프로디테에게서 받은 헤스
페리데스의 황금 사과 세 개를 떨어뜨리자 그것을 주우려고 멈췄다
가 시합에서 지고 말았다.

112 탑셀Topsell이 번역한 게스너Conrad Gesner의 동물학 서적으로 생각
된다.

113 고슴도치과 포유동물로 몸길이는 70센티미터 정도이며, 부드러운
털과 뻣뻣한 가시털이 빽빽이 나 있고, 주로 밤에 활동한다. 북아프
리카, 아시아 서남부, 유럽 남부 등지에 분포해 있다.

114 여기에서 언급하는 소로의 행적들은 다음 사이트를 주로 참고했다.
http://en.wikipedia.org/wiki/Henry_David_Thoreau.

115 앤드류 커크, 《세계를 뒤흔든 시민 불복종》, 유강은 옮김(그린비,
2005), 8쪽.

116 그리스 신화에 나오는 히드라라는 괴물은 머리가 아홉 개 달렸는데
이 괴물의 머리를 말한다.

117 이올라오스는 헤라클레스가 레르나 지방에 살면서 주변을 휩쓸고
다니던 괴물 히드라와 싸울 때 옆에서 그를 도왔던 자로, 헤라클레
스의 조카이자 전차 기수였다. 히드라는 머리 하나를 자르면 그 자
리에 새로운 머리가 다시 돋아나서 처치하기가 아주 어려웠는데,
헤라클레스가 머리를 자르면 이올라오스가 옆에서 목이 잘린 부분
을 뜨거운 것으로 지져 새로운 머리가 돋아나지 못하게 함으로써
그 괴물을 죽일 수 있었다고 한다. 소로는 동기생들이 자신을 어떤

일을 하는 사람으로 간주하든 상관하지 않겠다는 생각을 이러한 신화를 통해 재미있게 표현하고자 한 것 같다.

118 Henry S. Sault, *Life of Henry David Thoreau*(Urbana·Chicago: University of Illinois Press, Ithaca·London: Cornell University Press, 2000), 54~55쪽.

119 헨리 솔트, 《헨리 데이빗 소로우》, 윤규상 옮김(양문, 2001), 47쪽.

120 헨리 솔트, 《헨리 데이빗 소로우》, 48쪽.

121 헨리 솔트, 《헨리 데이빗 소로우》, 26쪽.

122 Joel Myerson (ed.), *The Cambridge Companion to Henry David Thoreau*(New York: Cambridge University Press, 1995), 12쪽.

123 Joel Myerson (ed.), *The Cambridge Companion to Henry David Thoreau*, 12쪽.

124 http://www.thoreausociety.org/_news_abouthdt.htm.

125 헨리 솔트, 《헨리 데이빗 소로우》, 55쪽.

126 http://premium.britannica.co.kr/bol/topic.asp?article_id=b12s2085b.

127 http://www.thoreausociety.org/_news_abouthdt.htm.

128 헨리 솔트, 《헨리 데이빗 소로우》, 46쪽.

129 http://www.thoreausociety.org/_news_abouthdt.htm.

130 Joel Myerson (ed.), *The Cambridge Companion to Henry David Thoreau*, 25쪽.

131 헨리 데이비드 소로, 《소로우의 일기》, 윤규상 옮김(도솔, 1996), 16쪽. 편집자 서문에서 인용. 여기에는 소로의 일기가 노트로 39권이라고 되어 있지만 새틀메이어Robert Sattelmeyer는 Joel Myerson (ed.), *The Cambridge Companion to Henry David Thoreau*, 25~39쪽에 실린 그의 글 〈소로와 에머슨Thoreau and Emerson〉에서 소로의 일기가 노트로 50권 가까이 된다고 말하고 있다.

132 헨리 솔트, 《헨리 데이빗 소로우》, 51쪽.

133 http://premium.britannica.co.kr/bol/topic.asp?article_id=b
12s2085b.

134 헨리 솔트, 《헨리 데이빗 소로우》, 55쪽.

135 헨리 솔트, 《헨리 데이빗 소로우》, 56쪽.

136 http://www.thoreausociety.org/_news_abouthdt.htm.

137 http://www.thoreausociety.org/_news_abouthdt.htm.

138 http://www.thoreausociety.org/_news_abouthdt.htm.

139 Laura Dassow Walls, "Henry David Thoreau", Joy A. Palmer (ed.),
Fifty Key Thinkers on the Environment(London·New York: Routledge,
2001) 107쪽.

140 높이 1,606미터로, 메인 주에서 가장 높은 산이다.

141 헨리 솔트, 《헨리 데이빗 소로우》, 135쪽.

142 헨리 솔트, 《헨리 데이빗 소로우》, 137쪽.

143 헨리 솔트, 《헨리 데이빗 소로우》, 147쪽.

144 Richard G. Botzler·Susan J. Armstrong (ed.), *Environmental Ethics:
Divergence and Convergence*(McGraw-Hill, 1998), 99쪽. 편집자 요약에
서 인용.

145 헨리 솔트, 《헨리 데이빗 소로우》, 171쪽.

146 미국에서 남북 전쟁이 일어나기 전, 흑인에게 동정적인 북부의 백
인들이 탈주노예송환법Fugitive Slave Acts을 피해 도망친 노예들을 비
밀리에 북부나 캐나다의 안전지대로 피신시킬 목적으로 만든 비밀
조직이다.

147 1954년에 프레이밍햄에서 열린 노예제 반대 집회에서 소로가 연설
한 에세이 〈매사추세츠주의 노예제Slavery in Massachusetts〉에서는 주
로 이 사건을 다루었다.

148 http://www.thoreausociety.org/_news_abouthdt.htm.

149 유니테리언주의Unitarianism는 기독교의 한 종파로, 삼위일체설과 예수의 신성을 부정하고 하느님의 단일성을 강조한다. 성서에 기초한 정통 교리보다 인간의 이성, 도덕, 열망을 중요시하는 성향 때문에 이후 초월주의 운동에 영향을 미친다. 앤드류 커크,《세계를 뒤흔든 시민 불복종》, 17쪽에서 인용.

150 앤드류 커크,《세계를 뒤흔든 시민 불복종》, 17~18쪽.

151 앤드류 커크,《세계를 뒤흔든 시민 불복종》, 20쪽에서 재인용.

152 헨리 솔트,《헨리 데이빗 소로우》, 43쪽.

153 헨리 솔트,《헨리 데이빗 소로우》, 43쪽.

154 http://premium.britannica.co.kr/bol/topic.asp?article_id= b12s2085b.

155 헨리 솔트,《헨리 데이빗 소로우》, 43쪽.

156 http://premium.britannica.co.kr/bol/topic.asp?article_id= b12s2085b.

157 헨리 솔트,《헨리 데이빗 소로우》, 200~202쪽.

158 헨리 솔트,《헨리 데이빗 소로우》, 203쪽.

159 헨리 솔트,《헨리 데이빗 소로우》, 198~199쪽.

160 헨리 솔트,《헨리 데이빗 소로우》, 198~199쪽.

161 마틴 빅맨 엮음,《비범한 학습─헨리 데이빗 쏘로우의 교육사상》, 유인호 옮김(충북대학교 출판부, 2000), 118~119쪽.

162 Richard G. Botzler·Susan J. Armstrong (ed.), *Environmental Ethics: Divergence and Convergence*, 99쪽.

163 Walter Harding·Michael Meyer, *The New Thoreau Handbook*(New York·London: New York University Press, 1980), 60쪽.

164 David M. Robinson, *Natural life: Thoreau's Worldly Transcendental-*

ism(Ithaca·London: Cornell University Press, 2004), 150쪽.

165 David M. Robinson, *Natural life: Thoreau's Worldly Transcendental-ism*, 150쪽.

166 David M. Robinson, *Natural life: Thoreau's Worldly Transcendental-ism*, 150~151쪽.

167 Walter Harding·Michael Meyer, *The New Thoreau Hand-book*, 60쪽.

168 Richard G. Botzler·Susan J. Armstrong (ed.), *Environmental Ethics: Divergence and Convergence*, 99쪽.

169 Walter Harding·Michael Meyer, *The New Thoreau Handbook*, 60쪽.

170 David M. Robinson, *Natural life: Thoreau's Worldly Transcendentalism*, 150~161쪽. 로빈슨은 이 책에서 열 페이지에 걸쳐 〈산책〉의 이러한 내용을 분석하고 해설한다.

171 Walter Harding·Michael Meyer, *The New Thoreau Handbook*, 60~61쪽.

172 박홍규,《나의 헨리 데이비드 소로》(필맥, 2008), 152쪽.

173 Walter Harding·Michael Meyer, *The New Thoreau Handbook*, 37쪽.

174 Robert D. Richardson Jr., *Henry Thoreau: A Life of the Mind*(Berke-ley·LA·London: University of California Press, 1996), 135쪽.

175 Walter Harding·Michael Meyer, *The New Thoreau Handbook*, 37쪽에서 재인용.

176 Joel Myerson (ed.), *The Cambridge Companion to Henry David Tho-reau*, 43쪽.

177 Walter Harding·Michael Meyer, *The New Thoreau Handbook*, 38쪽.

178 Robert D. Richardson Jr., *Henry Thoreau:A Life of the Mind*, 136쪽.

179 Robert D. Richardson Jr., *Henry Thoreau:A Life of the Mind*, 136쪽.

180 Walter Harding·Michael Meyer, *The New Thoreau Handbook*, 61쪽.

181 David M. Robinson, *Natural life: Thoreau's Worldly Transcendentalism*, 193쪽.

182 David M. Robinson, *Natural life: Thoreau's Worldly Transcendentalism*, 196~197쪽.

183 Gary Snyder, *The Practice of the Wild*(North Point Press, 1990); 게리 스나이더, 《야생의 삶》, 이상화 옮김(동쪽나라, 2000), 34~35쪽. 게리 스나이더는 1930년에 샌프란시스코에서 태어나 시인, 수필가, 여행 작가, 번역가, 교육자, 환경 운동가로 활동했으며 시를 통해 퓰리처상을 수상하기도 했다. 소로처럼 숲속에 오두막을 짓고 야생의 삶을 살아, 20세기의 소로라고도 불린다.

184 Luther Standing Bear, *Land of the Spotted Eagle*(Boston: Houghton Mifflin, 1933). Joseph R. DesJardins, *Environmental Ethics: An Introduction to Environmental Philosophy, 4th ed.*(Thomson Wadsworth, 2006), 153쪽에서 재인용.

185 북아메리카 인디언 부족인 '이로쿼이족의 기도문'이라고 전해지는 것에서 일부를 인용했다.

186 마이클 위글즈워스Michael Wigglesworth(1631~1705)는 뉴잉글랜드 식민지의 시인으로, 영국에서 태어나 하버드 대학에서 공부했으며, 청교도 성직자이자 의사였다.

187 Massachusetts Historical Society, *Proceedings of the Massachusetts Historical Society 83*(1871~1873). Joseph R. DesJardins, *Environmental Ethics: An Introduction to Environmental Philosophy, 4th ed.*, 153쪽에서 재인용.

188 John White, *The Planter's Plea*(1630). Joseph R. DesJardins, *Environmental Ethics: An Introduction to Environmental Philosophy*, 154쪽에서 재인용.

189 Joseph R. DesJardins, *Environmental Ethics: An Introduction to Environmental Philosophy*, 154쪽.

190 Joseph R. DesJardins, *Environmental Ethics: An Introduction to Environmental Philosophy*, 154쪽.

191 우리는 일상적으로 '자연 보호'나 '환경 보호' 같은 말을 사용하지만, 보다 엄격하게는 자연 보호의 방식을 크게 자연 보호 관리론자 conservationist와 자연 보전론자preservationist 두 가지로 구분해서 얘기할 수 있다. 자연 보호 관리론자는 '야생 자연은 인간의 이익을 위한 수단으로서 가치를 가지기 때문에, 즉 도구적 가치를 가지기 때문에 잘 보호하고 관리해야 한다는 입장'인 데 반해 자연 보전론자는 '야생 자연이 그 자체의 목적으로 혹은 본래적으로 가치를 가지기 때문에 소중히 해야 한다는 입장'이다.

192 Joseph R. DesJardins, *Environmental Ethics: An Introduction to Environmental Philosophy*, 49쪽.

193 Henry David Thoreau, *Walden*(1854; New York: Library of America, 1985). Joseph R. DesJardins, *Environmental Ethics: An Introduction to Environmental Philosophy*, 156쪽에서 재인용.

194 기퍼드 핀쇼Gifford Pinchot(1865~1946)는 미국 산림청 초대 청장 (1905~1910)과 펜실베이니아 주지사를 지낸 인물이다. 핀쇼는 뮤어와는 다르게, 물 부족 현상을 해결하기 위해 캘리포니아 요세미티 국립 공원 인근의 헤츠헤치 계곡에 댐을 건설한다는 샌프란시스코 시의 계획에 찬성하는 입장을 취했다.

195 존 뮤어John Muir(1838~1915)는 최초의 현대 자연 보전론자 중 한 사람이다. 그는 스코틀랜드 던바에서 태어나 열한 살 때 가족과 함께 미국 위스콘신주로 이민을 왔으며, 어릴 때부터 소로와 에머슨, 오더번 같은 자연주의자들로부터 큰 영향을 받아 자연에 일생을 바

쳤다. 1892년에는 미국 최대의 비영리 환경 운동 단체인 시에라 클럽Sierra Club을 창설하여 초대 회장을 맡았고 22년간 회장직을 역임하면서 자연 환경보호에 열정을 쏟았다. 헤츠헤치 계곡의 댐 건설을 두고 핀쇼와 충돌한 것으로도 잘 알려져 있다.

196 Bryan G. Norton, "Wilderness", Carl Mitcham (ed.), *Encyclopedia of Science, Technology and Ethics*(USA: Thomeson Gale, 2005), 2067쪽.

197 Bryan G. Norton, "Wilderness", 2067쪽.

198 존 제임스 오더번John James Audubon(1785~1851)은 미국의 조류학자이자 자연주의자, 화가였다. 그는 북아메리카의 새를 목록을 만들어 분류하고 기술했다.

199 Henry David Thoreau, "Maine Woods", *The Writings of Henry David Thoreau*(Boston: Houghton Mifflin, 1894), vol. 3, 212~213쪽. Joseph R. DesJardins, *Environmental Ethics: An Introduction to Environmental Philosophy*, 157쪽에서 재인용.

200 앤드류 커크, 《세계를 뒤흔든 시민 불복종》, 8쪽.

201 Joel Myerson (ed.), *The Cambridge Companion to Henry David Thoreau*, 1쪽.

202 박홍규, 《나의 헨리 데이비드 소로》, 195쪽.

203 조지 헨들릭 외, 〈헨리 소로우의 시대: 편집자 후기〉, 헨리 솔트, 《헨리 데이빗 소로우》, 윤규상 옮김(양문, 2001), 245쪽.

204 조지 헨들릭 외, 〈헨리 소로우의 시대: 편집자 후기〉, 246쪽.

205 박홍규, 《나의 헨리 데이비드 소로》, 196쪽.

206 박홍규, 《나의 헨리 데이비드 소로》, 196쪽; 헨리 데이비드 소로, 《시민의 반항》, 황문수 옮김(범우사, 2002), 131~132쪽.

207 앤드류 커크, 《세계를 뒤흔든 시민 불복종》, 122쪽.

208 Joy A Palmer (ed.), *Fifty Key Thinkers on the Environment*(London·New

York: Routledge, 2001), 107쪽.

209 Joel Myerson (ed.), *The Cambridge Companion to Henry David Thoreau*, 10쪽.

210 Joseph R. DesJardins, *Environmental Ethics: An Introduction to Environmental Philosophy*, 158쪽.

211 Joseph R. DesJardins, *Environmental Ethics: An Introduction to Environmental Philosophy*, 159쪽.

212 Joseph R. DesJardins, *Environmental Ethics: An Introduction to Environmental Philosophy*, 159쪽.

213 보통 자연의 제일성을 말하는데, 이는 자연계에서 같은 조건에서는 같은 현상이 되풀이해 일어나도록 하는 자연 질서의 원리나 공리를 말한다.

214 Robert Costanza·Bryan G. Norton·Benjamin D. Haskell, *Ecosystem Health: New Goals for Environmental Management*(Washington, D. C.·Covelo, California: Island Press, 1992), 69쪽.

박홍규, 《나의 헨리 데이비드 소로》(필맥, 2008)

이 책은 아나키즘의 관점에서 문명에 대한 저항에 초점을 두고 소로를 조명하고 있다. 저자는 소로에게 자연과 자유는 하나였다는 점을 강조한다. 그리고 문명이 자연에 반되는 것이듯이 그에게 국가는 자유에 반하는 것이었고 따라서 우리가 소로를 자연인으로만 이해하는 것은 문제가 있다고 지적한다. 오히려 우리가 그를 국가에 반대하는 자유인으로 이해할 때 문명을 거부하는 자연인으로서의 그의 면모도 분명하게 이해할 수 있다는 것이다. 그리고 그동안 소로는 비폭력주의의 측면에서만 강조되어 소개되었는데, 그에게는 폭력주의적인 측면도 있었다고 밝힌다. 이렇듯 이 책은 소로를 다소 색다른 시각에서 조명하고 있으며 특히 한국의 현실에서 소로는 우리에게 누구이며 무엇인지를 가늠해보도록 해준다.

앤드류 커크, 《세계를 뒤흔든 시민 불복종》, 유강은 옮김(그린비, 2005)

'세계를 뒤흔든 선언 시리즈' 중의 하나로, 무능하고 부패한 권력에 대한 불복종이 시민의 권리이자 의무임을 선포한 소로의 〈시민 불복종〉을 새로운 시각에서 살펴본다. 지은이 소로를 비롯해 선언의 등장 배경과 내용, 선언이 미친 영향, 후대에 남긴 유산, 오늘날의 여파까지 상세하게 분석하고 있다. 말하자면 이 책은 헨리 데이비드 소로가 어떻게 〈시민불복종〉이라는 글을 쓰게 됐는지, 그리고 이 글이 어떻게 미국의 에세이 가운데 가장 많이 판을 거듭하면서 가장 널리 읽히는 글이 되었는지를 알려주고, 이를 통해 그동안 충분히 알려지지 않았던 소로의 정치적인 면모뿐 아니라 전 세계 비폭력 저항의 역사를 함께 살펴본다.

하몬 스미스, 《소로우와 에머슨의 대화—미국정신의 르네상스를 이끈 우정》, 서보명 옮김(이레, 2005)

소로와 에머슨의 우정과 에머슨이 소로에게 미친 영향은 익히 알려진 바이다. 이 책은 그러한 소로와 에머슨의 25년에 걸친 우정과 사상적 관계를 속속들이 파헤쳐 기술한다. 열네 살의 나이 차이, 성격과 사회적 지위와 물적 배경의 차이에도 불구하고 25년 동안 소로의 든든한 배경이 되어준 에머슨의 우정을 미국의 독립 연구학자인 하몬 스미스Harmon Smith가 객관적으로 생생하게 그려낸다. 또한 소로와 에머슨의 일기와 편지에서 사적인 메모 조각에 이르기까지, 다양한 자료를 바탕으로 그들의 역동적인 관계를 흥미진진하게 추적한다.

헨리 데이비드 소로, 《소로우의 일기》, 윤규상 옮김(도솔, 2003)

소로는 대학을 졸업하고 교사 생활을 시작하던 무렵인 1837년경부터 에머슨의 제안에 따라 정기적으로 일기를 쓰기 시작했으며, 죽기 2주일 전까지 계속해서 쓴 일기가 수천 페이지에 달한다. 그리고 일기를 쓰던 습관은 그가 작가로서의 인생을 사는 데 결정적인 역할을 한다. 그는 일기에다 매일 그날 했던 산책, 모험, 명상을 체계적으로 적어 넣고 시나 에세이의 제재가 필요할 때마다 그것을 다시 일기에서 끄집어내어 고치고 다듬어서 사용했다. 말하자면 그의 일기는 일종의 '문학 창고'였다. 소로의 명성이 확고해진 것이 《월든》때문이기는 하지만 사실 《월든》도 그의 일기의 소산이라고 할 수 있다. 그의 다른 저작들도 이러한 일기의 소산이다. 이 책은 오델 셰퍼드Odell Shepard가 소로의 일기 중 정수만을 뽑아놓은 《소로의 일기Thoreau's Journals》를 옮긴 것이다.

헨리 데이비드 소로, 《시민의 불복종》, 강승영 옮김(이레, 1999)

소로는 노예제를 묵인하고 멕시코와 제국주의 전쟁을 일으킨 미국 정부의 정책에 반대하는 한 방법으로 인두세 납부를 거부하다가 수감된 바 있는데, 이 책은 그 사건을 통해 개인의 자유에 대한 국가 권력의 의미를 성찰한 것이다. 이 책은 19세기 말 러시아의 톨스토이의 정치·사회 사상 형성에 획기적인 전환점이 되었으며 간디의 비폭력 평화 사상에 영향을 끼치기도 했다. 그리고 이후에도 영국의 노동 운동가, 나치 점령하의 레지스탕스 대원들, 마틴 루서 킹 같은 인권 운동가를 통해 세계사에 계속 영향을 끼쳐왔으며 불의의 권력과 싸우는 수많은 사람들을 격려하고 그들에게 용기를 주었다.

헨리 데이비드 소로, 《씨앗의 희망》, 이한중 옮김(갈라파고스, 2004)

소로의 말년에 집필된 자연 에세이들(1862년 3월~5월)을 모아 사후에 발간한 책이다. 이 책에는 소로가 다른 작품에서 보여준 자연에 대한 사랑과 근대 문명에 대한 비판뿐 아니라 그의 뛰어난 과학적 관찰력도 잘 드러나 있다. 그는 과학적이고 세심한 관찰을 통해 생명의 숲을 일궈낸 다양한 씨앗과 나무, 동물의 이야기를 숲의 언어로 들려준다. 죽기 직전에 숲의 언어를 익히는 데 푹 빠져 있었던 소로는 숲을 하나의 교재로, 읽어내야 할 대상으로 인식했다. 또 '숲'이라는 언어의 문법과 리듬을 익히기 위해 거의 매일 숲에 나가 자연을 관찰했다. 그는 이런 숲 언어학의 명사에 해당하는 식물과, 동사에 해당하며 씨앗을 퍼뜨리는 일꾼인 새, 다람쥐, 곤충, 바람, 물에 대해 애정을 갖고 살펴보았다. 그는 이 책에서 땅이 지닌 무한한 다양성에 대한 시적이고 실용적인 통찰을 통해 자연의 강인한 생명력, 오묘한 섭리와 조화, 위대한 생명의 신비를 전하고 있다.

헨리 데이비드 소로, 《월든》, 개정 2판, 강승영 옮김(이레, 2006)
이 책은 1845년 소로가 월든 호숫가의 숲속에 들어가 통나무집을 짓고 소박하게 자급자족하며 살던 때의 이야기를 기술한 것으로, 〈시민 불복종〉과 더불어 소로의 대표작으로 꼽힌다. 또한 이 책은 소로 철학의 진수를 담고 있을 뿐 아니라 그의 작품 중 가장 강렬하고 통렬한 문체를 보여주며, 화술의 신선함과 우직함으로 독자의 공감과 상상력을 자극한다고 얘기된다. 1854년에 출간된 이 책은 당시에는 별다른 주목을 끌지 못했지만, 오늘날에는 19세기에 쓰인 중요한 책들 중의 하나로 평가되고 있으며, 수십 개국의 언어로 번역되어 많은 독자들에게 읽히고 있다.

헨리 솔트, 《헨리 데이빗 소로우》, 윤규상 옮김(양문, 2001)
19세기 영국의 대표적인 사회 개혁 운동가이자 저술가였으며 소로의 문학적 명성을 높이는 데 가장 큰 기여를 한 인물인 솔트가 쓴 소로의 전기다. 솔트가 이 전기를 집필하기 전까지는 소로는 몇몇 추종자를 거느린 실패한 이상주의자에 불과했다. 그러나 솔트는 이 책을 통해 소로가 설파한 삶의 태도를 이해하지 못하는 기성 사회에서 소로 사상의 입지를 강화했고, 그를 세상에 끌고 나왔다. 이 책은 소로의 생애와 사상을 가장 잘 집약한 보고서이자 그의 작품과 사상에 대한 가장 명료하고 통찰력 있는 안내서로 인정받고 있다.

옮긴이에 대하여

김완구 whkukim@hanmail.net

서강대학교 철학과에서 석사 및 박사학위를 받았다. 현재 호서대학교 더:함 교양대학 창의교양학부 교수로 재직 중이다. 한국환경철학회 연구이사, 총무이사, 학술이사 등을 거쳐 현재 한국환경철학회 회장으로 활동하고 있다. 전에는 서강대학교, 단국대학교, 충북대학교, 서경대학교, 동아방송예술대학교, 서울시립대학교, 한양대학교, 한양여자대학교, 동덕여자대학교 등에서 주로 철학 및 윤리 과목 등을 강의한 바 있다.

저서로는 《자발적 소박함과 행복》(2017), 《음식윤리: 음식에 대한 윤리적 성찰》(공저, 2015), 《과학기술과 환경 그리고 위험커뮤니케이션》(공저, 2013), 《생태 생명의 위기와 대안적 성찰》(공저, 2012)이 있다. 역서로는 《환경윤리》(공역, 2017), 《탄생에서 죽음까지: 과학과 생명윤리》(공역, 2003), 《생태학과 포스트모더니티의 종말》(2003)이 있다. 주요 논문으로는 〈윤리적 문제로서의 기후 위기와 실천적 문제들〉(2022), 〈환경문제에 대한 철학적 및 윤리적 접근의 필요성과 중요성〉(2021), 〈'침묵의 살인자' 미세먼지로 인한 대기오염 및 기후적 재앙에 대한 책임윤리 문제〉(2019) 등 다수가 있다.

산책 외

초판 1쇄 발행 2009년 10월 15일
개정 1판 1쇄 발행 2023년 8월 9일

지은이 헨리 데이비드 소로
옮긴이 김완구

펴낸이 김현태
펴낸곳 책세상
등록 1975년 5월 21일 제2017-000226호
주소 서울시 마포구 잔다리로 62-1, 3층(04031)
전화 02-704-1251
팩스 02-719-1258
이메일 editor@chaeksesang.com
광고·제휴 문의 creator@chaeksesang.com
홈페이지 chaeksesang.com
페이스북 /chaeksesang   **트위터** @chaeksesang
인스타그램 @chaeksesang   **네이버포스트** bkworldpub

ISBN 979-11-5931-940-2 04080
       979-11-5931-221-2 (세트)